Burgen in Deutschland

Uwe A. Oster (Hrsg.)

Burgen in Deutschland

**Herausgegeben in Zusammenarbeit
mit der Deutschen Burgenvereinigung**

© 2006 by WBG (Wissenschaftliche Buchgesellschaft), Darmstadt
Die Herausgabe des Werkes wurde durch die Vereinsmitglieder
der WBG ermöglicht.
Gedruckt auf säurefreiem und alterungsbeständigem Papier
Redaktion: Dr. Katrin Boskamp-Priever, Leipzig
Layout & Prepress: schreiberVIS, Seeheim
Printed in Germany

Besuchen Sie uns im Internet: www.wbg-darmstadt.de

ISBN 13: 978-3-534-18192-6
ISBN 10: 3-534-18192-1

Inhalt

**Verzeichnis der in den Grundrissen
verwendeten Abkürzungen:**

BATT	Batterie
BFR	Bergfried
G	Graben
H	(Burg-)Hof
KAP	Kapelle
PAL, P	Palas
SM	Schildmauer
T	Turm
TT	Torturm
VORBG	Vorburg
ZW	Zwinger

Geleitwort

Alexander
Fürst zu Sayn-
Wittgenstein-Sayn

Das Thema „mittelalterliche Burgen" erfährt in der Öffentlichkeit nach wie vor ein großes Interesse. Dies sieht die Deutsche Burgenvereinigung, die sich seit über 100 Jahren um den Erhalt, aber auch um die Erforschung historischer Wehr- und Wohnbauten kümmert, natürlich mit großer Freude. Andererseits soll dieses anhaltende Interesse aber auch nicht darüber hinwegtäuschen, dass heutzutage zahlreiche Baudenkmäler vom Typ Burg erheblich gefährdet sind. Die Erhaltung historischer Bausubstanz bleibt ein kostspieliges Unterfangen und ist daher – zumal in Zeiten knapper Budgets – sowohl für den Privatbesitzer als auch für die öffentliche Hand mit erheblichen Kosten verbunden. Es bleibt weiterhin wichtig, dieses Thema im öffentlichen Bewusstsein hochzuhalten und sich dieser steinernen Zeugnisse unserer Geschichte – die nur die Öffentlichkeit als „Lobby" haben – anzunehmen. Dazu gehört, die Burgen in zeitgemäßer Weise darzustellen, ohne dabei den Pfad der Wissenschaftlichkeit zu verlassen.

Dies ist in dem vorliegenden, von Uwe A. Oster herausgegebenen Buch über die „Burgen in Deutschland" in hervorragender Weise gelungen. Die insgesamt 15 detailliert vorgestellten Objekte zeigen ein Bild der Vielfalt deutscher Burgen. In dieser Auswahl vertreten sind die verschiedenen Burgentypen von der Wasserburg Vischering über die Höhenburg Marksburg bis zur romantisch-historisierenden Burg Neuschwanstein. Natürlich fehlt auch Burg Eltz an der Mosel nicht, eine der am besten erhaltenen Burgen in Deutschland. Überhaupt wurde besonderer Wert darauf gelegt, Burgen für diesen Band auszuwählen, die noch weitgehend originale Bausubstanz aufweisen und gut bis ausgezeichnet erhalten, also noch „unter Dach" sind.

Ein weiteres Auswahlkriterium war, dass die hier vorgestellten Burgen eine museale Nutzung aufweisen. So können bei sämtlichen hier behandelten Burgen die Innenräume besichtigt werden. Schließlich wurden die Texte zu den einzelnen Objekten nach Möglichkeit von Fachleuten abgefasst, die dort vor Ort sind und daher die Anlagen besonders gut kennen.

Die Deutsche Burgenvereinigung und ihre wissenschaftliche Einrichtung, das Europäische Burgeninstitut, wünschen Ihnen nun viel Spaß und auch ein wenig Erkenntnisgewinn bei der Beschäftigung mit den hier zusammengestellten Burgen, die zu den schönsten und prominentesten in Deutschland gehören.

„Wirklich, es ist ein rechtes Märchenschloss", schwärmte der spätere Kaiser Wilhelm I. bei einem Besuch auf Schloss Sayn 1857. Im Hintergrund ist die Burg Sayn zu sehen, die 800 Jahre alte Stammburg der Fürsten zu Sayn-Wittgenstein.

EINLEITUNG

EIN STREIFZUG DURCH DIE WELT DER BURGEN

Uwe A. Oster

Die Geschichte des Burgenbaus

Der Faszination von Burgen können sich nur wenige Menschen entziehen. Und jeder hat ein eigenes Bild seiner Idealburg vor Augen: der eine eine verwunschene Ruine, der andere einen historisierenden Bau des 19. Jahrhunderts im festen Glauben, dass dieser ein getreues Bild vom Leben im Mittelalter gebe. Und wieder einem anderen mag das Bild einer der gar nicht so zahlreichen mittelalterlichen Burgen vorschweben, die bis heute weitgehend erhalten geblieben sind, etwa die in einem Seitental der Mosel gelegene Burg Eltz.

In diesem Band werden insgesamt 15 deutsche Burgen vorgestellt, zwei davon sind Zeugen der Burgenromantik, die anderen können wenigstens als noch weitgehend mittelalterlich bezeichnet werden. Es handelt sich sämtlich um Burgen, in denen auch historische Innenräume besichtigt werden können bzw. die eine museale Nutzung beherbergen. In diesem einleitenden Kapitel soll jedoch zunächst ein Überblick über die Geschichte des Burgenbaus im Gebiet des Römisch-Deutschen Reiches gegeben werden, weshalb für diese Einleitung auch Bilder von Burgen außerhalb der heutigen deutschen Grenzen ausgewählt wurden.

Da ist zunächst das Wort „Burg". Woher kommt es eigentlich? Als *burgi* bezeichneten die Römer die ständig mit Soldaten besetzten Wachtürme entlang ihrer Grenzen, etwa am Limes. In der Spätantike wurden zunehmend auch kleine Kastelle *burgi* genannt. Da ist es nahe liegend anzunehmen, dass unser Wort „Burg" – ebenso wie das französische *bourg*, das englische *borough*, das spanische *burgo* oder das italienische *borgo* – davon abgeleitet sind, der Burgenbau also sprachlich seine Wurzeln bei den alten Römern hat. Doch ist *burgus* kein originär lateinisches Wort, sondern selbst aus einer anderen Sprache entlehnt: ob aus dem Griechischen oder gar aus dem Germanischen, ist bis heute umstritten. Gegen die Ableitung der mittelalterlichen Burgen von den spätrömischen *burgi* wurde weiter ins Feld geführt, dass die Zeit vom Ende des Römischen Reiches bis zum Beginn des klassischen Burgenbauzeitalters im 11. Jahrhundert dafür zu lang gewesen sei. Dagegen könnte man einwenden, dass der Großteil der auf den Steinbau bezogenen Ausdrücke aus dem Lateinischen übernommen wurde: vom Kalk (*calx*) über die Mauer (*murus*) bis zum Ziegel (*tegula*) – könnte dann nicht auch der Begriff *burgus* bis in das hohe Mittelalter weitertradiert worden sein? Doch waren bei weitem nicht alle Burgen stets Steinbauten gewesen – die Wohntürme von Niederadligen etwa konnten noch im 13. Jahrhundert auch aus Holz errichtet sein (Abb. 1).

Phonetisch ist das Wort „Burg" eng verwandt mit „bergen" und „geborgen sein" – womit schon

Abb. 1: In Kanzach (Oberschwaben) wurde der hölzerne Wohnturm der Bachritterburg nachgebaut. Er gibt das Bild einer niederadligen Burg vom Ende des 13. Jahrhunderts wieder.

eine wesentliche Aufgabe mittelalterlicher Befestigungsanlagen genannt ist. Die frühen Burgen des 8. bis 10. Jahrhunderts waren flächenmäßig sehr große Anlagen und dienten in der Regel noch nicht als adlige Herrschaftssitze. Oft waren diese frühen Burgen nicht einmal ständig bewohnt. Unter anderem wurden sie in Gefahrenzeiten als Fluchtburgen benutzt. Sie konnten darüber hinaus als Verwaltungsmittelpunkte oder militärische Stützpunkte dienen. Der Bau von Burgen war allein königliches Recht.

Das Bild dieser frühen Befestigungsanlagen war gekennzeichnet durch ihre Ausdehnung bis zu fünf Hektar, in Einzelfällen gar bis zu 15 Hektar! Der Großteil dieser weiten Flächen war unbebaut. Es gab nur wenige einfache Gebäude, und diese waren meist aus Holz. Gesichert waren diese frühen Befestigungsbauten durch Wälle und Gräben. Die Wälle bestanden aus Holzkonstruktionen oder wurden einfach aufgeschüttet. Erst ab dem 8. Jahrhundert finden sich zunehmend auch Steinmauern. Wird ein solcher Wall um die gesamte Burganlage geführt, wird er als Ringwall bezeichnet – in gemauerter Form wurde er ein unverzichtbarer Bestandteil des klassischen, hochmittelalterlichen Burgenbaus. Ein weiteres Verteidigungselement des frühen Burgenbaus waren Dornenhecken, die zwischen Wall und Graben gepflanzt wurden – und dem Angreifer damit zum sprichwörtlichen Dorn im Auge wurden.

Einen ganz anderen Eindruck vermitteln dagegen die Pfalzen, in denen die Reisekaiser des Römisch-Deutschen Reiches residierten. Als einige wenige Beispiele hierfür seien Ingelheim, Paderborn, Goslar und natürlich Aachen genannt. Auch sprachlich ist die Trennung von den Burgen eindeutig: Während die *burgi* Zweckbauten der Verteidigung waren, geht das Wort „Pfalz" auf das lateinische *palatium*, Palast, zurück. So wie der Palatin in Rom die Residenz der antiken Kaiser war, so waren die Pfalzen die repräsentativen Machtzentren der früh- und hochmittelalterlichen Kaiser. Diese Pfalzen lagen über das Reich verstreut, das nie eine Hauptstadt hatte, wenngleich manche Pfalzen zu bevorzugten Wohn- und Herrschaftsorten wurden, wie etwa Aachen unter Karl dem Großen. Um den Hof ernähren zu können, war diesen Pfalzen eine Landwirtschaft angeschlossen, zudem gab es Gebäude, die Verwaltung und Handel dienten. Doch anders als die frühen Burgen waren die Pfalzen, die erst vom 10. Jahrhundert an befestigt wurden, zuallererst Objekte der herrscherlichen Repräsentation. Hier

wurden Hoftage abgehalten und fürstliche Gäste empfangen. Baulich zeigte sich dies in großen Saalbauten und reich ausgestatteten Kapellen.

Erst im 11. Jahrhundert und dann vor allem in der Stauferzeit, der letzten Blüte des Pfalzenbaus, glichen sich die großen Burgen der Reichsfürsten und der kaiserlichen Pfalzen immer mehr an. Dies betraf einerseits die zunehmende Befestigung der Pfalzen, andererseits den Versuch, repräsentative Elemente der Pfalzen, wie die Saalbauten, auf den Burgen zu übernehmen. So baute der Landgraf von Thüringen auf der Wartburg einen kaisergleichen Palas, und selbst die niedrigeren Adligen versuchten – auf sehr viel bescheidenerem Niveau – diesem Vorbild nachzueifern.

Die Burgen wurden zu Wohnsitzen und wehrhaften Machtsymbolen einer sich über das Mittelalter ausbildenden und immer mehr von der übrigen Bevölkerung absetzenden und mächtig werdenden Adelsschicht – so mächtig, dass sie das königliche Vorrecht, Burgen zu bauen, de facto auszuhebeln imstande war. Der Adel definierte sich über die Burg; wer keine Burg besaß, konnte auch nicht adlig sein. Diese Entstehung des Adels als abgeschlossener gesellschaftlicher Gruppe hängt eng mit der Etablierung des Lehenswesens zusammen. Ursprünglich als zeitlich befristete Übertragung eines Besitzes oder Nutzungsrechts gedacht, wurden Lehen im 10./11. Jahrhundert erblich. Festgeschrieben wurde diese Erblichkeit der Lehen durch die *Constitutio de feudis* Konrads II. im Jahr 1037. Je schwächer die Zentralmacht war, umso mehr sah sie sich zu Zugeständnissen an ihre Gefolgsleute gezwungen.

So wurde aus der Verwaltung ein Besitz, ein eigenes Territorium, und aus diesem Besitz bzw. der errungenen Stellung der Anspruch abgeleitet, in dem ursprünglich von der Krone übertragenen Gebiet selbst Burgen bauen zu dürfen oder die einst durch königlichen Befehl errichtete Burg in den eigenen Besitz zu überführen – ohne den Herrscher um Erlaubnis fragen zu müssen. Ein weiterer Grund für die Blüte des Burgenbaus spätestens von der zweiten Hälfte des 11. Jahrhunderts an war der Landesausbau, das heißt die Rodung von Brachland, das auf diese Weise in allodialen – also eigenen – Besitz überführt wurde.

Die Burg wurde Sitz von Verwaltung und Gerichtsbarkeit in einer eigenen Herrschaft. Stolz nannten sich diese Adligen fortan nach ihrer Burg: von Hohenzollern, von Hohenstaufen, von Habsburg ... Dies betraf zunächst die hohen Gefolgsleute und Amtsträger, die Herzöge und Gra-

Abb. 2: Die im Auftrag der Bischöfe von Chur errichtete Burg Rotund im Münstertal ist eine der höchstgelegenen Burgen Tirols. Ihre Anfänge gehen bis in das 10. Jahrhundert zurück.

fen. Auch die großen geistlichen Reichsfürsten errichteten in großem Umfang Burgen (Abb. 2). Diese später als hochadlig bezeichnete Schicht errichtete die größten mittelalterlichen Burgen, aber nicht die Masse jener befestigten Bauten, mit denen der deutsche Sprachraum bis in das 14. Jahrhundert überzogen wurde. Die Masse des Adels gehörte wenigstens ursprünglich nicht dieser Elite an, sondern entwickelte sich aus großbäuerlichen Anfängen und/oder entstammte der kriegerischen Gefolgschaft der alten Stammesfürsten.

Das Gros der Adligen legte sein bäuerliches Erbe bis in das Spätmittelalter und in die frühe Neuzeit hinein nie ganz ab. So schrieb Ulrich von Hutten im Oktober 1518 über sein Leben auf einer Burg: „Sie ist von Mauern und Gräben umgeben, innen ist sie eng und durch Stallungen für Vieh und Pferde zusammengedrängt. Daneben liegen dunkle Kammern, voll gepfropft mit Geschützen, Pech, Schwefel und sonstigem Zubehör für Waffen und Kriegsgerät. Überall stinkt es nach Schießpulver; und dann die Hunde und ihr Dreck, auch das – ich muss es schon sagen – ein lieblicher Duft! ... Man hört das Blöken der Schafe, das Brüllen der Rinder, das Bellen der Hunde, das Rufen der auf dem Feld Arbeitenden, das Knarren und Rattern der Fuhrwerke und Karren ... Der ganze Tag bringt vom Morgen an Sorge und Plage, ständige Unruhe und dauernden Betrieb. Äcker müssen gepflügt und umgegraben werden, Weinberge müssen bestellt, Bäume gepflanzt, Wiesen bewässert werden; man muss eggen, säen, düngen, mähen und dreschen; jetzt steht die Ernte bevor, jetzt die Weinlese ...“

Die Adligen des frühen Mittelalters lebten – anders als Ulrich von Hutten – aber noch nicht auf Höhenburgen; sie lebten überhaupt noch nicht auf Burgen, sondern auf weitgehend unbefestigten Landgütern (lateinisch *villa* oder *curtis*). Ihre Verwandlung in Ritter – also in schwer bewaffnete, durch eine Rüstung geschützte, berittene Krieger – hob die Angehörigen dieser Schicht immer mehr von ihrer rein bäuerlichen Umwelt ab. Diese Abgrenzung sollte vom 10. Jahrhundert an auch baulichen Ausdruck finden: So konnte ein zunächst gar nicht oder nur leicht befestigter Hof in eine Burg verwandelt oder an anderer Stelle ein Neubau errichtet werden, der die herausgehobene Stellung seines Besitzers für jedermann sichtbar machte.

Ein viel zitiertes Beispiel für eine solche Verwandlung ist die Burg „Husterknupp“ bei Gre-

venbroich in Nordrhein-Westfalen, deren Geschichte von Archäologen ans Tageslicht gebracht wurde, ehe die verbliebenen Reste in den 1950er Jahren dem Braunkohlenabbau zum Opfer fielen. Auch hier gab es zunächst nur einen von Palisaden umstandenen Hof mit einigen einfachen Holzhäusern. Doch dabei blieb es nicht: Durch mehrere Phasen von Aufschüttungen entstand im 11. und 12. Jahrhundert ein künstlicher Hügel, auf dem ein hölzerner Wohnturm errichtet wurde. Der Grundherr erhob sich damit für alle sichtbar über seine Umwelt, wobei sicher auch die besseren Verteidigungsmöglichkeiten in den unruhiger gewordenen Zeiten für die Errichtung eines Burghügels mit ausschlaggebend gewesen waren.

Diese Burgform war vom 11. bis 13. Jahrhundert verbreitet, vor allem in den flachen Regionen Norddeutschlands, in denen es keine natürlichen Erhebungen gab. In der Forschung werden diese Bauten als Motten (von französisch *la motte* = „Hügel“) oder Erdhügelburgen bezeichnet. Unser heutiges Wort „einmotten“ geht kurioserweise auf diesen mittelalterlichen Begriff zurück: Aus statischen Gründen wurde um ältere Steintürme nämlich häufig Erde aufgeschüttet, um darauf größere, neue Bauten zu errichten. Die alten Steintürme wurden auf diese Weise „eingemottet“.

Waren natürliche Erhebungen in der Landschaft vorhanden, lag es nahe, keinen künstlichen Hügel aufzuschütten, sondern die örtliche Topografie auszunutzen. Auch die Turm(hügel)burgen waren zunächst größtenteils aus Holz. Erst im Lauf des 11. Jahrhunderts wurde dieses Baumaterial immer mehr von dem sehr viel schwerer zu gewinnenden und damit teureren Stein abgelöst – ein weiteres Zeichen für die zunehmende Distanzierung des Adels von seiner Umgebung. Dazu gehörte auch, dass Burgen immer weiter von den Dörfern und Siedlungen entfernt errichtet wurden – eine ganze Schicht rückte ab!

Auch die Turm(hügel)burgen waren von Palisaden und Graben umgeben, die weiterhin das Hauptelement der Verteidigung bildeten, während der Turm hauptsächlich der Wohnnutzung diente und erst in der Salierzeit zusätzliche Wehrelemente erhielt. Dazu gehörten der höher gelegene Eingang, eine Mauerstärke von bis zu drei Metern und lediglich schmale Fensteröffnungen in den unteren Geschossen. Dass diese Türme äußerlich gewisse Ähnlichkeiten mit den römischen *burgi* hatten, könnte man vielleicht als weiteres

Indiz für die sprachliche Ableitung unserer Burgen von den Wachtürmen entlang des Limes heranziehen. Archäologische Grabungen im deutschen Sprachraum haben ergeben, dass diese Wohntürme meist quadratisch waren. Die Seitenlänge konnte zwölf Meter und mehr betragen. Gleichwohl war die Wohnfläche aus heutiger Sicht gering: Friedrich-Wilhelm Krahe geht davon aus, dass für Wohnraum, Schlafraum und Küche nicht mehr als 80 Quadratmeter zur Verfügung standen.

Zwar wurden Motten und Turm(hügel)burgen noch bis in das 13. Jahrhundert hinein erbaut, doch tauchte bereits Ende des 11., Anfang des 12. Jahrhunderts eine andere Burgenarchitektur auf, eine Architektur, die unser Bild von einer mittelalterlichen Burg bis heute prägt. Das Gros dieser Burgen entstand im 12. und 13. Jahrhundert, dem Zeitalter des klassischen Burgenbaus, in dem zunehmend auch die ursprünglich unfreien Ministerialen in den Adelsstand aufstiegen und Burgen errichteten. Eine Zeit, in der aber auch die unter den Staufern wieder erstarkte Zentralmacht zahlreiche Burgen bauen ließ.

Die klassische Adelsburg

Markantes Erkennungszeichen der klassischen Adelsburg war im Mittelalter und ist bis heute der Bergfried (Abb. 3). Er diente – und damit ist schon der größte Unterschied zu den Vorgängerbauten genannt – keinen Wohnzwecken mehr, sieht man einmal von eher bescheidenen Kammern ab, die vielleicht für die Wachmannschaften eingerichtet wurden. Eine heftige Diskussion ist in den letzten Jahren über die Funktion des Bergfrieds entbrannt. Während die ältere Burgenforschung den Wehrcharakter in den Vordergrund gerückt hat, gilt der Bergfried heute vor allem als weithin sichtbares Status- und Machtsymbol. Dabei sind es ganz praktische Überlegungen, die Zweifel an der althergebrachten Darstellung geweckt haben, der Bergfried sei die letzte Zufluchtsstätte für die Burgbewohner, deren letzter Verteidigungsplatz gewesen. Dagegen wandte beispielsweise der Burgenforscher Joachim Zeune ein, dass ein solcher Rückzugsort den Verteidigern doch eher wie ein „aufrecht stehender, steinerner Sarg" vorgekommen sein müsste. Lange werden es Verteidiger in einem solchen selbst gewählten Gefängnis tatsächlich nicht ausgehalten haben, zumal weder ausreichend Nahrung noch

Wasser zur Verfügung gestanden haben dürften. Das bedeutet: Nur wenn Entsatz in Sicht war und es galt, kurze Zeit auszuharren, war ein Rückzug in den Bergfried wirklich sinnvoll.

Doch nehmen wir an, dass sich tatsächlich Verteidiger in einen Bergfried zurückgezogen haben. Wie konnten sie sich der Feinde zu ihren Füßen erwehren? Schießscharten sucht man an vielen Bergfrieden vergeblich, und von der Turmspitze aus war es nur möglich, die weiter entfernt stehenden Feinde zu bekämpfen. Stand jemand direkt an den Mauern des Bergfrieds, konnte er mit den zur Verfügung stehenden Waffen kaum erreicht werden, dafür war der Winkel zu steil. Abhilfe konnte ein auskragender Wehrgang auf der oberen Plattform schaffen. Zwar gab es solche schon Ende des 12. Jahrhunderts, doch wurden sie erst im späten Mittelalter allgemein üblich. Einzig durch über dem Eingang angebrachte Wurferker konnten etwa Steine auf die Angreifer geworfen werden.

Es wäre aber sicher eine Überinterpretation, dem Bergfried jeglichen Wehrcharakter abzusprechen. Wenn heutige Burgbesucher über die Aussicht von vielen Bergfrieden schwärmen, dann ist das – auf das Mittelalter bezogen – durchaus ein Indiz dafür. Von keiner anderen Stelle der Burg konnten anrückende Feinde so früh gesehen werden, denn die Burgberge waren, anders als es vielfach heute der Fall ist, nicht bewaldet, sondern völlig kahl. Niemand sollte sich der Burg unbemerkt nähern können. Auch spricht die obligatorische Brustwehr mit Zinnen für die Möglichkeit, diesen für die Verteidigung nutzbar zu machen. Dass diese Zinnen zugleich ein Statussymbol sein können, bleibt davon unberührt.

Wenn der Bergfried gleichwohl in erster Linie von der Macht seines Herrn künden sollte und als Rückzugsort wenig sinnvoll erscheint, bleibt die Frage, weshalb der Eingang im Mittelalter niemals ebenerdig, sondern im Schnitt in etwa fünf Metern Höhe lag und nur über eine hölzerne Leiter erreichbar war, die man im Notfall heraufziehen konnte. Welchen Grund sollte es dafür geben, wenn nicht den in der älteren Burgenforschung genannten: um den Feinden den Zugang zu erschweren? Joachim Zeune geht davon aus, dass „sich Hocheingänge offenbar als obligatorisches Attribut eines ‚richtigen' Bergfriedes oder Turmes verselbständigten". Diese These mag dadurch unterstützt werden, dass bereits bei den älteren Turmburgen ein solcher Hocheingang üblich war. Darüber hinaus galten Hocheingänge im

Abb. 3: Blick auf Bergfried und Südturm der Burg Altdahn. Die im 13. Jahrhundert erbaute Burg im Dahner Felsenland bildet zusammen mit den Burgen Grafendahn und Tanstein eine der größten Burgenanlagen der Pfalz. Die Burgen erheben sich spektakulär auf schmalen, wild gezackten Felsen.

mittelalterlichen Recht als Charakteristikum einer – genehmigungspflichtigen – Befestigung. Der Hocheingang belegt somit für alle sichtbar, neben seinem praktischen Wert, das Recht des Burgherrn, eine Befestigung zu erbauen.

Doch auch dann schließt sich die Frage an, weshalb die Mauern des Bergfrieds bis zu vier Meter dick waren, wenn nicht zum Schutz der Verteidiger, die sich darin zurückgezogen haben. Allein aus statischen Gründen? Oder ist auch dies vor allem als Statussymbol zu sehen? Ganz sicher nicht ohne Grund wurde am Bergfried besonders aufwändig gearbeitet, kamen früh sorgfältig behauene Buckelquader zum Einsatz. Diese Quader hatten zwar keinen militärischen Nutzen, verliehen dem Turm aber ein besonders machtvolles Äußeres. Unter dem Strich bleibt der Bergfried so selbst in seiner symbolischen Bedeutung ein Element der Wehrhaftigkeit und der Abschreckung, auch wenn er in der Realität weit seltener umkämpft war, als dies Romane und Filme glauben gemacht haben.

Die Form der Bergfriede in Deutschland ist von Friedrich-Wilhelm Krahe statistisch erfasst worden: Weit über die Hälfte ist seinen Untersuchungen zufolge quadratisch, an zweiter Stelle stehen die trapezförmigen Grundrisse, die aber zusammen nur auf etwas mehr als zwölf Prozent kommen. Es folgen, gemäß den Zahlen Krahes, die runden Bergfriede mit drei Prozent. Der Rest von etwa rund sechs Prozent umfasst unregelmäßige und dreieckige Grundrisse, deren Form von der Topografie bedingt ist oder von der Einbettung in die Ringmauer.

Häufig stand der Bergfried frei in der Burg, doch ebenso oft wurde er in die Ringmauer integriert. Bei den sogenannten Spornburgen, die nur auf drei Seiten durch steil abfallende Hänge natürlich geschützt waren, wurde der Bergfried gern an der Angriffsseite platziert; bei vielen Burgen war der Bergfried Teil der Toranlage. Beides kann zwar auch ein Symbol der Macht und ein Versuch der Einschüchterung sein, doch ebenso ein Element der Verteidigung. Dies unterstreicht noch einmal, dass die Wehrhaftigkeit des Bergfrieds bei aller Hervorhebung des Symbolcharakters nicht außer Acht gelassen werden kann.

Die dicken Wände des Bergfrieds schränkten den nutzbaren Innenraum des Turms erheblich ein, doch war dies unerheblich geworden, da er ja keinen Wohnzwecken mehr zu dienen hatte. Da es auch in den meisten Wohntürmen sehr eng zugegangen ist, mag dies mit ein Grund dafür ge-

wesen sein, dass die Burgherren nach anderen, komfortableren Wohnmöglichkeiten suchten, als ihnen der Turm zu bieten schien. Der mit Sicherheit ungemütlichste Ort des Bergfrieds war der im Turmsockel, unterhalb der Eingangshöhe gelegene Raum, in den kaum je Tageslicht vordrang. Nur über eine runde Öffnung in der gewölbten Decke und mit Hilfe eines Seiles gelangte man dorthin. Diese runde Öffnung wird in der neuzeitlichen Literatur oft als „Angstloch" bezeichnet, da man den Raum gern als Verlies deutete. Allerdings war dies nicht auf jeder Burg der Fall; vielfach diente dieses Sockelgeschoss auch als simpler Lagerraum. Weitgehend in das Reich der Fabel gehören die zahlreichen unterirdischen Gänge, die von Burgen bis in die nächsten Ortschaften geführt haben sollen. Es gibt dafür keinen archäologischen Nachweis. Was es gab, sind Gänge, die zu versteckt gelegenen Ausfalltoren geführt haben – aber eben nicht viel weiter.

Der zweite unverzichtbare Teil jeder mittelalterlichen Adelsburg war eine Ringmauer. Natürlich war diese aufgrund der Topografie nur selten ringförmig, sondern passte sich den örtlichen Begebenheiten an. Klarer als beim Bergfried ist bei der Ringmauer der Wehrcharakter: Sie sollte Unbefugte und Feinde daran hindern, in die Burg einzudringen. Anfangs bestand die Ringmauer noch aus mit Holz verstärkten Erdwällen, vom 11. Jahrhundert an treten Steinmauern zunehmend häufiger auf. Innerhalb der Ringmauer verlief ein oft hölzerner Wehrgang. Zinnen und Schießscharten boten den Verteidigern den nötigen Schutz und zugleich die Möglichkeit, Angreifer abzuwehren. Ähnlich wie beim Bergfried war die Schwachstelle auch bei der Ringmauer der Sockel. Hatten es die Feinde erst einmal bis hierher geschafft, war der Winkel von oben wieder zu steil, um diese wirksam zu bekämpfen. Abhilfe schafften die sogenannten Flankierungstürme, die vor die Mauer vorsprangen und eine seitliche Bekämpfung der Angreifer möglich machten. Diese Türme finden sich bereits im 12. Jahrhundert bei den Kreuzritterburgen im Heiligen Land, kommen in Deutschland erstmals im 13. Jahrhundert auf (Neuleiningen), um dann vom 14. bis zum 16. Jahrhundert allgemein üblich zu sein. Zur Angriffsseite hin wurden Teile der Ringmauer oft besonders hoch und vor allem dicker gemauert. In diesem Fall spricht man von Schildmauern, die einen potenziellen Angreifer schon durch ihre schiere Höhe beeindruckt haben dürften (Abb. 4).

Die größte Schwachstelle in der Ringmauer war die Toranlage – doch auch eine wehrhafte Burg kam ohne einen Zugang nun einmal nicht aus. In der Zeit des klassischen Burgenbaus war das Burgtor entweder in die Ringmauer eingepasst oder leicht nach vorne gerückt. Über dem Tor waren vorkragende Wurferker verbreitet, wobei deren Wirksamkeit nicht besonders groß gewesen sein dürfte. Zudem wird vermutet, dass diese Öffnungen auch einfach der Kommunikati-on mit Außenstehenden dienten, ohne das Burgtor öffnen zu müssen. Wie erwähnt wurde das Tor oft vom Bergfried oder einem anderen Turm gedeckt. Auch hier war der Schutz besonders groß, wenn der oder die Türme vor die Mauer sprangen und so ein seitliches Bestreichen des Bereichs vor dem Tor möglich wurde. Als repräsentativer Zugang zur Burg wurde die Toranlage immer aufwändiger gestaltet. Fallgitter und Zug-brücken sorgten seit dem 14. Jahrhundert für zu-

Abb. 4: Burg Ehrenfels bei Bingen am Rhein. Im Vordergrund die Ruine des Palas, dahinter einer der beiden Ecktürme, die die Schildmauer flankieren, mit der die Burg zur Bergseite hin gesichert wurde.

sätzlichen Schutz. Selbst das genügte den meisten Burgherren nicht: So entstanden auf vielen Burgen Zwingeranlagen. Darunter versteht man eine meist etwas schwächer ausgeführte Mauer, die der eigentlichen Ringmauer vorgelagert war. Der Bereich zwischen den beiden Mauern wird als Zwinger bezeichnet. Ein solcher Zwinger kam im Bereich der Toranlage vor, konnte aber auch weite Teile der Burg wie ein zweiter Ring umfassen. Zwar gab es Zwinger bereits im 12. Jahrhundert bei den Kreuzritterburgen, doch wie die Zugbrücken und Fallgitter wurden sie erst im 14. Jahrhundert zum integralen Bestandteil des Burgenbaus.

Waren Burgen auf diese Weise von einem Ring von Mauern und Türmen umgeben, dann müssen sie dem davor Stehenden tatsächlich wie eine „Stein gewordene Droh- und Machtgebärde" erschienen sein. Als solche hat sie der Burgenforscher Werner Meyer einmal bezeichnet. Und wie beim Bergfried dürfte die Abschreckung unter dem Strich ebenso wichtig gewesen sein wie die tatsächliche Verteidigungsfähigkeit. Dem entspricht auch, dass die Besatzung einer Burg sehr viel kleiner war, als man annehmen könnte. Auf kleinen Burgen haben kaum mehr als zehn Menschen gelebt, auf großen mögen es um die 50 gewesen sein. Wiederum Werner Meyer geht davon aus, dass davon „allenfalls 20 Waffenträger waren". Ein großer Ausfall aus der Burg war mit so wenigen Männern kaum zu machen. Es galt auszuharren – und nicht mehr.

Während in Frankreich und England die Turmburgen weiterentwickelt und die Türme (Donjon, Keep) zu mächtigen, repräsentativen Zentren der Burganlage gemacht wurden, kam es in Deutschland in der klassischen Phase des Burgenbaus zu einer Trennung von Turm und Wohnbereich. An die Stelle des Turms trat ein meist rechteckiger, an die Ringmauer angelehnter Wohnbau. Allgemein wird dieser Bau oft Palas genannt, doch weckt dies bei kleineren Burgen mitunter etwas übertriebene Assoziationen, bedenkt man, dass auch die repräsentativen Hauptgebäude der Kaiserpfalzen als Palas bezeichnet werden.

Leben auf der Burg

Die Wohnbauten hochmittelalterlicher Burgen waren mindestens zweistöckig. Während das Sockelgeschoss Verwaltungszwecken und zum Aufenthalt der Burgbesatzung diente, waren im Obergeschoss die Wohn- und Repräsentationsräume des Burgherrn untergebracht. In besonders großen Burgen und auf einigen Pfalzen wurde das erste Obergeschoss komplett von einem Saal eingenommen. Der Palas war der einzige Bau einer Burg, in dem es große Fensterflächen gegeben hat. Häufig waren diese durch Arkaden kunstvoll gegliedert. Sitznischen boten begehrte Plätze mit ausreichend Tageslicht. Wer es sich leisten konnte, ließ die Wandflächen seines Saales, aber auch der kleineren Wohnräume bemalen: Dies konnten geometrische oder florale Motive sein, ebenso ganze Bilderzyklen. Im späten Mittelalter waren Wandteppiche aus Flandern sehr beliebt. Ärmere Burgherren mussten sich dagegen häufig mit den Fellen der von ihnen erlegten Tiere als Wandschmuck begnügen.

Große Kamine beheizten den Saal, wobei ein Großteil der Wärme durch den Kamin sogleich wieder entschwand und Behaglichkeit allenfalls in der unmittelbaren Nähe des Kamins spürbar war. Doch für den Burgherrn war ein prachtvoll verzierter, großer Kamin auch ein wichtiges Statussymbol. Herrschten draußen kühle Temperaturen, konnten die Fenster mit hölzernen Läden, Fellen und Häuten verschlossen werden, mit dem Ergebnis, dass der Saal förmlich abgedunkelt war. Glasfenster wurden erst im späten Mittelalter üblich, in der Zeit des klassischen Burgenbaus waren diese selbst für bedeutendere Burgherren weit jenseits des finanziell Möglichen gewesen. Denkt man darüber hinaus an den Rauch der Kienspanfackeln (auch Kerzenwachs war unendlich teuer) und des Kamins, dann kann man sich gut vorstellen, wie stickig die Atmosphäre darin gewesen sein muss. Es ist daher davon auszugehen, dass die großen Säle im Winter oft überhaupt nicht genutzt wurden und die Familie in kleinere Räume auswich, die sich besser beheizen ließen. Dass es sich bei diesen Kemenaten (von lateinisch *camera caminata* = Raum mit Kamin) um die Behausung der Frauen gehandelt hat, ist ein populärer Irrtum. Als Kemenate kann jeder beheizbare Raum einer Burg bezeichnet werden. Ob sich mancher Burgherr während des Winters tatsächlich voll bekleidet in seine Badestube zurückgezogen hat, wie „Der Stricker", ein mittelhochdeutscher Dichter des 13. Jahrhunderts, berichtet, muss natürlich offen bleiben. Aber die Geschichte zeigt, dass die Kälte auch für die daran gewöhnten Menschen des Mittelalters ein Gesprächsthema war. Und nicht nur das: In besonders kalten Wintern soll mancher Burgherr, nicht anders als die von ihm abhängigen Bauern, Ziegen, Schweine und Hunde um sich geschart haben, damit sie ihn ein wenig wärmten.

Eine bahnbrechende Innovation waren daher die Kachelöfen, die zum einen keine Rauchentwicklung im Raum verursachten und darüber hinaus einen sehr viel besseren Heizwert als die offenen Kamine hatten. Zwar gab es solche Kachelöfen schon Ende des 10. Jahrhunderts, doch erst im Lauf des 13. Jahrhunderts hatten sie sich allgemein durchgesetzt. Dass gleichwohl in großen Sälen auch repräsentative Kamine beibehalten wurden, zeugt von deren Einschätzung als Statussymbol.

Badestuben, wie sie „Der Stricker" in seiner Erzählung erwähnt, waren auf Burgen weit verbreitet. Auf größeren gab es sogar Badehäuser, dafür musste mancher arme Ritter mit einem hölzernen Trog vorlieb nehmen. Auf diese mögen sich die abfälligen Bemerkungen von Stadtbürgern im späten Mittelalter über die wenig angenehmen Körperdüfte der adligen Herren bezogen haben, doch betraf dies bereits eine verarmte, im Niedergang begriffene ritterliche Adelsschicht, auf welche die „Pfeffersäcke" in den Städten gerne herabsahen. Denn geradezu im Gegensatz zum Klischee des „stinkenden Ritters" stehen die duftenden Badezusätze, die mittelalterliche Burgherren gerne verwendeten. Doch ob Burg oder Stadt: Das Mittelalter kannte, anders als das Barock, noch keine Angst vor dem Wasser. Die Badestuben auf den Burgen dienten einerseits der Hygiene, aber ebenso dem geselligen Beisammensein, wenn Gäste kamen. Auch Schwitzbäder waren bekannt und beliebt.

Beim menschlichsten aller Bedürfnisse ging es auf den mittelalterlichen Burgen dagegen – aus heutiger Sicht – weniger hygienisch zu. Immerhin, und auch dies ein Unterschied zu vielen Barockschlössern: In jeder Burg gab es Aborte oder Abtrittserker. Im einfachsten Fall waren dies hölzerne Erker, von denen die Fäkalien schlicht in den Burggraben oder eine abseits gelegene Ecke außerhalb der Ringmauer fielen. Das mag den Nachteil gehabt haben, dass im Falle eines Angriffs unliebsame Störungen von unten möglich waren, etwa durch einen gut gezielten Schuss aus einer Armbrust. Doch allzu häufig war dies in der Realität sicher nicht der Fall. Die nächste Stufe waren Abtrittserker, in denen die Fäkalien durch einen Schacht geleitet wurden. Noch etwas aufwändiger waren Aborte, in denen dieser Schacht innerhalb der Mauer geführt wurde. Ein Problem war der Verfaulungsprozess dieser Fäkalien zu Füßen der Burgmauern. Dieser dürfte nicht nur zu Geruchsbelästigungen, sondern auch zu gesundheitlichen Beeinträchtigungen geführt haben.

Da Ritter sich gemäß ihrer Leitkultur als Soldaten Christi verstanden, musste auch diesem Aspekt auf der Burg Respekt gezollt werden. Allerdings besaß nicht jede mittelalterliche Burg eine Kapelle, zumindest nicht in der Form eines eigenständigen, separaten Gebäudes. Häufig musste ein Erker oder ein kleiner Raum genügen (Abb. 5). Zumindest bei den Königen auf ihren Pfalzen und den großen Herren waren sie aber nahezu obligatorisch. Wenn es eigenständige Kapellen gab, so waren diese fast immer in der Kernburg untergebracht, verbreitet waren auch Kapellenräume im Obergeschoss der Torbauten. In diesem Fall sollte den Kapellen apotropäische Wirkung zukommen, das heißt, sie sollten Feinde abschrecken.

Möbliert waren die Burgen des Mittelalters spärlich. Im großen Saal wurden zur Tafel Holztische und -bänke aufgetragen. An deren oberen Ende nahm der Burgherr mit seiner Familie Platz. Je näher man ihm saß, umso näher saß man im übertragenen Sinne an der Macht – und im wörtlichen am wärmenden Kamin. Gegessen wurde meist aus hölzernen Tellern, entweder mit einem Messer und den Fingern oder mit dem Löffel. Die Gabel war noch nicht erfunden. War das Mahl vorüber, wurde die Tafel aufgehoben, und das war durchaus wörtlich zu verstehen. Diener nahmen die Tischplatten von den Untergestellen, auf die sie montiert waren, und trugen die ganze Einrichtung wieder hinaus.

Was gegessen wurde, waren zum einen die Breie, die auch auf den Tischen der Untertanen standen, doch darüber hinaus als Zeichen der hervorgehobenen gesellschaftlichen Stellung Fleisch, Fleisch und nochmals Fleisch. Rund 80 Prozent davon entfielen auf Schwein und Rind, der Anteil von Wildbret war weit geringer, als man heute vermuten würde. Auch Fisch war, vor allem in der Fastenzeit, sehr beliebt. Allerdings haben sich nur die wenigsten Burgherren jenen Luxus leisten können, den sich der Fürstbischof von Passau im 15. Jahrhundert auf seiner Veste Oberhaus gegönnt hat: Er importierte massenweise Austern aus Italien. Nüsse und Obst, Eier und Käse komplettierten den adligen Speise-

zettel. Wenn möglich, wurde dazu Wein getrunken, denn Bier galt eigentlich als unhöfisches Getränk. Allerdings wurde der Wein meist verdünnt und mit allerlei Kräutern und Gewürzen vermischt.

Im hohen Mittelalter gab es, außer auf den großen Burgen, keine vom alltäglichen Leben abgetrennten Schlafzimmer. Diese wurden erst im späten Mittelalter üblich. Man schlief nackt, hatte aber schon Federbetten, während die Bediensteten mit Strohsäcken vorlieb nehmen mussten. Kleider und sonstige Habe wurden in Truhen aufbewahrt, die zudem als Sitzgelegenheiten genutzt wurden. Auch diese Truhen konnten, aufwändig gearbeitet und verziert, vom Reichtum ihrer Besitzer künden.

Wasser – ein lebensnotwendiges Elixier

Einer der wichtigsten Aspekte mittelalterlichen Burgenbaus war die Wasserversorgung; ein Aspekt, der bereits bei der Suche nach einem Bauplatz mit bedacht sein wollte. Denn die Wasserversorgung war existenziell für jede Burg – ohne (möglichst frisches) Wasser war kein Leben möglich. Wurde eine Burg, etwa bei einer Belagerung, von ihrer Wasserzufuhr abgeschnitten, so war sie binnen kürzester Zeit nicht mehr verteidigungsfähig. Besonders gefährdet waren dabei jene Anlagen, die über kein Frischwasser direkt in der Burg verfügten, sondern es normalerweise aus einem nahe gelegenen Gewässer Tag um Tag auf die Burg schaffen mussten. Das war nicht nur gefährlich, sondern zudem äußerst mühselig. Zugleich war es aber die kostengünstigste Variante, zu der vor allem auf kleineren Burgen oder von wenig finanzkräftigen Burgherren gegriffen wurde. Doch auch wer sich eine Wasserleitung vom nächsten Gewässer zu seiner Burg leistete, lief Gefahr, dass diese Leitung bei einer Belagerung schnell gekappt wurde; zudem verfaulten die meist aus Holz gebauten Rohre relativ rasch.

Es war also vorteilhaft, in der Burg selbst über Wasser zu verfügen. Da war es natürlich optimal, wenn im Bereich der Burg eine Quelle lag. Doch das dürfte äußerst selten der Fall gewesen sein,

Abb. 5: Kapellenerker der Burg Landsberg bei Barr (Elsass).

auf Höhenburgen am allerwenigsten. Also musste ein Brunnen gegraben werden, bis man auf Grundwasser stieß. Dies war die einzige Möglichkeit, die Wasserversorgung dauerhaft sicherzustellen. Zum Teil wurde dabei über 100 Meter in die Tiefe gebohrt, ehe man auf Wasser stieß, und dies zum Teil durch blanken Fels. Einige dieser Brunnen sollen so viel gekostet haben wie der gesamte übrige Burgbau. Das lässt sich leicht nachvollziehen, wenn man sich vor Augen hält, dass die einzigen Hilfsmittel dafür Hammer und Meißel waren.

Auf der Festung Königstein in Sachsen wurde rund 40 Jahre lang gebohrt, ehe man in über 150 Metern Tiefe endlich auf Wasser stieß. Vor diesem Hintergrund scheint eine weitere Möglichkeit vordergründig einfacher zu sein: Man konnte das Regenwasser in Zisternen auffangen, es gegebenenfalls sogar mit Sand und Kies filtern. Doch konnte dieses Wasser nur begrenzt aufbewahrt werden, zudem war man von einigermaßen regelmäßigen Regenfällen abhängig. Um ganz auf Nummer sicher zu gehen, wurden daher auf manchen Burgen Brunnen und Zisternen angelegt.

Wasser wurde nicht nur zum Trinken und Waschen gebraucht, sondern war auch in der Küche unentbehrlich. Gekocht wurde auf einer großen Feuerstelle, entweder in einem Wandkamin oder auf einem massiven, gemauerten Herd. Da auf offenem Feuer gebraten und gebrutzelt wurde, durfte ein Rauchabzug nicht fehlen. Entsprechend groß war die Brandgefahr. Aus diesem Grund befanden sich die Küchen oft in gewölbten Räumen, deren steinerne Decken nicht so leicht in Brand gerieten wie Holzdecken. Auf einigen wenigen Burgen gibt es sogar eigene Küchenbauten. Zu jeder Küche gehörte ein Ausgussstein – ein Indiz, das für Burgenforscher besonders wichtig ist, denn oft lassen lediglich diese Ausgusssteine den Schluss zu, dass sich an dieser Stelle einst die Burgküche befunden hat. Denn originale Küchen aus dem Hochmittelalter haben sich nicht erhalten.

Die Vorburg – das wirtschaftliche Herz

Die meisten hochmittelalterlichen Burgen bestanden aus der Kernburg mit Bergfried und Wohnbau – und einer Vorburg für die Unterbringung all jener Einrichtungen, die zur wirtschaftlichen Ver-

sorgung notwendig waren. In der Regel waren diese Vorburgen ebenfalls befestigt, wenn auch nicht so stark wie die Kernburg. Um dorthin zu gelangen, musste zunächst die Vorburg durchquert werden, die dementsprechend gleichfalls der Verteidigung diente. Bei Gipfel- oder Spornburgen lag die Vorburg meist unterhalb der Hauptburg (weshalb sie auch als Niederburg bezeichnet wird); bei in der Ebene gelegenen Burgen lag sie unmittelbar davor. Oft waren die Vorburgen flächenmäßig größer als die Hauptburgen. Das hing natürlich mit ihrer umfassenden Nutzung zusammen. Als „Herz der Burg" hat der Bauforscher Stefan Uhl die Vorburg bezeichnet, weil dort das eigentliche Leben stattfand: Hier waren die Stallungen für die Pferde und das Nutzvieh, hier waren die Scheunen, in denen das Getreide lagerte, Speicher für Lebensmittel aller Art, und hier hatten die Burghandwerker (Schmiede, Schreiner) ihre Werkstatt, das Gesinde seine Unterkunft. Wenn die Untertanen ihre Abgaben auf die Burg brachten, dann wurde dies in der Vorburg abgewickelt. Wo es keine Vorburg gab – und dies kam durchaus vor –, drängten sich die ganzen Aktivitäten im Burghof, der dann ein ähnliches Bild abgegeben haben dürfte, wie es Ulrich von Hutten beschrieben hat.

Auch Gärten gehörten zu jeder Burg. Allerdings gab es gerade auf Gipfelburgen nur wenig Platz hierfür. Oft mussten sich die Burgherren mit einem kleinen Kräutergarten begnügen. Fand sich in der Nähe des Wohnbaus kein Raum für einen Garten, wanderte er in den Zwinger oder wurde gar ganz außerhalb der Burg angelegt. Wo genügend Platz war, wurden auch Obstbäume gepflanzt, hatte Obst doch – wie oben erwähnt – einen festen Platz auf dem ritterlichen Speisezettel. Der Garten war ein bevorzugtes Thema der mittelalterlichen Minnesänger, bei denen er zum Abbild des Paradieses und zum Liebesgarten wurde. Auch wenn vieles daran idealisiert war, so kann man doch nachvollziehen, dass der Garten mit seiner Farbenpracht in einem von hohen Steinmauern geprägten, abweisenden Bau wie der Burg als fröhlicher, heiterer Ort empfunden wurde. Diese Empfindung des Gartens als Idyll war der erste Schritt auf dem Weg vom reinen Nutzgarten, welcher der Burggarten per se zunächst war, hin zum Garten als regelmäßig angelegtem Kunstwerk nach dem Vorbild der Antike. Im deutschen Sprachraum sind die Gärten des Heidelberger Schlosses eines der frühesten Beispiele hierfür.

Abb. 6: Eine der besterhaltenen Wasserburgen der Schweiz ist Schloss Hagenwil bei Amriswil im Kanton Thurgau. Im Obergeschoss des Torbaus befindet sich die Burgkapelle.

Von Gipfel-, Sporn- und Wasserburgen

Das Bild der mittelalterlichen Burgen ist damit in den Grundzügen beschrieben. Doch wer hat sie gebaut, und wie ging es auf der Baustelle einer mittelalterlichen Burg zu? Der Bau einer Burg begann, nicht anders wie der eines Einfamilienhauses heute, mit der Wahl des Bauplatzes. Dabei war mit der topografischen Lage des jeweiligen Besitzes bereits eine gewisse Vorentscheidung getroffen: Es war nun mal nicht möglich, im norddeutschen Flachland eine Gipfelburg zu errichten – weil es dafür schlicht keinen Gipfel gab … Damit sind wir bereits bei der Unterscheidung in die beiden Grundvarianten des mittelalterlichen Burgenbaus: die Niederungsburgen und die Höhenburgen. Beginnen wir mit den Niederungsburgen. Wo kein Berg war, bemühte man sich gleichwohl, markante Punkte im vorhandenen Gelände auszusuchen. Das konnten kleinere Erhebungen sein oder Flächen, die durch natürliche Gewässerläufe oder Seen geschützt waren. Dazu gehörten beispielsweise Inselburgen, wie die Burg Pfalzgrafenstein am Mittelrhein, wobei hier die Nutzung als Zollburg für die Wahl des Bauplatzes verantwortlich war. Sind Burgen von künstlichen Gewässern umgeben (wobei hier durchaus Flüsse o. Ä. als Zu- und Abläufe integriert wurden), dann spricht man von Wasserburgen, dem am weitesten verbreiteten Typus der Niederungsburgen (Abb. 6). In dem vorliegenden Band werden als Beispiel für diese Bauform die Burgen Vischering und Linn vorgestellt.

In dem von Mittelgebirgen geprägten süddeutschen Raum sind Niederungsburgen deutlich seltener, wenn auch – besonders in den Flussniederungen – durchaus vorhanden. Wenn die Topografie es zuließ, wurden aber Höhenburgen wegen des fortifikatorischen Vorteils der Überhöhung bevorzugt. Dabei muss man aber zwischen einer ganzen Reihe unterschiedlicher Formen von Höhenburgen unterscheiden. Der markanteste Bautypus ist die Gipfelburg, die auf einem nach allen Seiten hin steil abfallenden Berggipfel über der umgebenden Landschaft thront. Musterbeispiele hierfür sind die im Folgenden ebenfalls ausführlich behandelte Burg Hohenzollern und die Marksburg am Rhein. Da das Baumaterial mit großem Aufwand zur Baustelle hinaufgeschleppt werden musste und auch die Vorbereitung des in der Regel felsigen Baugrundes erhebliche Mittel verschlang, waren die Gipfelburgen im Schnitt die teuerste und schwierigste Spielart des Burgenbaus. Ihr Bau setzte dementsprechende Finanzmittel voraus. Der Vorteil lag aber ebenso auf der Hand: Nimmt man die Burg als Statussymbol, so gehört nicht viel Phantasie dazu, sich vorzustellen, dass der Symbolcharakter solcher Gipfelburgen besonders hoch war, ja heute noch ist. Nimmt man den Verteidigungscharakter, dann hatte eine solche Gipfelburg den Vorteil eines natürlichen Schutzes nach allen Seiten hin.

Doch nicht immer war es das fehlende Geld, das potenzielle Burgherren vom Bau einer Gipfelburg abhielt. Manchmal gab es auch in bergigen Landschaften schlicht keinen so markanten Gipfel, und mancher Burgenbauer mag aus praktischen Gründen einen anderen Bautypus bevorzugt haben. Damit sind wir bei der am weitesten verbreiteten Spielart des mittelalterlichen Bur-

genbaus: der Spornburg. Wie der Name sagt, lag diese auf einem Bergsporn bzw. einer Bergzunge, einer in der Regel lang gestreckten weitgehend ebenen Fläche, die nach drei Seiten steil abfiel, aber auf einer Seite mit einer Hochfläche bzw. einem ansteigenden Gelände verbunden war. Dies war die gefährdete Seite der Burg. Diese wurde, wie bereits erwähnt, häufig durch eine Schildmauer geschützt. Vorgeschaltet wurde dieser Mauer meist ein sogenannter Halsgraben. Damit bezeichnet man einen künstlich ausgehobenen Graben, mit dem eine solche Spornburg von dem dahinter liegenden Gelände abgetrennt wurde. Die Überwindung dieses Grabens konnte dann mittels einer Zugbrücke nach Bedarf ermöglicht oder verhindert werden. Ein Beispiel für eine solche Spornburg ist die in diesem Band vorgestellte Meersburg am Bodensee. Doch hatte die Spornburg gegenüber einer Gipfelburg auch Vorteile, die sich bereits beim Bau der Burg bemerkbar machten. Vor allem war der Transport des Baumaterials zu der Baustelle einfacher als zu einer Gipfelburg.

Weitere Burgtypen, die an dieser Stelle genannt seien, sind die Felsen- (Abb. 7)

Abb. 7: Die Burg Regenstein bei Blankenburg im Harz aus der zweiten Hälfte des 12. Jahrhunderts gilt als älteste deutsche Felsenburg.

und die Höhlenburgen, bei denen der steinige Untergrund nicht nur das Plateau für den Burgbau abgab, sondern ganze Bauteile in den Felsen mit einbezogen wurden. Noch mehr Teil der umgebenden Natur sind die Grottenburgen, bei denen selbst die Wohntrakte in Felsklüften verschwinden können. Ein besonders spektakuläres Beispiel hierfür ist die Burg Rappenstein in der Nähe von Chur, die sich regelrecht in eine Felsspalte zwängt. Man hat eher den Eindruck, in einem dunklen, feuchten Loch als in der Burg eines adligen Herrn zu sein. Um 1250 wurde die Burg erbaut, doch allzu lange bewohnt wurde sie nicht, was angesichts der Umstände nicht sehr verwundert.

Der Bau einer Burg

Bei der Frage des Bauplatzes musste nicht nur die Lage der Burg in Betracht gezogen werden, sondern auch Baumaterial in unmittelbarer Nähe vorhanden sein. Dies betraf vor allem Holz und Steine. In waldreichen Gegenden war Holz das geringste Problem, zumal der Burgberg und der Bauplatz selbst zuerst gerodet wurden. Doch auch Wasser musste nicht nur für die spätere Versorgung der Burg vor Ort sein, sondern ebenso für den Bau, denn die Steine wurden mit Mörtel gebunden, der aus Sand, Zement und Wasser gemischt wurde.

Der Rodung folgte die Planierung des Plateaus, um die Gebäude darauf bauen zu können. Das war bei einer Niederungsburg sehr viel einfacher als bei einer Gipfelburg, wo oft noch Felsmaterial abgeschrotet werden musste. Dabei wurden Holzkeile eingeschlagen und mit Wasser übergossen – das Holz dehnte sich aus und sprengte den Fels. Verantwortlich für den Bau der Burg war ein Baumeister, der auch die notwendigen Fach- und Hilfskräfte einsetzte. Zu Letzteren zählten die zur Fronarbeit verpflichteten Bauern, die vor allem zum Transport der Baumaterialien benötigt wurden. Doch bedurfte es darüber hinaus einer Vielzahl von Spezialisten – Männern, die ihr Handwerk gelernt hatten und dafür gutes Geld verlangen konnten. Dazu gehörten in erster Linie die Steinmetzen, die unter den Handwerkern den ersten Rang einnahmen. Sie waren nur für die Feinarbeit zuständig. Im Steinbruch waren die Steinbrecher zugange, die das Material grob behauten und nach der Zahl der herausgebrochenen Quader bezahlt wurden, wie überhaupt die Bezahlung nach Stückgut üblich war. Dazu kamen Zimmerleute und Dachdecker, Schlosser und Schmiede …

Einen Bauplan im heutigen Verständnis gab es nicht, sondern allenfalls grobe Aufrisszeichnungen und Grundrisse, vor allem bei sehr aufwändigen und großen Bauten. Die Burg entstand zunächst im Kopf des Baumeisters, der die Handwerker entsprechend instruierte, gegebenenfalls unter der Zuhilfenahme von Skizzen, die auch in den Boden gezeichnet werden konnten. Der Grundriss wurde mit Pflöcken und Schnüren eingemessen. Es bedurfte also einer sehr genauen Abstimmung zwischen dem Baumeister und den Handwerkern. Das aber wiederum dürfte in vielen Fällen kein Problem gewesen sein, da Baumeister mit einem eingespielten Team von Baustelle zu Baustelle wandern konnten. Der Burgenforscher Alexander Antonow spricht in diesem Zusammenhang sogar von „Baufirmen". Natürlich lässt sich dies nicht verallgemeinern, aber es lag in der Verantwortung des Baumeisters, die benötigten Handwerker einzustellen. Die Wandertätigkeit der Baumeister und vieler Handwerker hatte den unschätzbaren Vorteil, dass sich neue Entwicklungen, Stilformen und Techniken weit schneller verbreiteten, als man dies aus heutiger Sicht vielleicht vermuten könnte.

Wiederum anders als man vermuten könnte, war der Bau einer Burg im Mittelalter keineswegs reine Handarbeit. Es wurden sogar eine ganze Reihe von technischen Hilfsmitteln eingesetzt, ohne die ein solcher Bau überhaupt nicht hätte realisiert werden können. Steht man heute vor einer hohen Ringmauer oder gar vor einem himmelwärts strebenden Bergfried, drängt sich unwillkürlich die Frage auf: Wie konnten solche Mauerhöhen erreicht werden? Dazu bedurfte es zunächst eines Gerüsts – und das gab es schon im Mittelalter. Bei niedrigeren Mauern wurden Gerüste in den Boden gerammt. Bei größeren Höhen hätte deren Standfestigkeit allerdings nicht ausgereicht, bei Gipfelburgen gab das steil abfallende Gelände keinen Halt für diese Form der Gerüste. Hier kamen die sogenannten Auslegergerüste ins Spiel. Dabei wurden immer – gleichzeitig mit dem fortschreitenden Bau der Mauer – im Abstand von 1,5 bis zwei Metern Hölzer eingemauert, die etwa einen halben Meter nach außen sprangen. Darauf konnte man dann Holzbohlen legen. Nach dem Abschluss der Bauarbeiten wurden die eingemauerten Hölzer wieder herausgezogen oder abgesägt, wodurch in der Mauer Löcher zurückblieben, die vielfach bis heute sichtbar sind.

Doch wie wurden die bis zu 500 Kilogramm schweren Quadersteine (Abb. 8) an ihren Platz gebracht? Dies konnte mühsam über Rampen geschehen, doch häufiger war die Verwendung von Flaschenzügen. Gehalten wurden die Steine von Steinzangen, deren Enden in vorgebohrte Löchern griffen und durch den Druck beim Anheben immer festeren Halt fanden. Diese Steinzangen hatten den bis in die Mitte des 12. Jahrhunderts üblichen Wolf abgelöst. Dabei handelte es sich um einen Eisenring mit drei keilförmigen Eisenplatten, die durch ein Loch in der Oberseite des Steins eingeführt wurden und sich beim Hochziehen spreizten, so dass der Stein ebenfalls festgehalten wurde. Eine weitere Neuerung fand Ende des 13. Jahrhunderts Einzug auf den Burgenbaustellen: der Tretkran. Dies bedeutete für die Männer im Tretrad zwar körperliche Schwerstarbeit, aber die Arbeit ging dadurch insgesamt deutlich schneller vonstatten. Die Kranknechte erhielten für ihre harte Arbeit einen recht hohen Stundenlohn.

Da die Burgen weniger anspruchsvolle Bauten waren als die großen Kathedralen, war die Bauzeit in der Regel deutlich kürzer. Alexander Antonow geht davon aus, dass sie durchschnittlich zwischen drei und sechs Jahren gelegen hat – was einer organisatorischen Meisterleistung gleichkommt. Zwar gab es auch deutlich längere Bauzeiten, doch ändert dies nichts an dem großen Respekt für die Effizienz der mittelalterlichen Burgenbauer.

Eine interessante Frage ist die nach den Baukosten. Auch hier hat es verschiedene Versuche gegeben, dies in heutige Baukosten umzurechnen. So wurden etwa die Kosten für den Bau eines Wohnturms um 1400 mit etwa 850 000 Euro wiedergegeben, große Burganlagen dürften dagegen mit Baukosten bis zu – umgerechnet – 2,5 Millionen Euro zu Buche geschlagen haben.

Das große Burgensterben

Während es auch im Mittelalter immer wieder zur Aufgabe einzelner Burgen kam, setzte ein regelrechtes „Burgensterben" erst im 15. und besonders im 16. Jahrhundert ein. Was waren die Ursachen hierfür? Zunächst waren viele Burgen durch kriegerische Einwirkungen, Brände, Blitzeinschläge, Erdbeben und andere Naturkatastrophen zerstört worden, ohne dass sie danach wieder instand gesetzt worden wären. Die Verarmung von Teilen des ritterschaftlichen Adels führte darüber hinaus zur baulichen Vernachlässigung zahlreicher Burgen. Ein weiterer Grund für das Ende der klassischen Burgen des hohen Mittelalters war der Siegeszug der Feuerwaffen. Bereits im 15. Jahrhundert gab es leistungs- und transportfähige Kanonen, gegen die die Verteidigungseinrichtungen der Burgen keinen Schutz boten. Und umgekehrt bot die klassische Burg wenig Raum zur Aufstellung von Geschützen. Die Burg war für die Kriegführung mit Artillerie einfach nicht geschaffen. Dies führte zu zahlreichen Umbauten von Burgen, die dadurch zu Festungen wurden, wobei die Trennungslinien unscharf sind. Wo hört die Burg auf und wo fängt die Festung an? Das einfachste Mittel, eine Burg feuerwaffentauglich zu machen, war die Installation geeigneter Schießscharten. Zudem wurden die

Abb. 8: Buckelquader am Bergfried der Burg Hohengundelfingen im Lautertal (Schwäbische Alb).

Abb. 9: Die Churburg bei Schluderns (Südtirol) wurde im 16. Jahrhundert zu einem wohnlichen Renaissance-Schloss umgebaut.

Türme der spätmittelalterlichen Burgen bereits so angelegt, dass sie Geschütze aufnehmen konnten. Das bedeutet: Ihr Durchmesser wurde gegenüber dem der klassischen Burg größer. Der nächste Schritt waren die sogenannten Rondelle, meist halbkreisförmige, gar nicht oder nur wenig über die Rundmauer hinausragende Bauten, die ganz auf die Bedürfnisse der Artillerie zugeschnitten waren. Dies alles lässt sich noch unter dem Oberbegriff Burg zusammenfassen. In dem Maße aber, in dem die Flankierungstürme durch zackenförmige Bastionen ersetzt wurden, die sternförmige Anlagen entstehen ließen, vollzog sich langsam der Wandel zur neuzeitlichen Festung. Der französische Baumeister Vauban perfektionierte die Festungsbaukunst im 18. Jahrhundert und ummantelte zahlreiche Städte mit Bastionen, die dadurch ihrerseits zu Festungen wurden. Dies konnten bestehende Städte sein, aber auch gänzliche Neuschöpfungen wie das linksrheinische

Neuf-Brisach im Elsass, das auf dem Reißbrett als Festungsstadt konzipiert worden ist.

Groß angelegte Festungen waren, anders als Burgen, von kleinen Adligen nicht mehr zu finanzieren. Das konnten nur noch die großen Herren. Damit wurden die Festungen ein weiteres Zeichen auf dem Weg der seit dem 13. Jahrhundert einsetzenden Territorialisierung, der Fürstenstaaten, die in der Neuzeit zu den eigentlichen Trägern der politischen Macht im Römisch-Deutschen Reich wurden.

Typisch für die Burgen war ihre Multifunktionalität gewesen, vor allem das Nebeneinander von Wohn- und Wehrbauten. Diese beiden Bereiche wurden in der frühen Neuzeit getrennt: Der Verteidigung dienten fortan die Festungen, dem adligen Wohnen die neu entstehenden Schlösser in der Ebene, die wesentlich mehr Komfort und Raum versprachen, als es auf den engen Burgen des Mittelalters möglich gewesen wäre. Dies galt

schon für die Renaissancebauten nach antiken Vorbildern, erst recht aber für die Schlösser des Barock mit ihrem ausufernden Platzbedarf. Zwar wurden auch Burgen zu Schlössern umgebaut (Abb. 9), doch wer es sich leisten konnte, baute in der Regel neu. Allerdings waren selbst die neuzeitlichen Festungen keine reinen Verteidigungsbauten, sondern boten Platz für Handel und Handwerk, Gefängnis und Staatsschatz – der fürstlichen Repräsentation dienten sie jedoch nicht mehr; allenfalls durch ihre aufwändige Gestaltung als Status- und Machtsymbol, darin gar nicht unähnlich den Burgen.

Der Traum vom Mittelalter

In der Neuzeit waren Burgen lange Zeit nicht mehr als Symbole des Niedergangs und des Verfalls. Und manche stolze Burg wurde im 17. und

18. Jahrhundert zum Steinbruch degradiert, ein Relikt der Vergangenheit, an dem man sich schadlos halten konnte. Erst am Beginn des 19. Jahrhunderts machte diese abschätzige Haltung einer wieder entfachten Begeisterung für das Mittelalter und sein Erbe Platz. In Romanen und Balladen, auf Gemälden und Zeichnungen erschien das Mittelalter auf einmal wieder als eine Welt von stolzen Helden, wackeren Kämpen, verwunschenen Wäldern, edlen Damen – und kühnen Burgen, die auf steilen Berggipfeln drohten. Das Mittelalter wurde zur heilen Welt stilisiert, zur großen Zeit des „Deutschen Reiches", an die man zu gerne anknüpfen wollte. Und sei es nur bei romantischen Festen, bei denen Hausherr und Gäste in „mittelalterliche" Gewänder schlüpften. Von dieser Begeisterung war es gar kein so weiter Weg zur Restaurierung oder gar dem völligem Neubau von Burgen (Abb. 10). Dabei wurde in der Frühphase des historistischen Burgenbaus noch äu-

Abb. 10: Der preußische Kronprinz Friedrich Wilhelm, der spätere König Friedrich Wilhelm IV., ließ die Burg Stolzenfels bei Koblenz zwischen 1835 und 1845 im historisierenden Stil wieder aufbauen.

ßerst frei mit den historischen Vorbildern umgegangen und wenig Fingerspitzengefühl mit den noch vorhandenen Mauerresten bewiesen. Erst Ende des 19. Jahrhunderts wurde unter dem Einfluss des Burgenforschers Bodo Ebhardt, des Gründers der Deutschen Burgenvereinigung, die Rekonstruktion zum eigentlichen Ziel, das doch praktisch unerreichbar war. Der 1908 abgeschlossene Wiederaufbau der Hohkönigsburg im Elsass wurde unter diesen Vorzeichen zum heftigen Streitobjekt zwischen den beiden Burgenforschern Otto Piper und Bodo Ebhardt, den feindlichen Brüdern, wie man sie gerne bezeichnet hat. Während Piper aufgrund des schlechten Erhaltungszustands der Ruine für Konservieren statt Rekonstruieren plädierte, traute sich Ebhardt den Wiederaufbau auf Grundlage einer gründlichen Recherche zu – und wurde darin von Wilhelm II.

unterstützt, auch aus politischen Motiven. Da das Elsass seit 1871 zum Deutschen Reich gehörte, sollte mit dem Wiederaufbau der Hohkönigsburg ein deutliches Zeichen dafür gesetzt werden, dass es sich bcim Elsass um „urdeutsches" Land handelte. Nur sechs Jahre nach der Fertigstellung der Hohkönigsburg brach der Erste Weltkrieg aus – mit ihm endete die Phase der historisierenden Burgenbegeisterung. Seither wurden zwar, von wenigen Ausnahmen abgesehen, keine neuen Burgen mehr gebaut, doch der Streit, wie weit die Rekonstruktion historischer Vorbilder bei Ruinen mittelalterlicher Burgen gehen darf, ist noch immer nicht ganz ausgestanden und bewegt bisweilen die Gemüter. Doch das mag nur ein weiterer Beleg für die ungebrochene Faszination unserer Burgen sein.

Abb. 11: Rund 30 Meter hoch
ist der Bergfried von Burg
Bentheim; die Mauerstärke
beträgt stattliche 5,50 Meter.

BURG BENTHEIM

EINE VORTREFFLICHE FESTE STADT

Uwe A. Oster

Wer vom Münsterland her kommend nach Norden oder von Osnabrück her nach Westen fährt, wird eines nicht erwarten: eine auf steilem Felsen gelegene Höhenburg. Umso überraschender ist der Anblick der Burg Bentheim am Südhang des Teutoburger Waldes, wenige Kilometer vor der niederländischen Grenze. Auch der niederländische Maler Jacob van Ruisdael war von der Burg beeindruckt: Auf mehreren Gemälden und Zeichnungen hat er ihre Silhouette festgehalten.

Baugeschichte

Wie viele mittelalterliche Burgen, soll auch Bentheim schon in vorgeschichtlicher Zeit als Kultstätte genutzt worden sein. Der Wahrheitsgehalt dieser Vermutung lässt sich zwar nicht überprüfen, doch gab es in der näheren Umgebung immerhin zahlreiche bronzezeitliche Funde. Ebenso offen bleiben muss, ob der römische Feldherr Drusus (38–9 v. Chr.), der Stiefsohn des Kaisers Augustus, am Drususstein beim Bentheimer Burgberg Recht gesprochen hat, wie die Legende wissen will. Ganz unwahrscheinlich ist es nicht, bedenkt man, dass Drusus die Eroberung des heutigen Norddeutschlands vorbereitet und dazu eine ganze Reihe von Kastellen im Bereich von Maas, Weser und Elbe angelegt hat.

Die Burg Bentheim wurde erstmals im 11. Jahrhundert als Besitz Graf Ottos I. von Northeim erwähnt. Doch hat sich von dieser Anlage nichts erhalten. Dafür sorgte Lothar von Süpplinburg, damals noch Herzog von Sachsen, bei einem Aufstand sächsischer und westfälischer Adliger gegen Kaiser Heinrich V. Im Jahr 1116 eroberte er die Burg Bentheim und zerstörte sie. Der sächsische Abt und Geschichtsschreiber Arnold von Berge

und Nienburg, ein Anhänger Lothars, bezeichnete Bentheim damals als „vortreffliche feste Stadt (urbs)". Der Stolz, ein solches Bauwerk zerstört zu haben, schimmert darin durch.

Mit dem Wiederaufbau durch Graf Otto von Salm-Rheineck, einen Schwager Lothars von Süpplinburg, wurde bereits unmittelbar nach der Zerstörung begonnen. Der gewaltige, 30 Meter hohe, wegen seiner späteren Nutzung als Pulverturm bezeichnete Bergfried (Abb. 11) gehört in seinem Kern noch zu dieser Anlage. Im Sockelgeschoss beträgt seine Mauerstärke stattliche 5,50 Meter, seine Außenmaße betragen 14 mal 14 Meter. Als Wohnbau diente ein an die Ringmauer gebauter Palas im Westen des Burgbergs. Dort befindet sich heute die neugotische Kronenburg, die – wenn auch aufgrund der Umgestaltung des 19. Jahrhunderts nicht mehr erkennbar – auf diesen Palas des 12. Jahrhunderts zurückgeht. Die Burg hatte also alle Bestandteile der klassischen Adelsburg des hohen Mittelalters: Bergfried, Wohnbau und Ring- bzw. Schildmauer. Zwar stammt die heutige Ringmauer nicht mehr aus dieser Zeit, doch haben sich an der Nordseite einige Buckelquader erhalten, die noch in das 13. Jahrhundert gehören.

Östlich an die Hauptburg schlossen sich die Vorburg und ein Kräutergarten an, die im 13. Jahrhundert ebenfalls von einer Mauer umgeben wurden. Das Gewölbe des unteren Torhauses stammt noch aus dieser Zeit. Der Zugang zur Hauptburg war durch eine doppelte Toranlage gesichert. Das äußere dieser beiden Tore ist nicht erhalten; zu ihm könnte der Turm der Katharinenkapelle, die selbst erstmals 1415 erwähnt wurde, ursprünglich gehört haben. Als zusätzliches Sicherungselement diente ein Halsgraben, der aber – da zugeschüttet – nicht mehr erkennbar ist. Der Zwinger zwischen Haupt- und Vorburg (in Bentheim als „Bügelbahn" bezeichnet) wurde im 14. Jahrhundert angelegt. Da die Hauptburg in Bentheim vergleichsweise groß ist, fanden darin auch Ökonomiegebäude Platz, darunter ein Back- und ein Brauhaus, aber auch ein langgestreckter Marstall, der später zu Wohnzwecken umgebaut und im 19. Jahrhundert durch eine Galerie mit der Kronenburg verbunden wurde (Grundriss, Abb. 12).

Obwohl im Kern also noch hochmittelalterlich, geht das heutige Erscheinungsbild der Burg vor allem auf das 15. und 16. Jahrhundert zurück. Verantwortlich für die umfassende Erneuerung war Graf Everwin II. von Bentheim-Stein-

Abb. 12: Grundriss der Burg Bentheim. Auf der Westseite die neugotische Kronenburg.

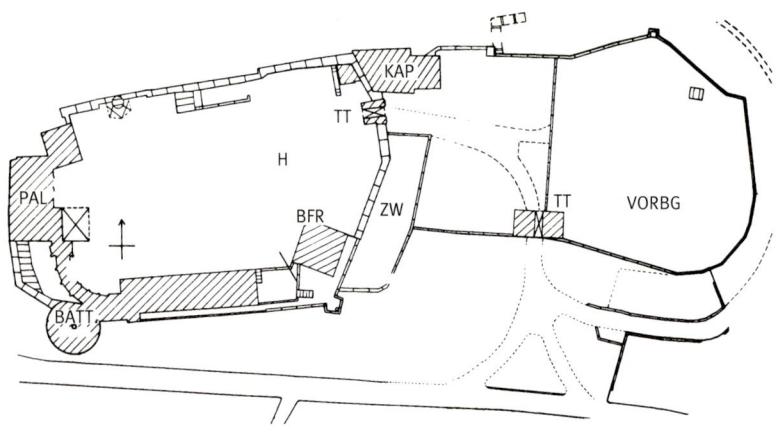

furt (1461–1498). Die Burg war damals in keinem besonders guten Zustand. So ist die Rede von einem verfallenen, viereckigen Turm. Wahrscheinlich handelt es sich dabei um den Bergfried, denn dessen Instandsetzung war eine der Baumaßnahmen Everwins. Damals erhielt der Bergfried seinen Zinnenkranz und die vier markanten Ecktürmchen, die allerdings 1706 nach einem Sturm erneuert wurden. Ebenfalls unter Everwin II. wurde ein weiterer gewaltiger Turm gebaut: der Batterieturm. Steht man unterhalb der Burg auf dem heutigen Straßenniveau, erhebt er sich über 45 Meter in schwindelnde Höhe.

Allzu lange hielten diese Instandsetzungsmaßnahmen nicht vor, denn bereits in der Vita Graf Arnolds II. (1554–1606) ist der schlechte Zustand der Burg wieder ein Thema. Teile der Zwingermauer waren 1584 eingestürzt, 1595 ein Teil der Ringmauer, 1602 beschädigte ein „schrecklich windsturm" den Batterie- und den Kapellenturm schwer. Ein schönes Bild der Burg Bentheim in dieser Zeit vermitteln die Gemälde Jacob van Ruisdaels (um 1628–1682), auch wenn sich darin manche künstlerische Freiheit eingeschlichen haben mag. Graf Ernst Wilhelm (1623–1693) holte niederländische Baumeister auf die Burg und bemühte sich intensiv um den Erhalt und die Modernisierung der Anlage. Nach seinem Tod wurde die Burg nicht mehr von der gräflichen Familie bewohnt, Erbschaftsstreitigkeiten führten zunächst zur Verwaltung durch das Bistum Münster und 1752 gar zur Verpfändung der Grafschaft an das Kurfürstentum Hannover. Die Burg Bentheim diente als Verwaltungssitz und Gefängnis, behielt aber trotz der immer schlagkräftiger werdenden Artillerie eine gewisse militärische Bedeutung. Im Jahr 1741 besuchte der französische Offizier Emanuel Prinz von Croy die Burg und beschrieb den Bau in seinem Reisetagebuch sehr anschaulich: „Das Schloss ist auf der Bergkuppe. Es ist groß, sehr gut gebaut, drei Türme flankieren es, einer ist der höchste und beherrscht alles. Es hat einige Doppelbatterien, welche die am leichtesten zugängliche Seite flankieren, die oberhalb der Stadt liegt … Es besteht aus langen, unregelmäßigen Quadern, sehr steil an den Schmalseiten an den Felsen gebaut … Wo sich die beiden Schenkel des Berges treffen, ist der große Turm [Batterieturm], mit Kriegsmunition ausgestattet. Nur da gibt es unterirdische Gewölbe. In der Mitte ist ein sehr guter und tiefer Schacht, da er aber nicht zugedeckt ist, könnte eine einzige Bombe ihn unbrauchbar machen. Als Landesfürst unterhält der Bischof von Münster im Schloss eine Kompanie …"

Im Siebenjährigen Krieg wurde die Burg Bentheim von französischen und englischen Truppen belagert, im Ersten Koalitionskrieg gegen das revolutionäre Frankreich diente sie als Festung und Lazarett. Durch den französischen General Vandamme wurde die Burg gleich von zwei Seiten beschossen. Erst nach heftigem Widerstand erklärte sich die kleine Besatzung zur Übergabe bereit. Nur weil die Preußen schon kurz vor Bentheim standen, entging der Bergfried der von Vandamme angeordneten Sprengung. Die Legende berichtet noch von einem anderen Grund: Wegen der feuchten Witterung hätten die Lunten zuerst kein Feuer gefangen, beim zweiten Versuch tags darauf habe der Bentheimer Prediger Wilhelm Meyers den Franzosen von der Sprengung abhalten können.

Die nachhaltigste Veränderung erfuhr die Burg Bentheim nach einem langen Dornröschenschlaf Ende des 19., Anfang des 20. Jahrhunderts, als sich Fürst Alexis (1845–1919) zu einer grundlegenden Erneuerung des namengebenden Stammsitzes seiner Familie entschloss. Die Wohnräume waren damals nicht mehr bewohnbar, die Burg insgesamt in einem vernachlässigten Zustand. Die Architekten des Umbaus (1883–1912) waren Franz Anton Nordhoff aus Münster und Wilhelm Jänicke aus Osnabrück – aus dem verfallenen Palas machten sie einen repräsentativen Bau im Stil der englischen Neugotik. Allerdings verhinderte der Ausbruch des Ersten Weltkriegs den Ausbau des nördlichen Teils der Kronenburg.

Die Burgherren

Der erste namentlich bekannte Besitzer der Burg war Graf Otto I. von Northeim. Die Familie hatte ihren Stammsitz in der Nähe von Göttingen und zählte vom 10. bis 12. Jahrhundert zu den einflussreichsten Geschlechtern des Reichs. Wie die Familie in den Besitz der Burg Bentheim kam, ist nicht bekannt. Das Northeimer Grafengeschlecht erlosch 1144, doch war die Burg Bentheim bereits 1116 in der Auseinandersetzung mit Lothar von Süpplinburg verloren gegangen. Wie bereits erwähnt, übertrug der spätere Kaiser die Burg seinem Schwager Otto von Salm-Rheineck. Dieser stammte aus der Familie der Grafen von Luxemburg und war ein Sohn des Gegenkönigs Hermann von Salm (um 1040–1088).

Zwar gelang es Otto, in der großen Politik mit-zumischen, ja sogar das begehrte Amt des Pfalz-grafen zu erlangen. Doch in einer Fehde um ebendieses Amt wurde Ottos gleichnamiger Sohn 1148 durch den Grafen Hermann von Stahleck zunächst gefangen genommen und im Jahr da-rauf hingerichtet; nach einer anderen verlorenen Fehde hatte Otto bereits die Lehenshoheit des Bi-schofs von Utrecht über die Grafschaft Bentheim anerkennen müssen. 1150 starb Otto I. von Salm-Rheineck. Die Grafschaft Bentheim erbte seine Tochter Sophie, die seit 1139 mit dem Grafen Theoderich VI. von Holland verheiratet war. So-phie selbst starb 1176 bei ihrer dritten (!) Pilger-reise ins Heilige Land. Burg und Grafschaft Bent-heim blieben bis 1421 im Besitz ihrer Nachkom-men (Haus Bentheim-Holland).

Mit wechselndem Erfolg bemühte sich die Fa-milie darum, ihren territorialen Besitz abzurun-den und hochrangige Ämter zu erwerben. Bereits 1190 war es Graf Otto III. gelungen, die Lehens-hoheit des Bischofs von Utrecht für die Stamm-grafschaft Bentheim abzuschütteln. Um 1240 er-warb Balduin I. die Burggrafschaft Utrecht, eben-falls im 13. Jahrhundert erbten die Bentheimer die Grafschaft Tecklenburg. Als Droste (Amtmän-ner) verwalteten sie darüber hinaus weitere Län-dereien in den heutigen Niederlanden. Mit dem Grafen Bernhard starb das Haus Bentheim-Hol-land 1421 aus. Das Erbe ging auf Everwin V. von Güterswyk über, dessen Großmutter eine gebore-ne Gräfin von Bentheim gewesen war. Die Gü-terswyker stammten ursprünglich aus der Nähe von Dinslaken am Niederrhein, waren aber in der Region keine Unbekannten mehr, seit sie 1420 die Edelherrschaft Steinfurt im Münsterland ge-erbt hatten. Everwin V. (als Graf von Bentheim Everwin I.) starb 1454. Seinem Enkel Everwin II. gelang 1486 ein entscheidender Schritt auf dem Weg zur Ausbildung eines reichsrechtlich abgesi-cherten eigenen Territoriums, indem Kaiser Friedrich III. die Grafschaft Bentheim als Reichs-lehen anerkannte.

Eine ebenfalls entscheidende Weichenstellung traf Graf Arnold I. um 1544: Er schloss sich der Reformation an. Dieser Schritt diente auch dazu, die eigene Unabhängigkeit gegenüber den be-nachbarten Fürstbistümern Utrecht, Münster und Osnabrück zu unterstreichen. Der bedeutendste Graf dieser Zeit war Arnold II., ein Enkel Ar-nolds I. Er war ein hochgebildeter Renaissance-fürst. 1588 gründete er in Schüttorf bei Bentheim eine Lateinschule, die 1591 nach Steinfurt verlegt

und dort zu einer akademischen Lehranstalt mit den vier klassischen Fakultäten Theologie, Jura, Medizin und Philosophie ausgebaut wurde, der lediglich das kaiserliche Privileg, den Doktortitel zu verleihen, fehlte. Erst im Zeitalter Napoleons wurde die Hohe Schule von Steinfurt aufgelöst. Wie sein Großvater bei der Einführung der Refor-mation bewogen Arnold II. auch politische Moti-ve. Der landsässige Adel und die angehenden Be-amten sollten in der Grafschaft selbst ausgebildet werden können und von auswärtiger Beeinflus-sung frei bleiben. Dies bezog sich vor allem auf die gegenreformatorischen Aktivitäten der Jesui-ten in Münster, denen der Bentheimer Graf seine reformierte Lateinschule entgegensetzte. Dass Ar-nold als Herr eines vergleichsweise kleinen Herr-schaftsgebiets die Gründung einer Hohen Schule wagte, spricht für seinen Mut und seine Durch-setzungskraft.

Mit dem Tod Arnolds II. 1606 begannen Erb-streitigkeiten, die alle Bemühungen zunichte machten, aus dem Konglomerat an Herrschafts-rechten und Besitztümern ein halbwegs geschlos-senes Territorium zu machen. Bald stritten sich fünf Linien um den viel zu kleinen Kuchen. Als wäre dies nicht genug, führte der Dreißigjährige Krieg zu einem wirtschaftlichen Niedergang der Grafschaft. Dabei waren es nicht nur die direkten Folgen der kriegerischen Auseinandersetzungen, die zu Armut und Not führten. Ob katholische oder protestantische Heere durch die Grafschaft zogen – sie alle wollten einquartiert werden, ver-langten Kontributionen und aßen den Bauern das Getreide vom Feld. Graf Friedrich Carl Philipp sah 1753 keine andere Möglichkeit mehr, als die Grafschaft Bentheim an das Kurfürstentum Han-nover zu verpfänden.

Nach dem Aussterben des Hauses Bentheim-Bentheim (jüngere Linie) 1803 ging deren Erbe an das Haus Bentheim-Steinfurt (jüngere Linie) über, in dessen Besitz die Burg Bentheim bis heu-te ist. Graf Ludwig (1756–1817) mobilisierte 1804 gar alle Kräfte, um die Stammgrafschaft aus der Pfandschaft auszulösen. Doch die neu gewon-nene Freiheit war nicht von langer Dauer. Mit den napoleonischen Kriegen begann bereits wie-der eine Zeit der wechselnden Besitzverhältnisse. 1806 fiel die Grafschaft Bentheim zum Teil an das neugegründete Königreich Westfalen, an dessen Spitze Napoleons jüngerer Bruder Jérôme stand, zum Teil an das Großherzogtum Berg. Nach der Niederlage des großen Korsen kam die Grafschaft Bentheim an das Kurfürstentum Hannover,

Steinfurt an Preußen. Für Graf Ludwig gab es 1817 als Trostpflaster die Rangerhöhung zum Fürsten von Bentheim und Steinfurt.

Die Burg Bentheim schien in diesen Jahren auf dem sicheren Weg zur Ruine zu sein, doch stoppte Fürst Alexis (1845–1919) den weiteren Verfall. Er war verheiratet mit Prinzessin Pauline zu Waldeck und Pyrmont, einer Schwester der niederländischen Königin Emma. Schon in den Jahrhunderten zuvor hatte es durch Herrschaftsrechte und verschiedene Ämter enge Verbindungen zwischen der gräflichen Familie und den Niederlanden gegeben. Die direkte Verwandtschaft mit dem niederländischen Königshaus führte zu einer weiteren Intensivierung dieser Kontakte, aber auch zu einer Rangerhöhung der Familie – dieser Rangerhöhung verlieh Fürst Alexis in dem aufwändigen Umbau des Palas sichtbaren Ausdruck.

Rundgang

Macht man sich vom etwas tiefer gelegenen Parkplatz auf den Weg zur Burg, passiert man sogleich die eindrucksvollste Seite der Anlage: Über großen Felsblöcken und -zacken (darunter der bereits erwähnte „Drususfelsen") thront förmlich die Kronenburg. Sorgt an dieser Seite die Natur für den machtvollen Anblick der Burg Bentheim, so ist es – wenn man den Batterieturm passiert hat – menschliche Arbeitskraft, die Respekt hervorruft, ja förmlich einschüchtert: Die gewaltige Schildmauer an der Südseite (Abb. 13) schützte die Burg von der Angriffsseite her. In einer langgezogenen Kurve, vorbei an einer in den Fels gehauenen Pferdetränke, wird das untere Burgtor erreicht, in dem heute das Burgcafé untergebracht ist. Die Vorburg ist eine weite Rasenfläche, früher waren hier Nutz- und Ziergärten. Das Portal des Obertores bietet mit seiner Rustika-Quaderung einen barocken Anblick, doch zeigt das Tonnengewölbe der Durchfahrt, dass hier ein ursprünglich sehr viel älterer Bau dem Geschmack der Zeit angepasst wurde. Das gilt auch für den daneben gelegenen Turm der Katharinenkapelle. Er hatte ebenfalls einen barocken Turmhelm, der aber 1778 bei einem Sturm zerstört und danach nur in vereinfachter Form wieder aufgesetzt wurde.

Abb. 13: Auf der Südseite wird die Burg Bentheim von einer mächtigen Schildmauer geschützt. Im Hintergrund der Batterieturm.

Der „Herrgott von Bentheim"

An einer Wand im Schatten des mächtigen Pulverturms bzw. Bergfrieds ist ein schlichtes romanisches Steinkreuz mit Corpus aus dem 11. Jahrhundert aufgestellt, das der eilige Besucher leicht übersehen mag. Es ist der „Herrgott von Bentheim" (Abb. 14). Christus ist mit langem, wallendem Haar dargestellt, seine Arme sind seltsam angewinkelt, um seine Lenden trägt er ein Tuch, das bis an die Knie reicht. 1829 wurde die Skulptur umgestürzt auf einem Acker in der Nähe des Burgberges gefunden. Bis zur Reformation diente die Skulptur aus Bentheimer Sandstein als Wegkreuz. Seit ihrer Wiederauffindung ist sie das Wahrzeichen der Grafschaft – und Symbol für deren frühe Christianisierung. Ende des 19. Jahrhunderts war „Herrgott von Bentheim" als „Ausdruck der Überraschung oder als derber Fluch in allen Gegenden Deutschlands" verbreitet, jedoch ohne dass derjenige, der ihn benutzte, „eine Ahnung von der Entstehung dieser Redensart" hatte. 1945 fuhr ein Militärfahrzeug gegen das damals mitten im Schlosshof aufgestellte Kreuz und beschädigte es, am jetzigen Standort dürfte es vor ähnlichen Gefahren sicher sein. Ein Zeichen der Verbundenheit der Menschen mit diesem schlichten Kreuz ist auch ein Drama in drei Akten mit dem Titel „Der Herrgott von Bentheim", das Hermann Griebel 1927 geschrieben hat. Er war damals Leiter der Bentheimer Freilichtspiele, doch wurde sein „Herrgott von Bentheim" erst 1933 uraufgeführt.

Abb. 14: Der „Herrgott von Bentheim" stammt aus dem 11. Jahrhundert. Das schlichte Steinkreuz ist das Wahrzeichen der Grafschaft Bentheim.

Noch bevor der Besucher in der einstigen Offizierswache seine Eintrittskarte löst, lohnt ein Blick in das vornehme Schlichtheit ausstrahlende einschiffige Innere der Katharinenkapelle. Das Langhaus hat eine flache Holzbalkendecke, der etwas tiefer liegende Chor ein sehr schönes Kreuzrippengewölbe. Blickfang ist eine förmlich im Langhaus schwebende Madonnenskulptur aus dem 15./16. Jahrhundert. Nachdem im Palas eine Kapelle eingerichtet worden war, wurde die Katharinenkapelle schon im 18. Jahrhundert nicht mehr als Gotteshaus genutzt. Der Boden war bald hoch mit Unrat bedeckt. Im 19. Jahrhundert diente die Kapelle als Remise. Durch eine umfassende Restaurierung hat das Kirchlein seinen sakralen Charakter wieder erhalten.

Im weitläufigen Burghof angekommen, empfiehlt sich zunächst ein Rundgang auf der Wehr-

mauer – nicht zuletzt wegen der atemberaubenden Ausblicke. Unumstrittener Mittelpunkt der gesamten Burganlage ist der Pulverturm bzw. Bergfried. Alte Geschütze erinnern an kriegerische Zeiten, ebenso die von früheren Belagerungen herrührenden Kanonenkugeln im Mauerwerk. Das Untergeschoss des Bergfrieds wurde ursprünglich als Verlies genutzt, später diente es als Pulvermagazin. Der Weg über steile Holzbrücken auf die Plattform lohnt einmal mehr wegen der herrlichen Aussicht, aber auch wegen der markanten Ecktürme und Zinnen.

Vorbei am Marstall aus dem 18. Jahrhundert geht es zum Batterieturm. In den beiden unteren Geschossen des Turms befanden sich die Geschützkammern mit Schießscharten. Die gewaltigen Feuerbüchsen waren entweder an Eisenringen befestigt oder auf hölzernen Schlitten montiert. Die Abzugskanäle für den Rauch sind noch zu sehen. Der untere der beiden Geschützkeller soll zudem als Verlies gedient haben (darauf deutet die im Volksmund gebräuchliche Bezeichnung „Pienige-Kammer" hin), der obere als Getreidemühle („Rossmühle"). Heute ist darin ein Alchemie-Museum eingerichtet. Weiter geht es in den über sehr massig wirkenden Arkaden errichteten südlichen Giebelbau der Kronenburg. Staffelgiebel und Maßwerkfenster sollten dem Bau von außen ein mittelalterliches Bild verleihen. Als Kontrast dazu mag der nicht umgebaute, schlichte Nordteil gelten. Die ursprüngliche Wendeltreppe im Inneren der Kronenburg wurde 1884 durch einen prunkvollen, mit großflächigen Maßwerkfenstern (Abb. 15) erhellten Treppenaufgang ersetzt. Das Mobiliar der Schauräume der Kronenburg ist noch original erhalten. Es vermittelt einen guten Eindruck von dem Bild, das man sich um die Wende vom 19. zum 20. Jahrhundert vom Mittelalter gemacht hat. Der Rittersaal im Erdgeschoss ist um einen mächtigen Mittelpfeiler gruppiert. Dunkle Kassettendecke und Holztäfelung verleihen dem Raum einen feierlichen, aber auch etwas schwermütigen Charakter. Der riesige Teppich wurde 1912 eigens nach den Maßen des Saales angefertigt. Der große Tisch ist eingedeckt – so als stünde der hohe Besuch schon vor der Tür. Die nach der Fürstin Pauline benannten „Waldeck-Zimmer" im ersten Obergeschoss dienten als vornehme Gästezimmer. Auch hier ist dunkles Holz vorherrschend. Geweihe erinnern an fürstliche Jagdleidenschaft, Gemälde an die Vorfahren der heutigen Burgherren.

Einen schönen Kontrast bietet der Remter im Obergeschoss über dem Rittersaal. Hier blieb der Ausbau im Stil der englischen Neugotik unvollendet, vor allem wurde der Raum nicht mehr holzvertäfelt und auch nicht mit Mobiliar ausgestattet. Mit seinem Kreuzrippengewölbe und den wenigstens zum Teil originalen Säulen atmet der Remter noch mittelalterliche Atmosphäre. Waffen, Porzellan, Gemälde und Fotos illustrieren die Familiengeschichte, doch gibt es auch Exponate aus weit früherer Zeit zu sehen, wie etwa einen in der Umgebung gefundenen bronzezeitlichen Goldbecher.

Wie der Rittersaal im Erdgeschoss, so erwecken die „Ernst-August-Zimmer" im Oberge-

Abb. 15: Das Treppenhaus der Kronenburg wird durch großflächige Maßwerkfenster erhellt.

Abb. 16: Der Ernst-August-Salon diente als prächtiger Audienz- und Empfangssaal.

schoss den Eindruck, als seien sie bis vor kurzem noch bewohnt gewesen. Im Schlafzimmer, das im Stil des Zweiten Rokoko eingerichtet ist, stehen Familienfotos auf den zierlichen Tischchen, die Waschschüsseln stehen bereit, und über das Bett ist lediglich der Überwurf gebreitet. Über die Bibliothek, in der wieder dunkles Holz im Stil der Neugotik dominiert, gelangt der Besucher in den prunkvollsten Raum des ganzen Schlosses, den Ernst-August-Salon (Abb. 16). Fialen und Maßwerk sind detailreich verziert, große grüne Keramiköfen vermitteln eine Atmosphäre behaglicher Wärme. Die nach König Ernst August II. von Hannover benannten Räume waren, wie die Kronenburg überhaupt, auf glanzvolle Repräsentation ausgerichtet, waren Schauräume, die vor allem für den Empfang vornehmer Gäste geöffnet wurden.

Abb. 17: Luftansicht der Burg und
Stadt von Süden. Im Vordergrund
die Hauptburg mit Palas (vorne),
Kemenate (links) und Dürnitz
(rechts).

BURG
BURGHAUSEN

WIE AUS EINEM
ALTDEUTSCHEN
GEMÄLDE HERAUS-
GESCHNITTEN

Joachim Zeune

Seit der bekannte Schriftsteller Adalbert Stifter (1805–1868) vom östlichen Salzachufer auf Burg und Stadt Burghausen blickte und sich in ein „altdeutsches Gemälde" zurückversetzt fühlte, hat sich das Erscheinungsbild Burghausens erfreulicherweise kaum negativ verändert. Grandios ist noch immer das malerische Zusammenspiel von Stadt und Burg: Am Fuß des Burgberges reihen sich dicht gedrängt die bunten Häuser der Altstadt aneinander, ihre Giebel allesamt dem Fluss zugewandt, während sich hoch über ihnen eine schier endlose Aneinanderkettung von Türmen, Häusern und Mauern entlangzieht.

Über einen Kilometer Länge misst diese Burganlage (Abb. 17), deren Hauptburg man erst nach dem Durchschreiten von fünf (!!) Vorburgen erreicht. Fortifikatorisch war der Lageplatz vorzüglich gewählt, denn parallel zur wirtschaftlich wichtigen Salzach erstreckt sich ein extrem langer, schmaler Sporn, der nach drei Seiten steil abfällt. Nach Osten boten die Salzach, nach Süden das Spornende und nach Westen ein Altwasserarm der Salzach, der Wöhrsee, natürlichen Schutz. Einzig zur Schmalseite nach Norden schloss ebenerdiges Gelände an. Hier lag demzufolge auch der alte Zugang, obwohl es spätestens seit dem 14. Jahrhundert auch gut gesicherte Nebenzugänge von der Stadt und vom Wöhrsee aus gab.

Während die Burg Burghausen analog zu vielen der großen bayerischen Burgen noch bis vor kurzem nur als schlecht erforscht galt, änderte sich dies entscheidend zwischen 2000 und 2003 in Zusammenhang mit der Bayerischen Landesgartenschau, die 2004 vor allem das Burgareal okkupierte. Beinah zwangsläufig wurden bauliche und gestalterische Maßnahmen zur Attraktivierung der zuvor touristisch bescheiden erschlossenen Burganlage erforderlich. Bauforscher und Mittelalterarchäologen betrieben hier einvernehmlich professionelle Burgenforschung und untersuchten eine ganze Reihe von Baulichkeiten: in der Hauptburg die gesamte Dürnitz, den Ostzwinger und den Halsgraben, im ersten bzw. hintersten Burghof die ehemalige Rossschwemme, den „Hohen Turm" am Marstall, das ehemalige Brauhaus samt Pfisterei, im dritten Vorhof eine weitere ehemalige Rossschwemme, im vierten Burghof die Freifläche vor der Hedwigskapelle sowie die Fundamente des „Kastengegenschreiberturms", weiterhin die gesamte Traverse von der Hauptburg hinunter bis zum Wöhrsee (Abb. 18), wo der alte gedeckte Aufgang samt Wehrgang freigelegt und dokumentiert werden konnte. Hinzu kamen einige kleinere archäologische Beobachtungen aus vergangenen Jahren. Ergänzt wurden diese Aktivitäten durch historische Forschungen seitens der Stadt. All dies führte dazu, dass die Geschichte der Burg vor allem hinsichtlich ihrer Frühgeschichte neu geschrieben werden musste.

Baugeschichte

Die neuesten archäologischen Sondagen vor allem innerhalb des Dürnitzgebäudes erbrachten den definitiven Nachweis, dass der Bergrücken bereits in der Mittleren Bronzezeit (1500–1300 v. Chr.) besiedelt war und einen bedeutenden Sitz trug. Eine weitere wichtige frühe Siedlungsperiode lag im Übergang der späten Hallstattzeit zur frühen La-Tène-Zeit (6./.5 Jahrhundert v. Chr.).

Die erste urkundliche Erwähnung Burghausens fällt in das Jahr 1025, als König Konrad II. die Schenkung des Königshofes Ötting und Burghausen – *curtem Otingun et Burchusun* – aus dem Wittumsgut der Kaiserin Kunigunde an das Erzbistum Salzburg widerrief, da es sich dabei um Reichsgut handelte. Wenngleich sich dieser Königshof nicht in Burghausen, sondern in Altötting befand, impliziert allein der Name *Burchusun* die Existenz einer Burganlage. Die Grabungen 2001/2002 legten zwei massive gemörtelte Mauerzüge frei, die schräg unter der Dürnitz durchliefen und aus dem 11. Jahrhundert stammten. Nördlich von ihnen erstreckte sich ein kleiner, wohl zeitgleicher Friedhof. Die Verwaltung des Reichsvogteibezirks übernahmen die Grafen von Burghausen, die ab 1027 mit Ulrich I. urkundlich in Erscheinung traten. 1130 erwirkte Erzbischof Konrad I. von Salzburg eine Zollfreiheit für seine Schiffe *apud ... urbem Burchusen*, das heißt im bereits befestigten Ort Burghausen. Diese Nachricht zeigt deutlich die Wichtigkeit der Salzach für Burghausen, da auf ihr Salz und andere wertvolle Waren verhandelt wurden. Auch gab es in Burghausen spätestens seit dem Hochmittelalter einen Flussübergang. Der Besitz von Burghausen war demzufolge mit lukrativen Zoll- und Mauteinnahmen verbunden, zumal hier Fluss und Weg effizient kontrolliert werden konnten. Damals erhielt die Hauptburg ihre heutige Orientierung, wie das salierzeitliche Sockelmauerwerk der Dürnitz-Außenmauer belegt.

Mit dem Aussterben der Grafen von Burghausen fiel die Burg zuerst gegen 1164 an den bayerischen Herzog Heinrich den Löwen, nach dessen Ächtung dann an die Wittelsbacher. Mit der Teilung des Wittelsbacher Hauses 1255 in eine oberbayerische und eine niederbayerische Linie kam Burghausen an Herzog Heinrich XIII. von Niederbayern, der prompt die Burg zu seinem Zweitsitz nach Trausnitz ob Landshut ausbaute. Wesentliche Teile der Kernburg – wie der Palas (der spätere „Fürstenbau"), die Dürnitz, die Kemenate und die Burgkirche St. Elisabeth – zeugen von seinen Ausbaumaßnahmen. Weitere Ausbauten erfolgten im ersten Drittel des 14. Jahrhunderts, als Burg, Stadt und Vorstadt St. Johann eine gemeinsame Ummauerung erhielten.

Unter Kaiser Ludwig dem Bayern wurde Burghausen 1333 zum alleinigen Umschlagplatz für Salz erhoben, was die wirtschaftliche und strategische Bedeutung der Burg steigerte, die zudem fortan auch als Witwensitz diente. Es folgte die Zeit der „Reichen Herzöge". Herzog Heinrich XVI. ließ im Jahr 1421 aus den Abbruchsteinen der nahen, von ihm soeben geschleiften Burg Törring eine neue Zwingermauer errichten, deren Fundamente archäologisch 2001 / 2002 innerhalb des jüngeren stadtseitigen Hauptburgzwingers entdeckt wurden. Um 1430/40 stattete er die Dürnitz mit zwei imposanten Gewölbesälen repräsentativ aus und versah die Kirche St. Elisabeth gleichfalls mit spätgotischem Interieur. In der „neuen Stube über der Salzach genannt Dürnitz" – *in maiorem stubam castri vulgariter turnüs* – stellte Ludwig der Gebartete 1446 eine Urkunde aus. Weiterhin errichtete Heinrich XVI. um 1427 im dritten Vorhof das große Lagergebäude, den Haberkasten, und im zweiten Hof das imposante Zeughaus.

Abb. 18: Blick vom Wöhrtor bzw. von Osten auf den mächtigen Batterieturm auf dem Eggenberg, auch „Pulverturm" genannt. Um 1500 durch Herzog Georg den Reichen errichtet.

Ihre heutige, gewaltige Gestalt erhielt die Burg erst unter Herzog Georg dem Reichen in den Jahren zwischen 1479/80 und 1503. Kurz zuvor, 1475, hatte Georg die polnische Königstochter Hedwig mit großem Prunk geehelicht. Während Georg seinem Hauptsitz, Burg Trausnitz ob Landshut, eher das Gepräge eines anmutigen Schlosses verlieh, wurde Burghausen als exponierter Eckpfeiler seines Herzogtums zu einem gewaltigen Bollwerk gegen jegliche Bedrohung aus dem Süden und Südosten. Da gab es zum einen den alten Erzkonkurrenten, das Erzbistum Salzburg, das die benachbarte Burg Tittmoning hielt, und zum anderen die nach dem Fall von Konstantinopel 1453 auf dem Landweg nach Zentraleuropa vorrückenden Türken. Denen eilte rasch ein solch schrecklicher Ruf voraus, dass man überall in Mitteleuropa in Panik geriet. Der Fall von Rhodos 1522, die Niederlage des ungarischen Heeres bei Mohács 1526, die (allerdings vergebliche) Belagerung von Wien drei Jahre später und entlang der Donau vordringende Plündertruppen sorgten dafür, dass Burghausen vortrefflich armiert wurde: 1533 zählte man 134 Geschütze und schwere Büchsen an den Geschützscharten sowie weitere 185 Geschütze und Steinbüchsen im burgeigenen Zeughaus. Kein Wunder also, dass die Reichen Herzöge ihren legendären Schatz zeitweise auf der Burg Burghausen deponierten.

Georg der Reiche behielt die Unterteilung in fünf Vorburgen und die rückwärtige Hauptburg (Grundriss, Abb. 19) bei, wobei er jeden Abschnitt in sich stärker befestigte. Die exponierte, durch ebenerdiges Nachbargelände besonders gefährdete Nordfront riegelte nun ein mächtiges Bollwerk ab, das sich im Stil einer mächtigen Schildmauer mit zwei flankierenden Geschütztürmen quer vor die gesamte Burg stellte (1801 abgebrochen, heute Parkplatz). Zusätzlich bewehrten ein turmreicher Zwinger und ein breiter Halsgraben diesen Burgabschnitt. Zur effizienteren Verteidigung der langen Burgflanken ließ Georg zahlreiche Geschütztürme und kleine Artillerietürme aufführen, zum Wöhrsee hinab eine Traverse mit einem raffinierten, sich im Bereich des Wöhr-Torturmes alternativ nach Süden und Norden drehenden Verteidigungssystem anlegen. Hoch über dem Wöhrsee entstand zur Sicherung des gesamten südlichen Geländes inklusive der Vorstadt St. Johann ein gewaltiger Batterieturm, der Eggenberger Turm (auch „Pulverturm"), dessen Mauern einen älteren Vorgängerturm aus der Zeit von Herzog Ludwig IX. (1450–1479) beinhalten. Verantwortlich für die Planung und Ausführung dieser Verteidigungswerke zeichnete der herzogliche Hofbaumeister Ulrich Pesnitzer.

Da speziell der Hauptburg zugehörig, ist die innerste Vorburg durch ihren extrem breiten Halsgraben und das herrlich proportionierte Georgstor von den restlichen vier Vorburgen optisch und baulich abgehoben. Das im Jahr 1494 vollendete Georgstor besteht aus einem wuchtigen schildmauerartigen Baukörper, dessen beide Enden so stark abgerundet sind, dass sie in Dachhöhe turmartig in zwei Kegeldächer übergehen. Die innerste Vorburg nahm neben dem herzoglichen Marstall auch ein eigenes Brauhaus mit Pfisterei auf, deren Backofen im Jahr 2000 anlässlich der Umbauarbeiten zu einem Burgcafé archäologisch erfasst wurde.

Georg stattete die überaus trutzige Burg aber auch aufwändig mit großem Wohnkomfort aus, denn sie musste die Pracht gewohnte Herzogin sowie eine personell umfangreiche Hofhaltung beherbergen. Ein spätgotisches Kleinod ist die im vierten Vorhof platzierte Hedwigskapelle (Abb. 20) mit ihrem schlanken polygonalen Kragtürmchen. Da Burghausen zugleich auch als Sitz eines Rentamtes und einer starken Besatzung diente, gab es zahlreiche Verwaltungs-, Wohn- und Lagerbauten, weiterhin mehrere Marställe mit zugehörigen Rossschwemmen, ein riesiges Zeughaus sowie zahlreiche Brunnen, die zum Teil durch Röhrenleitungen miteinander verbunden waren.

Auf der Riesenbaustelle arbeiteten phasenweise angeblich bis zu 4000 Handwerker aus ganz Bayern, doch wird diese Zahl heute mit Recht als zu hoch angezweifelt. Außer Zweifel steht aber, dass es sich um eine extrem teure und damals weithin Aufsehen erregende Baumaßnahme handelte, die über 100 000 Pfund Pfennige kostete – worauf schon zeitgenössische Schriftstücke hinwiesen. Das geniale Holzmodell des Jacob Sandtner aus dem Jahr 1574, das Burg und Stadt mit einer heute kaum begreifbaren Freude zum Detail wiedergibt, vermittelt einen realistischen Eindruck von den gewaltigen Dimensionen der Riesenburg (exakte Kopie im Städtischen Museum der Hauptburg).

Die italienische Renaissance, die Trausnitz ob Landshut ab 1575 in ein charmantes und prachtvolles Burgschloss verwandelte, hielt auf Burg-

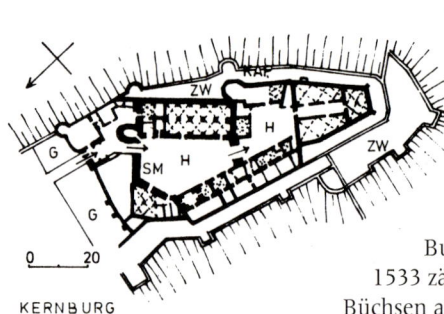

Abb. 19: Grundriss der Hauptburg von Burghausen, die man erst nach dem Durchschreiten von fünf Vorburgen erreicht.

Abb. 20: Die Hedwigskapelle ist ein spätgotisches Kleinod; hier der filigrane Vorbau des Portals an der Nordseite.

hausen, wo stets wehrtechnische Aspekte dominierten, nur bescheiden Einzug. Ihre militärstrategisch bedeutende Lage bewirkte auch, dass die Burg im Dreißigjährigen Krieg durch Schanzen weiter befestigt wurde, wenn auch in schlichtem Rahmen. Tenaillierte (abwechselnd ein- und ausspringende) Fronten und sternförmige Schanzen sorgten im 18. Jahrhundert dafür, dass die im Spanisch-Österreichischen Erbfolgekrieg mehrfach umkämpfte Festung eine feste Garnison aufnehmen konnte. Sowohl Kaiser Franz II. als auch Napoleon inspizierten um 1800 bzw. 1809 die Festungswerke, woraufhin unter anderem wesentliche Teile der äußeren Befestigungswerke und der große Haberkasten im dritten Vorhof abgebrochen wurden.

Mit Abzug der Garnison 1896 kam es zu ersten umfassenden Restaurierungsarbeiten, die vor allem von 1949 an, als die Burg in Obhut der Bayerischen Verwaltung der Staatlichen Schlösser, Gärten und Seen kam, sowie in den 1960er und 1970er Jahren intensiviert wurden. Hervorzuheben ist die 2004 abgeschlossene, sehr gelungene Restaurierung und Erschließung der Dürnitz, in der man ein neues Besucherzentrum installierte. Archäologische Fenster und Infotafeln erläutern hier die zuvor nirgends richtig greifbare

Frühgeschichte der Burg. Weiterhin beherbergt die Hauptburg zwei bedeutende Museen: ein Staatliches Burgmuseum im Palas und das Städtische Museum in der Kemenate.

Die Burgherren

Im Jahr 1255 gelangte die Burg Burghausen in den Besitz Herzog Heinrichs XIII. von Bayern, den Begründer der durch die Erbteilung in diesem Jahr entstandenen Linie Niederbayern. Er war verheiratet mit Elisabeth von Ungarn. Mit dem Ergebnis der Landesteilung unzufrieden, brach Heinrich in der Folge mehrere Bruderkriege vom Zaun. Ebenfalls zu kriegerischen Auseinandersetzungen kam es mit dem mächtigen Ottokar von Böhmen, der die vier Bischöfe im Gebiet Heinrichs (Regensburg, Salzburg, Freising und Passau) sehr zum Ärger des bayerischen Herzogs immer wieder in ihren Auseinandersetzungen mit diesem unterstützte. Immerhin gelang es Heinrich, den Griff Ottokars nach Bayern abzuwehren. Nicht verhindern konnte er allerdings den Verlust der Kurstimme Bayerns an Böhmen. Die umfangreichen Baumaßnahmen Heinrichs auch in Burghausen sind vor dem Hintergrund dieser Ausei-

▶ SCHATZKAMMERN UND REICHE HERZÖGE

Die 2001/2002 in der Dürnitz betriebene Bauforschung erbrachte einen kuriosen Befund: Bald nach der Erbauung der Dürnitz (um 1255) mauerte man im Inneren des Gebäudes einen freistehenden turmartigen Baukörper von etwa sieben mal fünf Meter Außengröße auf, der abgesehen von einer ebenerdigen, sich nach außen öffnenden Tür keinerlei Öffnungen besaß, 1,3 Meter dicke Mauern aufwies und vermutlich zwei Geschosse hoch aufragte. Dieser von außen unsichtbare Steinkubus lässt sich nur als Schatzkammer interpretieren.

Die Wittelsbacher Herzöge hatten im Laufe der Jahrhunderte ein beträchtliches Vermögen angehäuft und wurden deshalb seit Herzog Heinrich dem XVI. als „Reiche Herzöge" bezeichnet. Vermutlich diente in Burghausen anfangs der alte Bergfried als alleiniger Verwahrungsort der Pretiosen und wertvollen Dokumente. Doch bereits gegen Ende des 13. Jahrhunderts scheint gesteigerter Platzbedarf zum Einbau der zweiten Schatzkammer geführt zu haben. Die Neukonzipierung der Dürnitz um 1430/40 führte zum Teilabbruch dieser Schatzkammer, so dass man die herzoglichen Kleinodien und Geldsäcke wieder komplett in den Bergfried verlagerte. Ob dies den Einsturz des Turmes im Jahr 1482 bewirkte, bleibt spekulativ. Nun wanderte der Schatz an die Rückseite der Dürnitz in eine neue, 1484 fertig gestellte Schatzkammer. Wie groß war nun der Schatz der Reichen Herzöge? Historiker schätzen seinen Wert auf etwa eine Million Gulden, wobei es sich um Münzgeld, Silbergeschirr und Gemälde sowie eventuell um einige Kleinodien aus dem französischen Kronschatz handelte. Dass man den Schatz im Jahr 1504 mit 70 sechsspännigen Karren abtransportieren musste, gehört wohl ins Reich der Fantasie, schließlich hatte der Erbfolgekrieg das Familienvermögen kräftig reduziert. Dennoch ist die Existenz von zwei Schatzkammern unterschiedlicher Zeitstellung auf einer landesherrlichen Burg als echte burgenkundliche Sensation zu werten, denn wir wissen fast nichts über mittelalterliche Schatzkammern.

nandersetzungen zu sehen, aber auch als Ausdruck des herzoglichen Machtstrebens. Wegen seiner nicht enden wollenden Streitigkeiten ist Heinrich als „beharrlicher Zänker" in die Geschichte eingegangen.

Prägend für die Geschichte Burghausens war schließlich auch die Burgherrschaft der „Reichen Herzöge" aus der Linie Bayern-Landshut: Heinrich XVI. (1393–1450), Ludwig IX. (1450–1479) und Georg (1479–1503). Die niederbayerischen Herzöge nutzten Burghausen als Zweitwohnsitz nach Landshut, wobei vor allem die Gemahlinnen ihren Sitz auf Burghausen nahmen.

Aus der Ehe Herzog Georgs mit der polnischen Königstochter Hedwig gingen keine männlichen Erben hervor, weshalb die Münchner Wittelsbacher die Chance sahen, Bayern wieder in einer Hand zu vereinen. Doch Georg setzte seine Tochter Elisabeth und deren Ehemann Ruprecht von der Pfalz (ebenfalls ein Wittelsbacher) als Erben des Herzogtums Bayern-Landshut ein. Nach dem Tod Georgs 1503 brach daher erwartungsgemäß der sogenannte Landshuter Erbfolgekrieg aus, der mit einem Sieg der Münchner Wittelsbacher endete, die allerdings nicht das gesamte Erbe antreten konnten: Kufstein, Rattenberg und Kitzbühel fielen an Tirol, die Region um Neuburg an der Donau wurde den Pfälzer Wittelsbachern zugesprochen. Mit dem Landshuter Erbfolgekrieg endete für Burghausen die Zeit als herzogliche (Zweit-)Residenz – und damit auch das glanzvolle Hofleben der vergangenen Jahrzehnte.

Rundgang

Entgegen traditioneller Ansichten besaß die Burganlage wohl spätestens bei ihrem Ausbau durch Herzog Heinrich XIII. bereits ihre heutige Ausdehnung, wie mehrere im Zuge von modernen Baumaßnahmen freigelegte Mauerzüge in der äußersten Vorburg belegen. Der äußerste bzw. fünfte, modern stark aufgebrochene Vorhof beherbergte neben dem großen Frontbollwerk und den Verwaltungs- und Wirtschaftsbauten vor allem Wohnungen für Handwerker und Hofbeamte. Der historische Zugang erfolgte stadtseitig durch das noch intakte Christophstor. Blickfang ist das zentrale, kuriose Gebäudeensemble aus hohem, unten runden, oben polygonalen Uhrturm und niedrigem sechseckigen Brunnenhaus. Zu diesem Brunnen sowie zu einem ehemaligen Marstall gehörte eine heute noch erhaltene, im 20. Jahrhundert leicht überformte Rossschwemme, deren Pendants im dritten und ersten Vorhof lediglich archäologisch erfasst werden konnten. Den vierten Burghof dominiert eine barocke Freifläche, der sogenannte Vizedomgarten, an dessen Ostrand die schmucke, in die alte Ringmauer integrierte Hedwigskapelle steht. Der heutige Eindruck der weiten Hofflächen trügt, denn noch bis in die Neuzeit waren alle Höfe dicht und eng überbaut. Im dritten Burghof erhebt sich anstelle des 1878 abgebrochenen Haberkastens ein moderner Neubau (1961/62), der seit 1996 die Theaterakademie beherbergt. Ihm liegt ein kleines, unscheinbares Turmhaus gegenüber, das angeblich dem unter dem Namen *Aventinus* bekannten bayerischen Geschichtsschreiber Johannes Turmair 1509/10 als Wohnsitz gedient haben soll. Im zweiten Burghof steht entlang der westlichen Ringmauer das 1692 und 1885 renovierte Zeughaus, das einer späteren Bauinschrift zufolge 1427 unter Herzog Heinrich XVI. errichtet wurde. Den ersten Burghof sicherte der mächtige steinerne Querriegel des Georgstores (Abb. 21), der einst einen hölzernen Wehrgang mit Balkenschirm trug und durch große Maulscharten sowie Zugbrücken bewehrt wurde. Neben dem Tor finden sich die reich verzierten Wappen von Georg dem Reichen und seiner Gattin Hedwig von Polen. Marstall und Rossschwemme mussten dem Kasernenbetrieb weichen, die alte Pfisterei samt Brauhaus wandelte sich vom Baustadel in ein modernes Burgcafé.

Hinter einem mächtigen Halsgraben erheben sich trutzig die Schildmauer mit ihrem intakten Balkenschirm und der Bergfried der Hauptburg (Abb. 22). Beide Bauteile entstanden jedoch erst unter Herzog Georg dem Reichen und verstehen sich als bewusste, symbolträchtige Rückgriffe auf längst überholte Wehrhaftigkeit ohne nennenswerten Verteidigungswert. Den pittoresken Hof der Hauptburg (Abb. 23) umsäumen an drei Seiten Gebäude. Linker Hand, an der Ostseite, erstreckt sich der imposante Baukörper der Dürnitz, dessen untere beiden Geschosse noch dem Gründungsbau aus der Zeit um 1255 angehören, gut ablesbar an vermauerten älteren Öffnungen. Die Grabungen von 2001/2002 stießen nicht nur auf Mauerzüge der Vorgängerburg, sondern auch auf ein älteres Pfeilersystem, demzufolge man das Erdgeschoss bald nach seiner Erbauung einwölbte. Um 1430/40 kam es zum repräsentativen Ausbau der Dürnitz: Die Geschosshöhen wurden angehoben und sowohl das Erdgeschoss als auch der erste Stock mit einem herrlichen Kreuzrippengewölbe über achteckigen und runden Pfeilern versehen, wobei schlanke Gurtbögen die einzelnen Joche trennten. Zeitgleich setzte man diesen Sälen einen Tanzsaal auf, der ein breites, später beseitigtes Grabendach trug. Rückseitig an die Dürnitz angebaut ist die in das Jahr 1484 datierte

Abb. 21: Das wuchtige Georgstor sichert den ersten Burghof. Geschmückt ist das Tor mit dem Allianzwappen Georgs des Reichen und seiner Gemahlin Hedwig von Polen.

auch als „Zehrgaden" dienende Erdgeschoss hinab, das sich durch schwere Kreuzgewölbe aus Tuffquadern mit wuchtigen Gurten als herrschaftlicher Baukomplex zu erkennen gibt. Die Obergeschosse sind komplett unter Putz und weitgehend geprägt durch die Überformung unter Herzog Georg dem Reichen.

Mit dem Palas direkt verbunden war die gleichfalls durch Heinrich XIII. um 1255 gegründete Burgkirche St. Elisabeth, die auch mit der Dürnitz eine Baueinheit bildete. Der aufgrund seiner Ostung schräg in den jüngeren Hauptburgzwinger hineinspringende Chor trägt außen einen Rundbogenfries und einen Zahnschnitt. Das Kircheninnere wird durch zwei Umgestaltungsphasen des frühen und späten 15. Jahrhunderts geprägt. Auch die Kemenate entlang der westlichen Hofseite weist analog zur ihr gegenüberliegenden Dürnitz eine komplexe Baugeschichte auf und wuchs in einem äußerst komplizierten Bauprozess aus einem kleineren, niedrigeren Gebäude bis zum Ende des 15. Jahrhunderts zur heutigen Gestalt.

Wer Burg und Stadt statt mit üblicher Hetze mit viel Muße besucht, abends durch die schmalen Gassen schlendert, das südländische Flair der rund um den Stadtplatz gelegenen Gastronomie genießt, wird der bezaubernden Atmosphäre dieses Ortes rasch erliegen.

Abb. 22: Ansicht der Hauptburg vom ersten Burghof aus; auf der linken Seite sind die Schildmauer mit ihrem originalen Balkenschirm und der Bergfried zu sehen.

Schatzkammer mit ihren eisernen Fenster- und Türverschlüssen.

Das Südende des Hofes und zugleich äußerste Ende des langen Bergsporns nimmt der trapezförmige Palas bzw. Fürstenbau ein, der ansehnliche Bausubstanz aus der Zeit um 1255 beinhaltet. Aufgrund einer späteren Anhebung des Hofniveaus führen heute mehrere Stufen in das später

Abb. 23: Der Innenhof bietet ein besonders pittoreskes Bild. Links erstreckt sich der imposante Bau der Dürnitz, rechts ist die Kemenate zu sehen. Die beiden Bauten sind durch einen Gang verbunden.

Abb. 24: Luftaufnahme der Burg Eltz – durch ihre verwinkelte Anlage und die malerische Lage wurde sie zum Inbegriff der deutschen Burg schlechthin.

BURG ELTZ

EIN MÄRCHEN AUS STEIN

Ute Ritzenhofen

Bereits in der Zeit der Romantik wurde die Burg Eltz (Abb. 24) von vielen verehrt. Der französische Schriftsteller Victor Hugo etwa war zutiefst beeindruckt: „Hoch, mächtig, verblüffend, finster", beschrieb er sie nach der Besichtigung in seinem Tagebuch und meinte: „So etwas habe ich noch nicht gesehen." Für die englische Reiseautorin Katharine Macquoid war sie „ein Märchen aus Stein". Der deutsche Kunsthistoriker Georg Dehio erklärte sie gar zur „Burg schlechthin". Und auch für viele heutige Besucher ist die Burg Eltz mit ihrer verwinkelten Anlage und ihrer malerischen Lage der Inbegriff der deutschen Burg.

Baugeschichte

Die in einem Seitental der Mosel gelegene Burg Eltz wurde auf einem hohen, kegelförmigen Felskopf erbaut, der ihr als Fundament dient. Durch seine steilen Wände bot der Felsen der Anlage Schutz und begrenzte zugleich ihre Baufläche. Dadurch war man gezwungen, in die Höhe zu bauen. Auf der engen Felskuppe drängt sich heute eine Vielzahl von Gebäuden zusammen, die bis zu zehn Stockwerke hoch sind und von einer Fülle von Giebeln, Erkern und Fachwerktürmchen gekrönt werden (Grundriss, Abb. 25).

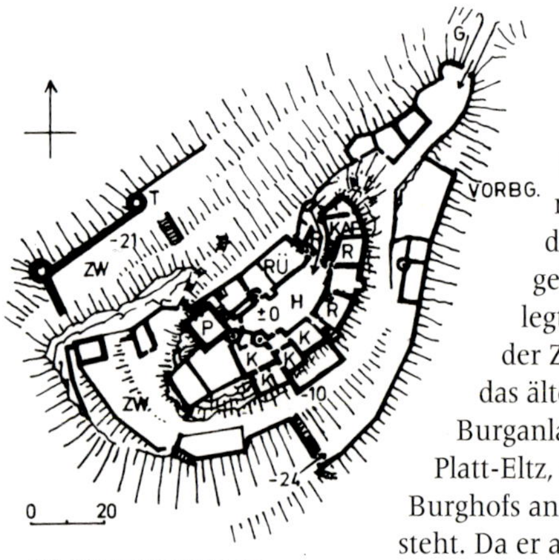

Wann genau mit dem Bau der Burganlage begonnen wurde, ist nicht ganz klar. Die erste urkundliche Erwähnung der Burgherren stammt aus dem Jahr 1157. In einer Schenkungsurkunde Kaiser Friedrichs I. Barbarossa wurde in der Liste der Zeugen ein Rudolfus de Elze aufgeführt, der als der erste historisch belegte Bewohner der Burg Eltz gilt. Aus der Zeit dieses Rudolfus de Elze stammt das älteste erhaltene Gebäude der heutigen Burganlage: der siebengeschossige Bergfried Platt-Eltz, der am südwestlichen Ende des Burghofs an der höchsten Stelle des Felskopfes steht. Da er auf einem kleinen Felsplateau errichtet wurde, vermutet man, dass sich der etwas eigenartig anmutende Name „Platt-Eltz" von dem Wort „Plateau" herleitet. Das turmartige, heute naturfarben verputzte Gebäude ist aus dem ortsüblichen Bruchstein Grauwacke und aus Schiefer errichtet. Der Bau hat einen einfachen quadratischen Grundriss, an den sich an der Ostseite ein eckiger Treppenturm mit einer rot-weißen Fach-

Abb. 25: Der Grundriss der Burg Eltz illustriert, wie eng das kleine Plateau bebaut ist.

RÜ RÜBENACHER HS.
R RODENDORFER HS.
K KEMPENICHER HS.
P PLATTELTZ.

werkspitze anschließt. Vom Innenhof aus kann man im zweiten Stockwerk zwei romanische Doppelfenster erkennen, hinter denen sich die Bibliothek der Familie Eltz verbirgt. Ein ähnlicher romanischer Doppelbogen ist auch an der Außenmauer der später errichteten Kempenicher Häuser an der Ostseite des Innenhofs zu sehen. Er wurde dort 1978 bei Restaurierungsarbeiten entdeckt und freigelegt. Seitdem wird davon ausgegangen, dass sich an dieser Stelle einmal ein romanisches Wohnhaus befand. Nur wenige Meter von diesem Bogen entfernt ist unter dem mächtigen Treppenturm der Kempenicher Häuser die ursprüngliche Zisterne erhalten, welche die Wasserversorgung der Burgbewohner sicherte.

Aus der Frühzeit der Burg stammen auch die massigen Befestigungsanlagen an ihrer Westseite. Wenn man von der Terrasse zwischen Platt-Eltz und Rübenacher Haus aus ins Elztal blickt, kann man zwei Türme und dazwischen eine dicke, mit Schießscharten versehene Mauer erkennen, die 1976 freigelegt und restauriert wurde. Sie vermittelt heute eine Vorstellung davon, wie stark befestigt die Burganlage einmal gewesen sein muss.

Nachdem sich die Familie Eltz in drei Hauptlinien aufgeteilt hatte, die sich Eltz vom goldenen Löwen, Eltz vom silbernen Löwen und Eltz von den Büffelhörnern nannten, begann eine lange Phase intensiver Bauarbeiten. Die drei Linien errichteten im Laufe der nächsten Jahrhunderte eigene, separate Wohnhäuser. Zunächst wurde unter der Leitung von Lanzelot und Wilhelm vom silbernen Löwen das sogenannte Rübenacher Haus an der Westseite des Innenhofs gebaut. Der Name des Gebäudes geht auf Besitzungen in Rübenach bei Koblenz zurück, die die Linie Eltz vom silbernen Löwen dort bereits im frühen 13. Jahrhundert erworben hatte. Wann genau der Grundstein zum Rübenacher Haus gelegt wurde, ist nicht bekannt, nur die Fertigstellung im Jahr 1472 ist dokumentiert. Der spätgotische Bau hat acht Geschosse und einen rechteckigen Grundriss. Seine Fassade fällt auf, weil sie nur im obersten Bereich glatt verputzt und weiß gestrichen ist. Das oberste Stockwerk ragt über einer Linie von kleinen Rundbögen etwas nach außen hervor und ist dadurch breiter als der untere Teil des Gebäudes. Es hat an seinen Ecken kleine Türmchen unterschiedlicher Form: Zum Tal hin sind sie rund und verputzt, zum Innenhof sind es eckige Fachwerkerker. Das steile Dach wird außerdem in der Mitte durch verschieferte große Dachgaupen geteilt. Wenn man das Rübenacher Haus aus dem

Elztal betrachtet, kann man an der Außenseite einen kleinen, aus rot-weißem Fachwerk konstruierten Toilettenerker erkennen. Die zum Innenhof gerichtete Wand des Hauses wird von zwei Anbauten dominiert. Über der rundbogigen Eingangstür sieht man einen eckigen, weißen Erker mit einem dreigeteilten Fenster, der auf zwei runden Basaltsäulen ruht. Außerdem fällt sofort der spätgotische Kapellenerker im ersten Obergeschoss des Gebäudes auf, der mit Konsolen, schmalen, spitzen Fenstern und mit kunstvollem Maßwerk verziert ist.

Das Rübenacher Haus war noch nicht ganz fertig gestellt, als 1470 bereits mit dem Bau der Rodendorfer Häuser an der Nordostseite des Hofs begonnen wurde. Auch dieser Name geht auf auswärtige Besitzungen der Familie Eltz zurück, in diesem Fall auf die Herrschaft Rodendorf in Lothringen. Der erste Gebäudeteil, das von Philipp zu Eltz erbaute Groß-Rodendorfer Haus ist mit seinen zehn Geschossen und einer Höhe von über 40 Metern der mächtigste Bau der gesamten Burganlage. Seine Außenfassade ist etwas dunkler als die des Rübenacher Hauses. Wenn man Burg Eltz aus der Richtung des Haupttores betrachtet, hat man einen guten Blick auf die Dreierreihe rot-weißer Fachwerkerker, die den oberen Abschluss der Fassade des Groß-Rodendorfer Hauses bilden. Vier Etagen tiefer sieht man einen weiteren Erker, der weiß verputzt ist und mit drei von Tuffstein umgebenen Fenstern den unteren Teil der Außenwand dominiert. Auch die Hauswand zum Innenhof wird von einem rot-weißen Fachwerkerker gekrönt. Der Eingang des Hauses befindet sich unter einem hellen, auf drei Pfeilern ruhenden Renaissancevorbau mit schlichten, eckigen Fenstern und einem steilen Dach (Abb. 26).

Nach der Fertigstellung des Groß-Rodendorfer Hauses wurde um die Mitte des 16. Jahrhunderts das Klein-Rodendorfer Haus errichtet, das sich direkt südlich an das größere Gebäude anschließt. Das Klein-Rodendorfer Haus ist das schlichteste Gebäude der Burganlage. Der vierstöckige Bau hat eine verputzte, schmucklose Fassade ohne Vorbauten, und auch das steile Schieferdach wird weder zum Innenhof hin noch nach außen von Erkern verziert. Das Haus besitzt keinen eigenen

Abb. 26: Blick vom Innenhof auf das Groß-Rodendorfer Haus mit seinem hellen Renaissance-Vorbau; links das Rübenacher Haus.

Eingang und kann nur durch die benachbarten Gebäude erreicht werden.

Die Bauarbeiten an den Rodendorfer Häusern waren kaum abgeschlossen, als man mit der Errichtung der Kempenicher Häuser begann. Wie im Fall der Rübenacher und Rodendorfer Häuser bezieht sich der Name des Gebäudes auf Besitzungen der Familie, in diesem Fall die Herrschaft Kempenich im Kreis Adenau. Der neueste Teil der Burganlage wurde wiederum in mehreren Etappen errichtet – manchmal werden nach den verschiedenen Bauphasen auch die Teile Groß-Kempenich, Klein-Kempenich und Burgthorn unterschieden. Der verwinkelte Bau kann allerdings nur durch einen einzigen Eingang erreicht werden, nämlich durch die auf der linken Seite des oberen Innenhofs zu sehende Tür, an der man heutzutage klingelt, um sich zu einer Burgführung anzumelden. Sie wird durch eine schmale Torhalle unter einem weiß verputzten, kleinen Erker geschützt, der auf Basaltpfeilern ruht. Auf den Rundbögen, die diese achteckigen Pfeiler miteinander verbinden, kann man die Namen Borgtorn-Eltz und Eltz-Mercy und die Jahreszahl 1604 lesen, die an den Baubeginn des letzten Gebäudeteils erinnern. Die Jahreszahl 1651 hingegen, die man auf einem der Schlusssteine des kleinen Gewölbes in der Torhalle sehen kann, bezieht sich auf die endgültige Fertigstellung der Kempenicher Häuser unter Hans Jakob zu Eltz. Die Fassade des Hauses wird zur Hofseite von einem mächtigen, verputzten Treppenturm beherrscht, an den sich im oberen Gebäudeteil schwarz-weißes Fachwerk anschließt. Die Außenwand zum Tal ist äußerst schlicht und wird nur durch zwei rot-weiße Fachwerkerker aufgelockert.

Das Jahr 1651 markiert mit der Fertigstellung der Kempenicher Häuser auch die Vollendung der gesamten Burganlage in ihrer heutigen Form. In einer Bauzeit von über fünf Jahrhunderten entstand um den Innenhof herum ein malerischer Gebäudekomplex aus eng aneinandergeschmiegten hohen Wohntürmen (Abb. 27). Obwohl in den verschiedenen Gebäudeteilen – von der Romanik bis zum Barock – die unterschiedlichsten architektonischen Stilrichtungen vertreten sind, fügt sich die gesamte Anlage zu einem nicht nur abwechslungsreichen, sondern zugleich auch äußerst harmonischen Ganzen zusammen.

Abb. 27: Mit ihrem Konglomerat aus Türmen, Dächern und Erkern wirkt die Burg Eltz wie eine kleine mittelalterliche Stadt.

Die Burgherren

Von Rudolfus de Elze an, mit dessen urkundlicher Erwähnung im Jahr 1157 die überlieferte Geschichte der Burg und ihrer Bewohner beginnt, lässt sich der Stammbaum der Familie Eltz lückenlos bis in die Gegenwart verfolgen. Schon nach vier Generationen nahmen Rudolfs Urenkel, die Brüder Elias, Wilhelm und Theoderich, eine erste Stammesteilung vor. Sie teilten auch die Burg und die dazugehörigen Güter und Besitzungen unter sich auf. So entstanden die bereits erwähnten drei Hauptlinien des Hauses Eltz, die sich – nach ihren Wappen – Eltz vom goldenen (oder gelben) Löwen, Eltz vom silbernen (oder weißen) Löwen und Eltz von den Büffelhörnern nannten, wobei im Fall der letzteren Linie die Büffelhörner nur in der Helmzier zu finden waren; das eigentliche Wappen war ebenfalls ein halber goldener Löwe. Burg Eltz wurde so zu einer Ganerbenburg, in der mehrere Linien in einer Erb- und Wohngemeinschaft zusammenlebten.

Der Einfluss der Familie Eltz ging über die unmittelbare Umgebung der Burg weit hinaus, wie unter anderem die Eltzer Höfe in Koblenz, Boppard, Trier, Mainz und Eltville belegen. Zahlreiche Familienmitglieder taten sich im Lauf der Jahrhunderte in Kirche, Militär und Politik hervor. Zentren des Wirkens der Familie Eltz waren die beiden Kurfürstentümer Trier und Mainz.

Zwei Jahrhunderte nachdem sich die Eltzer Ritter mit Kurfürst Balduin von Trier in der Eltzer Fehde bekriegt hatten, wurde mit Jakob III. ein Mitglied der Familie Eltz Erzbischof und Kurfürst von Trier. Jakob wurde 1510 als Sohn des Johann zu Eltz und seiner Frau Maria von Breitbach auf Burg Eltz geboren. Er studierte in Heidelberg, Löwen und Freiburg Rechtswissenschaft und Theologie, bevor er 1535 Domkapitular in Trier wurde – das heißt Mitglied der Körperschaft der Geistlichen des Doms – und damit eine lange kirchliche Laufbahn begann. 1547 wurde Jakob Domdechant, ein Amt, in dem er eine wichtige Rolle in der Verwaltung des Kurstaates Trier spielte. Nachdem er 1550 zum Priester geweiht worden war, profilierte er sich wenige Jahre später auf dem Reichstag in Regensburg und beim Wormser Religionsgespräch als entschlossener Gegner der Reformation. Als sich in den 1550er Jahren in Trier erste Reformationsbestrebungen regten, war Jakob maßgeblich an deren Bekämpfung beteiligt – nicht umsonst wurde er von ei-

nem späteren Kirchenhistoriker als der „verkörperte Geist der Gegenreformation" charakterisiert. Auch als Rektor der Universität Trier engagierte sich Jakob für die katholische Sache und begann, mit dem Jesuitenorden zusammenzuarbeiten. Als er 1567 zum Kurfürsten gewählt wurde, blieb er seinen Grundsätzen treu und machte es sich zur Lebensaufgabe, die Beibehaltung des Katholizismus im Kurstaat Trier durchzusetzen. Dies war nicht immer ganz einfach, da Lutheraner und Calvinisten zunächst an Einfluss gewan-

---

▶ EIN BESUCH AUF BURG ELTZ IM JAHR 1895

„Die Straße wurde noch steiler, und die geheimnisvolle Verborgenheit der Burg Eltz machte uns sehr gespannt, als wir schließlich durch die Bäume, die den gewundenen Weg dicht umstanden, das Tal vor uns schimmern sahen. Dann hatten wir plötzlich durch das Netz der Zweige vor uns eine Vision! Eine Masse von spitzen Dächern und Giebeln zeigte sich. Ein wenig weiter stand ein Wegweiser mit einem Pfeil, der auf einen Pfad zur Seite wies. Nach wenigen Schritten dort entlang öffneten sich die Bäume, und urplötzlich lag Burg Eltz vor uns. Man kann diese Burg in Worten kaum beschreiben. Sie ist wie ein Märchen aus Stein; das gesamte Bild scheint eher ein Traum als die Wirklichkeit zu sein, und deshalb klingt jede Beschreibung entweder ungenügend oder übertrieben. Ein bewaldeter, kegelförmiger Fels hebt sich steil aus dem Eltztal mitten in einem Kreis lieblicher Hügel; als Krönung dieses Felsens und ganz mit ihm verwachsen, wie es scheint, steht ein vollkommenes Labyrinth von spitzen Türmchen und Dächern, Erkern, Giebeln, Schornsteinen und Dachfenstern … Von unserem Standplatz aus konnten wir sehen, wie unser schmaler Weg sich hinunterschlängelte bis zu der Brücke über den Fluß. Dann führte der Pfad durch einen überdachten Torweg hinauf zum höher gelegenen Fuß der Burg. Wir folgten diesem Weg, im Gefühl, zu einem Zauberschloß unterwegs zu sein. Falls wir Einlaß finden sollten, würden wir vielleicht verhext werden … Einige Stufen gingen wir im Fels hinauf, und dann über eine wundervolle Reihe von steilen, gewundenen Wegen und Eingängen, bis wir endlich den inneren Hof oder Schloßhof erreichten … In der Stimmung, in der wir waren, hätte es uns nicht gewundert, wenn sich beim Öffnen der Tür der Türhüter als dreiköpfiger Drache gezeigt hätte. Wir hätten uns wahrscheinlich vor ihm verbeugt."

(Aus: Katharine Macquoid, *In the Volcanic Eifel*, London 1896. Deutsche Übersetzung: *Die Eifelreise. Eine englische Lady beschreibt ihre Eindrücke von Land und Leuten im Jahre 1895*, Briedel 1995.)

nen. Jakob musste sogar eine Zeit lang den Kurstaat aus der Nähe von Wittlich regieren und sich die Rückkehr nach Trier in zähen Verhandlungen und schließlich sogar mit Waffengewalt erzwingen. Nach seiner Rückkehr nach Trier schwor ihm die Stadt am 27. Mai 1580 Treue und Gehorsam. Nur ein Jahr nach diesem Erfolg starb Jakob im Alter von 71 Jahren; er wurde im Trierer Dom beigesetzt.

Nachdem die Familie Eltz im 16. Jahrhundert bereits einen einflussreichen Trierer Erzbischof und Kurfürsten gestellt hatte, wurde im 18. Jahrhundert ein Eltzer zum Erzbischof und Kurfürsten von Mainz gewählt. Philipp Karl wurde als Sohn des Hans-Jakob zu Eltz-Kempenich und der Maria Antonetta Schenkin von Schmittburg am 26. Oktober 1665 geboren. Er war das zweite von insgesamt 17 Kindern des Paares. Vielleicht war es ja ein Omen, dass zu seinen Taufpaten Johann Philipp von Schönborn – der damalige Kurfürst von Mainz – und Karl Kaspar von der Leyen – der damalige Kurfürst von Trier – zählten, zumindest belegt dies die hervorragenden Verbindungen seiner Familie. Mit zehn Jahren wurde Philipp Karl zu den Jesuiten in Koblenz in die Schule geschickt. 1686 trat er in das deutsch-ungarische Kolleg in Rom ein, um es zwei Jahre danach mit den niederen Weihen zu verlassen. Seine kirchliche Laufbahn hatte die üblichen Stationen: Er war zunächst Domherr in Mainz und Trier, dann Domkantor in Mainz und Dompropst in Trier. Philipp Karl nahm aber auch politische Aufgaben wahr. Bei der Wahl Georg von Schönborns zum Kurfürsten von Trier vertrat er die Interessen Kaiser Karls VI.

Nach dem Tod des Kurfürsten Franz Ludwig von Pfalz-Neuburg wurde Philipp Karl 1732 vom Mainzer Domkapitel einstimmig zum Nachfolger gewählt. Als ihm Mitglieder des Domkapitels im Vorfeld der Wahl ihre Absichten ankündigten, soll Philipp Karl zunächst sehr zögerlich reagiert haben, vor allem, da er zu diesem Zeitpunkt schon 66 Jahre alt war und mit einer derart verantwortungsvollen neuen Aufgabe nicht gerechnet hatte. Doch er gab dem Drängen des Domkapitels nach, nahm die Wahl an und wurde am 18. November im Mainzer Dom von Kurfürst Franz Georg von Trier geweiht. Als Erzbischof und Kurfürst von Mainz war Philipp Karl Reichserzkanzler und zugleich der mächtigste Kirchenfürst nördlich der Alpen. Er stand damit im Rang gleich nach dem Papst. Seine Wahl wurde am Wiener Hof sehr positiv aufgenommen, und das

Verhältnis zu Kaiser Karl VI. sollte auch in den folgenden Jahren äußerst gut bleiben.

Ein Jahr nach der Wahl Philipp Karls verlieh Karl VI. der Familie Eltz vom goldenen Löwen den Grafentitel. Als Gründe für diese Ehre wurden die Verdienste der Familie in den Reformationswirren und in den Türkenkriegen angeführt, sicher spielten dabei aber auch die Leistungen Philipp Karls eine Rolle, besonders seine Bemühungen während des polnischen Thronfolgekriegs, einem Machtkampf zwischen den Häusern Habsburg und Bourbon, in dem Philipp Karl die Habsburger Seite unterstützte. Mit der Reichsgrafenwürde erhielt die Linie Eltz vom goldenen Löwen das Recht, in des Kaisers Namen zu adeln, Notare, Schreiber und Richter zu ernennen, Leibeigene in die Freiheit zu entlassen, uneheliche Kinder zu legitimieren und bürgerliche Wappen mit Schild und Helmzier zu verleihen.

Außerdem bedankte sich Kaiser Karl VI. bei Philipp Karl durch die Vermittlung der Herrschaft Vukovar im kroatischen Slawonien. Dieser riesige Grundbesitz in der Nähe von Belgrad hatte zuvor dem Grafen Kuffstein gehört, der ihn nun, der Bitte des Kaisers folgend, für 175 000 rheinische Gulden an Philipp Karl zu Eltz verkaufte. Einige Generationen später verlegte die Linie Eltz-Kempenich dann sogar ihren Hauptwohnsitz nach Vukovar und lebte dort bis zur gewaltsamen Vertreibung im Jahr 1944.

Wie schon seit 850 Jahren, so befindet sich die Burg Eltz auch heute noch im Besitz der gleichnamigen Familie. Ihr heutige Besitzer, Dr. Karl Graf von und zu Eltz-Kempenich repräsentiert die 33. Generation des Hauses. Er lebt in Eltville am Rhein, wo die Familie Eltz schon seit dem 17. Jahrhundert einen Wohnsitz hat.

Rundgang

Schon seit dem 19. Jahrhundert kann die Burg Eltz besichtigt werden. Während man damals rechtzeitig vor einem Ausflug zur Burg schriftlich beim Besitzer um eine Besichtigungserlaubnis bitten musste, gibt es seit den 1920er Jahren regelmäßige Öffnungszeiten und Führungen durch die Innenräume. Diese geführten Rundgänge gewähren auch heute noch vielfältige Einblicke in das Leben auf Burg Eltz. So sind unter anderem Wohn- und Schlafräume zu sehen, ein Rittersaal (Abb. 28), eine Küche und ein Jagdzimmer, die einen lebendigen Eindruck von der Wohnkultur

Abb. 28: Der größte Raum der Burg Eltz diente den früheren Bewohnern als Fest- und Versammlungsort. Zum mit Rüstungen, Waffen und Kriegsgeräten ausgestatteten „Rittersaal" wurde er erst im Zeitalter der Burgenromantik.

Abb. 29: Auf die bei Verhandlungen herrschende Redefreiheit weisen die Narrenmasken unter dem Mittelbalken und in den Raumecken des Rittersaals hin.

vergangener Jahrhunderte vermitteln. Komplett möbliert ist etwa der schöne Rübenacher Untersaal, in dem spätgotische Truhen zu sehen sind, flämische Bildteppiche aus dem 16. Jahrhundert und einige der schönsten und besterhaltenen Gemälde der Burg, darunter ein Madonnenbild, das um 1520 von Lucas Cranach dem Älteren gemalt wurde. Der größte Raum der Burg ist der Rit-

tersaal, in dem Symbole wie die Narrenmaske (Abb. 29) – Zeichen der Redefreiheit – und die Schweigerose über der Ausgangstür – eine Mahnung zur Diskretion nach dem Verlassen des Raums – daran erinnern, dass er einmal als Versammlungssaal diente. Neben Rüstungen, Waffen und anderem Kriegsgerät gibt es dort Gemälde und einen großen, in leuchtenden Farben gestalteten Wandteppich zu sehen, der um 1700 in der königlichen Manufaktur Gobelin in Paris entstanden ist und eine Szene aus der griechischen Sagenwelt zeigt, nämlich ein Nachtmahl des Sonnengottes Helios mit seiner Frau und Schwester, der Mondgöttin Selene. Weitere wertvolle Kunstwerke birgt die Schatzkammer in den Kellergeschossen der Burg. Hier kann man eine abwechslungsreiche Sammlung besichtigen: Gold- und Silberschmiedearbeiten, Kuriositäten, Münzen und Medaillen, Schmuck und sakrale Gegenstände, Glas und Porzellan, Waffen und Rüstungen (Abb. 30), die alle aus dem Besitz der Familie Eltz stammen.

Abb. 30: Der sogenannte Maximilian-Harnisch (um 1520) wiegt 30 Kilogramm. Die geriffelte Form seiner Panzerplatten machte den Harnisch besonders stabil.

Abb. 31: Burg Gnandstein, Ansicht von Südosten. Rechts sind
der Bergfried und die Schildmauer zu sehen, links der
schlossartige Südflügel.

**BURG
GNANDSTEIN**

**SACHSENS
BESTERHALTENE
ROMANISCHE
WEHRANLAGE**

Uwe A. Oster

Sehr anmutige Gegend, die besonders im Nordwest herrlich verschlungene, zum Teil mit Klippen und sehr steilen Höhen eingeschlossene Gründe zeigt und dem Maler eine Menge von dankbaren Motiven darbietet." In solch schwärmerischen Worten pries der Maler Moritz von Schwind das „Kohrener Land". Er stand damit nicht allein: Schon im 19. Jahrhundert kamen zahlreiche Besucher aus den nahen Großstädten Chemnitz und Leipzig hierher, um die unberührte Landschaft zu genießen. Doch es gibt in dieser stillen Region auch eine ganze Reihe von herausragenden baulichen Zeugen: Zu ihnen gehört zweifelsohne die Burg Gnandstein (Abb. 31), die als Sachsens besterhaltene romanische Wehranlage gilt. Sie erhebt sich über dem gleichnamigen Dorf auf einem Porphyritfelsen, der auf drei Seiten von der Wyhra umflossen wird. Die Spornlage prädestinierte den Fels geradezu für den Bau einer Burg, zumal durch das Porphyritgestein auch ausreichend Baumaterial in nächster Nähe zur Verfügung stand.

Baugeschichte

Die Burg Gnandstein wird erstmals 1228/29 erwähnt. In diese Zeit gehen wohl auch tatsächlich die Anfänge der Burg zurück. Der erste Bau bestand aus einer nahezu rechteckigen Ringmauer, die an der Angriffsseite als 18 Meter hohe Schildmauer ausgeführt wurde. An der Südwestecke der Ringmauer wurde ein Wohnturm errichtet; außer der Mauer war dies der einzige Steinbau. In dem lang gestreckten Burghof dürfte es darüber hinaus, wie üblich, Holzbauten für Ökonomie und Burgmannschaft gegeben haben.

Es spricht für die Bedeutung der Burg Gnandstein, dass nur wenig später, um 1230, bereits mit einem großzügigen Ausbau der ursprünglichen Anlage begonnen wurde. Damals entstand der ehemals dreigeschossige Palas an der Südseite der Ringmauer. Dieser Palas mit seinem nahezu original erhaltenen Saal ist das Schmuckstück von Gnandstein: „Keine sächsische Burg hat ein so echtes und wohlerhaltenes Kleinod aufzuweisen, wie dieser romanische Bau." An diesem Urteil Hanns von Einsiedels aus den 1930er Jahren hat sich bis heute nichts geändert. Im Gegenteil: Die Restaurierungen der vergangenen Jahre haben die Einschätzung eher bestärkt.

Mit dem Palas waren die Baumaßnahmen des 13. Jahrhunderts aber bei weitem noch nicht beendet. Zudem wurde in der Kernburg ein weiteres Gebäude errichtet, das man später als Kemenate bezeichnet hat. Es dürfte sich demnach um weitere – beheizbare – Wohnräume gehandelt haben. Der Grundstock für ein reges adliges Leben auf Gnandstein war damit gelegt. Der Wohnturm hatte seine Funktion durch diese Baumaßnahmen verloren und wurde in der Mitte des 13. Jahrhunderts durch einen „modernen" Bergfried ersetzt, der schon von weitem als Wahrzeichen der Burg sichtbar ist. Er ist 33 Meter hoch und hat an seinem Fußpunkt eine Mauerstärke von rund 3,5 Metern. Der archäologisch nachgewiesene Kamin deutet wohl auf den Aufenthaltsraum der Wachmannschaft und nicht auf eine weitergehende Wohnnutzung hin.

Die Baumaßnahmen des 13. Jahrhunderts erstreckten sich aber nicht nur auf den Bergfried und die Wohnbauten, sondern dienten auch der Verstärkung der Verteidigungsanlagen. Der Schildmauer wurde im Westen und Nordwesten eine Zwingermauer vorgelagert, die in den 1990er Jahren rekonstruiert wurde und seither zusammen mit Bergfried und Schildmauer wieder maßgeblich den ersten Eindruck der Besucher bestimmt (Abb. 32) – ein fast abweisender, einschüchternder Bau; ein Bau auch, der schon im Mittelalter von der Macht seiner Besitzer künden sollte. Der Zwinger von Gnandstein gehört zu den frühesten Beispielen solcher Verteidigungsanlagen in Sachsen, ein weiteres Indiz für die Bedeutung, die der Burg beigemessen wurde.

Für jede Burg von elementarer Bedeutung war die Wasserversorgung. Auf Gnandstein wurde dazu ein Schacht rund 25 Meter bis auf den Flussspiegel der Wyhra gegraben. Dieser Brunnen lag außerhalb der Ringmauer und musste deshalb mit einer eigenen Mauer geschützt werden. Dieser Schutz des lebenspendenden Elixiers ist dann im 14. Jahrhundert wohl als unzureichend empfunden worden. Denn wahrscheinlich erhielt der Brunnenschacht damals einen steinernen Überbau, ein Brunnenhaus. Ebenfalls noch in das 14. Jahrhundert fällt die Aufstockung des Palas, der mit seinen vier Stockwerken ein besonders imposantes Bild bot. Der zwischen Brunnenhaus und Palas gelegene Vorhof war ebenfalls von einer Mauer geschützt. An der Innenseite dieser Mauer verläuft ein sehr schön erhaltener, nach innen auskragender hölzerner Wehrgang (Abb. 33). Durch das im 15. Jahrhundert erbaute Torhaus betritt der Besucher heute die Burg. Wohl vor dem Hintergrund der Bedrohung durch

Abb. 32: Abweisend und einschüchternd wirkt die Schildmauer der Burg Gnandstein. Die vorgelagerte Zwingermauer wurde jüngst wiederhergestellt, im Hintergrund der Bergfried.

Hussiten- und Türkenkriege wurde der Verteidigungscharakter der Burg Gnandstein im 14./15. Jahrhundert immer weiter verstärkt. Der Bergfried wurde aufgestockt, die Zwingermauer verstärkt.

Das Erscheinungsbild des ursprünglich nur mit Holzbauten ausgestatteten Haupthofs der Burg wird heute von dem schmalen Kapellenflügel und dem schlossartigen Südflügel bestimmt. Die Geschichte beider Bauten geht aber ebenfalls bis in das 13./14. Jahrhundert zurück. So befinden sich unter dem Boden des Hofniveaus mehrgeschossige Wehrkeller mit Schießscharten. Darüber wurden zunächst wohl eingeschossige Bauten errichtet, die dann später aufgestockt wurden. Der Südflügel bietet heute äußerlich betrachtet

Abb. 33: Hölzerner Wehrgang im Vorhof. Die Konstruktion kragt nach innen aus, um mehr Platz zu schaffen – mindestens zwei Männer sollten aneinander vorbeigehen können.

Abb. 34: Grundriss der Burg Gnandstein, im Osten die romanische Kernburg, im Westen der große Haupthof mit Süd- und Kapellenflügel.

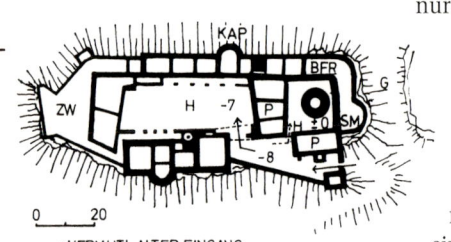

Die Burgherren

Die Schladenbachs waren Ministerialen der Markgrafen von Meißen aus dem Hause Wettin. Die enge Beziehung der Gnandsteiner Burgherren zu diesem Geschlecht hat demnach bereits am Anfang der Burggeschichte ihren Ursprung. 1197 wurde die Familie erstmals urkundlich erwähnt, also wenige Jahrzehnte vor der ersten urkundlichen Erwähnung der Burg Gnandstein, als deren Bauherren die Schladenbachs gelten, auch wenn sie erstmals 1228 als Besitzer genannt werden. Als Kämmerer und Marschälle dienten die Herren von Gnandstein, wie sie sich nun nannten, den Wettiner Markgrafen. Vor 1317 verlagerten die Gnandsteiner ihren Wohnsitz auf andere Burgen in der Umgebung.

Auf Gnandstein zogen die Burggrafen von Leisnig als neue Herren ein. Sie waren königliche Amtsträger – und den Wettiner Markgrafen daher ein steter Dorn im Auge, störten sie doch den fürstlichen Landesausbau empfindlich. Sie konnten sich wohl aus diesem Grund auch nicht auf Dauer auf Gnandstein halten. 1409 werden die Brüder Heinrich und Claus von Einsiedel als Besitzer der Burgen Gnandstein und Wolkenburg erwähnt – damit war Gnandstein im Besitz jenes Geschlechts, das ihre Geschicke fortan über ein halbes Jahrtausend lenken sollte. Anders als die Leisniger Burggrafen waren die Herren von Einsiedel, die dem niederen Ritterstand angehörten, wieder treue Parteigänger der Wettiner. Ursprünglich stammte die Familie wohl aus der Nähe des Klosters Einsiedeln im heutigen Schweizer Kanton St. Gallen. Nach Sachsen waren sie an der Seite Rudolfs von Habsburg gekommen – und anders als dieser gleich dort geblieben.

Im Windschatten der Wettiner, die seit 1423 Kurfürsten von Sachsen waren, stiegen die Einsiedel in den Kreis der reichsten und mächtigsten Familien des Landes auf. So wurde Hildebrand I. von Einsiedel (um 1400–1461) von Kurfürst Friedrich II. von Sachsen zum Obermarschall und damit zu einem der höchsten Beamten des kurfürstlichen Hofes ernannt. Er war unter anderem für die Bergwerke und für das Münzwesen zuständig. Wenn man so will, dann lag der Reichtum des Landes in seiner Hand. Doch die Einsiedel wussten auch ihren eigenen Besitz zu mehren. So erwarb Heinrich von Einsiedel (um 1435–1507) Anteile an Silberbergwerken im Erzgebirge. Höchst gefragt war Heinrich als Diplomat und Streitschlichter. An der friedlichen Teilung des

ein barockes, schlossartiges Erscheinungsbild. Der Nordflügel (Abb. 35) wurde Ende des 15. Jahrhunderts ebenfalls aufgestockt, um die Burgkapelle aufzunehmen.

Nachdem die Kemenate 1632 von schwedischen Truppen in Brand gesetzt worden war, wurde Ende des 17. Jahrhunderts mit einem barocken Neubau an dieser Stelle begonnen. Etwas später wurde der Südflügel barock umgestaltet. Dies betraf zum einen die Fassade, aber auch die Innenräume, die mit Wandmalereien und Stuck verziert wurden. Auch die steinernen Arkaden im Burghof sollten den Schlosscharakter unterstreichen, und tatsächlich wirken sie wie zwei Flügel eines barocken Ehrenhofes. Seit dieser Zeit hat sich der Grundriss der Burg (Abb. 34) nicht mehr verändert; im 19. und 20. Jahrhundert folgten nur geringfügige Maßnahmen am baulichen Bestand der Burg, für deren Erhalt lange Zeit nur geringe Mittel zur Verfügung standen. Seit 1990 wird die Burg Gnandstein aufwändig saniert. Im Vorfeld haben archäologische Untersuchungen zahlreiche Aufschlüsse zur Geschichte der einzelnen Gebäudeteile gebracht.

Abb. 35: Turm am Nordflügel (Kapellenflügel) mit wiederhergestellter gotischer Putzornamentik.

DER SCHWIND-PAVILLON VON RÜDIGSDORF

Moritz von Schwind (1804–1871) ist vor allem für seine großformatigen Fresken bekannt, etwa für seinen „Sängerkrieg" auf der Wartburg oder im Foyer der Wiener Staatsoper. Auch als Illustrator von Märchen- und Sagenbüchern und für Zeitschriften hat sich Schwind einen Namen gemacht. Wer sich mit dem Werk des in Wien geborenen Künstlers beschäftigt, wird jedoch auch im Kohrener Land fündig, in dem kleinen Ort Rüdigsdorf. Dort war Moritz von Schwind häufig Gast des Rittergutsbesitzers Dr. Crusius, der auch ein großer Kunstliebhaber und Mäzen war. Die Orangerie von Rüdigsdorf schmückte Schwind 1838 mit Wandbildern aus dem antiken Märchen „Amor und Psyche" aus. Inspiriert wurde Schwind dabei von Eindrücken, die er während seiner Italienreise gesammelt hatte. In der Villa Farnesina in Rom hatte der Spätromantiker die Wandmalereien zu diesem Thema gesehen, die italienische Künstler nach Entwürfen Raffaels angefertigt hatten. In Rüdigsdorf wandte der Maler eine außergewöhnliche Technik an. Es handelt sich nicht um Fresken im klassischen Sinn, sondern Schwind hat auf den bereits abgebundenen Putz eine nasse Kalkschicht aufgetragen und auf diese dann mit der Hilfe von Schablonen die Bilder aufgemalt. Diese Technik hat zu einer beeindruckenden Farbigkeit geführt. Aufgrund fehlerhafter Restaurierungen in der Vergangenheit müssen die Wandbilder jedoch dringend saniert werden. Diese Sanierung soll nun 2006 erfolgen, gefördert unter anderem von der Kultur- und Umweltstiftung Leipziger Land. Im stimmungsvollen Ambiente des Schwind-Pavillons finden im Sommer häufig Konzerte statt, auch kann wer mag in diesem schönen Rahmen standesamtlich heiraten. Umgeben ist der Pavillon von einem stimmungsvollen Park, der fast unmerklich in den Naturraum übergeht. Auskunft über Besichtigungsmöglichkeiten gibt der Fremdenverkehrsverband Kohrener Land, Telefon 03 43 44 / 6 12 58.

Landes in das Kurfürstentum und das Herzogtum Sachsen 1485 war er maßgeblich beteiligt. Nicht ungeschickt gelang es ihm, dafür zu sorgen, dass die Grenze der beiden Territorien durch seine eigene, mittlerweile aus über 40 Dörfern bestehende Herrschaft verlief – und er damit Untertan beider Landesherren blieb, was ihn wiederum als Ratgeber und Mann des Ausgleichs prädestinierte.

Nach dem Tod Heinrichs 1507 übernahm sein ältester Sohn Haubold die Verwaltung der Herrschaft. Er war ursprünglich für eine geistliche Karriere vorgesehen, wurde Domherr in Merseburg und Naumburg. Mit päpstlicher Erlaubnis trat Haubold jedoch 1495 wieder in den Laienstand über, um Familie und Herrschaft zu sichern,

war er damals doch der einzige männliche Nachkomme. Seine jüngeren Halbbrüder Heinrich Hildebrand und Heinrich Abraham wurden erst 1497 bzw. 1504 geboren. Der theologisch geschulte Haubold befasste sich intensiv mit den Gedanken Martin Luthers, zu dessen frühesten Anhängern er gehörte. Nach seinem Tod 1522 traten seine jüngeren Geschwister die Herrschaft zunächst gemeinsam an, doch 1535 entschlossen sie sich zu einer Teilung des Besitzes. Herrschaft und Burg Gnandstein fielen dabei an Heinrich Hildebrand.

Auf religiösem Gebiet traten die jungen Herren in die Fußstapfen ihres verstorbenen Bruders und unterstützten die Reformation nach Kräften – und dies auch gegen alle Drohungen und Bemühungen des am alten Glauben festhaltenden Herzogs Georg von Sachsen (1471–1539). Anders im kurfürstlichen Sachsen, wo bekanntermaßen Friedrich der Weise auf seiner Wartburg Luther einen sicheren Unterschlupf gewährte. Mehrmals traf Heinrich Hildebrand von Einsiedel persönlich mit dem Reformator zusammen. Eine Lutherstube auf der Burg Gnandstein verwies früher auf einen mutmaßlichen Besuch des Reformators, doch lässt sich dieser nicht belegen. Aber das ist auch gar nicht notwendig, um Heinrichs enge Beziehung zu Luther unter Beweis zu stellen. Diese ist in dem regen Briefwechsel der beiden viel eindrucksvoller verspürbar. Unverkennbar ist darin Heinrichs aufrichtiges Bemühen um ein gottgefälliges Leben. Auch soziale Fragen sprach der Herr von Gnandstein dabei offen an, war er sich doch gar nicht mehr so sicher, ob die Frondienste, die er von seinen Bauern abverlangte, wirklich rechtens seien. Doch auf diesem Gebiet war der Reformator sehr viel konservativer als der adlige Gutsherr – auch dies ein höchst bemerkenswerter Umstand.

Der Dreißigjährige Krieg brachte auch der Herrschaft Gnandstein Truppendurchzüge und in deren Gefolge Plünderung und Zerstörung. Herr auf Burg Gnandstein war in dieser Zeit Hildebrand III. von Einsiedel, der – als ob er inmitten dieser kriegerischen Zeiten ein besonderes Zeichen setzen wollte – die Grablege der Familie in der Dorfkirche von Gnandstein künstlerisch ausgestalten ließ. So entstanden neun Epitaphien aus Sandstein, welche die Erinnerung an die verstorbenen Burgherren aus dem Geschlecht der Einsiedel wach halten sollten.

Politisch spielten die Einsiedel seit dem 17. Jahrhundert keine hervorgehobene Rolle mehr. 1598 war mit Hildebrand II. der letzte Kurfürstliche Rat aus der Familie verstorben. Im 19. Jahrhundert hatte die Familie dann auch wirtschaftlich schwere Zeiten zu durchstehen. Im Zeitalter der Befreiungskriege umwehte die Burg Gnandstein noch einmal kurz der berühmte Mantel der Geschichte, als der Dichter und Freiheitskämpfer Karl Theodor Körner für einige Tage auf der Burg Unterschlupf fand. Der damalige Burgherr Alexander von Einsiedel (1780–1840) war seit 1808 mit der Leipziger Bürgerstochter Julie Kunze verheiratet, die von 1803 bis zu ihrer Eheschließung bei Freunden ihres verstorbenen Vaters in Dresden gewohnt hatte. Der Sohn dieser Familie war eben Karl Theodor Körner, der mit seinen patriotischen Dichtungen den Kampf gegen Napoleon propagierte und als Lützow'scher Jäger schließlich auch aktiv daran teilnahm. Nach seiner Verwundung bei Kitzen am 17. Juni 1813 floh er zu Julie von Einsiedel auf die Burg Gnandstein und dann weiter nach Karlsbad.

Schon zu Beginn des 20. Jahrhunderts öffnete die Familie von Einsiedel Teile der Burg Gnandstein für Besucher. 1929 eröffnete Hanns von Einsiedel das Heimatmuseum Burg Gnandstein. Doch nur wenige Jahre später sah er sich gezwungen, die Burg aus wirtschaftlichen Gründen an seine Tochter Sybilla Freifrau von Friesen zu verkaufen. Im Zuge der Bodenreform in der Sowjetischen Besatzungszone wurde die Familie Einsiedel dann 1945 enteignet. Heute gehört die Burg zu der Verwaltung der Staatlichen Schlösser, Burgen und Gärten in Sachsen.

Rundgang

Hat man das Torhaus von Gnandstein passiert, sollte man nicht sofort raschen Schrittes in den Haupthof streben, sondern zunächst dem Brunnenhaus einen Besuch abstatten. Da der Schacht beleuchtet ist, kann man sehr gut sehen, wie er aus dem Porphyritfelsen herausgehauen ist. Nicht gemauert oder gefasst, bietet der Brunnen einen besonders authentischen Anblick. Einen kurzen Blick lohnt auch die daneben gelegene Sammlung von Bauernmöbeln aus dem 17. bis 19. Jahrhundert.

Der Rundgang durch das Burgmuseum beginnt im Südflügel. Durch den Wendelstein, einen Treppenturm aus dem 15. Jahrhundert, gelangt man in den ersten Stock, in dem die Eintrittskarten gelöst werden und der Rundgang beginnt. Modelle beleuchten die bauliche Entwick-

lung der Burg, Schautafeln geben Auskunft über die Besitzer. Mit diesen Informationen geht es dann weiter in die im 18. Jahrhundert im Stil des Barock umgebauten Wohn- und Repräsentationsräume der Familie. Im Verbündetenzimmer – so genannt, weil hier Teile eines Speisezimmers aus Schloss Rötha eingebaut wurden, in dem sich vor der Völkerschlacht bei Leipzig Zar Alexander I. von Russland, König Friedrich Wilhelm III. von Preußen und Kaiser Franz I. von Österreich getroffen haben – fällt sofort die geschickt vor einem Spiegel platzierte Prunkvase aus Meißener Porzellan aus dem 18. Jahrhundert ins Auge. Das folgende Barockzimmer (Abb. 36) strahlt mit sei-

Abb. 36: Das Barockzimmer spiegelt die Lebensumstände auf Burg Gnandstein im 18. Jahrhundert wider – und zeugt von der teilweisen Verwandlung der Burg in ein wohnliches Schloss.

Kernburg. Von der Spitze des Bergfrieds bietet sich ein weiter Blick in das Kohrener Land, bei gutem Wetter im Westen bis nach Altenburg, im Norden kann man das Leipziger Völkerschlachtdenkmal erahnen. Vornehme Schlichtheit strahlt der Saal des Palas im dritten Geschoss aus, der durch keinerlei spätere Um- und Zubauten in seinem Charakter verfälscht worden ist. Besonders schön sind die Fenster mit ihren Zweierarkaden an der Westseite oder das Portal an der Nordwestecke. Das Mobiliar im Saal ist zwar nicht mehr original, doch hat man der Versuchung widerstanden, es nach historisierender Art zu überfrachten. Einzig ein Tisch und wenige Sitzgelegenheiten erinnern daran, dass diese Säle auch im Mittelalter kaum oder gar nicht möbliert waren – und Tische und Bänke eigens zu den Banketten aufgestellt wurden.

Ein weiteres Kleinod der Burg Gnandstein ist die spätgotische Burgkapelle (Abb. 37) mit ihrem markanten, sternförmigen Zellengewölbe. Ein „in ihrer unberührten Schönheit köstliches Schmuckkästlein", hat Hanns von Einsiedel die reich ausgestattete Kapelle genannt. Und wie in einem Schmuckkästlein reihen sich in dem schmalen, kleinen Gotteshaus die Sehenswürdigkeiten aneinander: Dazu gehören drei geschnitzte Altäre aus der Zeit um 1500. Sie entstanden in der Werkstatt eines Meisters schwäbisch-fränkischer Herkunft. Das Gros der Schnitzereien stammt von Peter Breuer (1471 – 1541), einem Schüler Tilman Riemenschneiders. Ebenfalls noch original aus der Bauzeit erhalten haben sich die farbig glasierten Fußbodenkacheln, die aus einer einheimischen Werkstatt stammen. In seiner Schlichtheit bewegend ist schließlich auch der überlebensgroße Kruzifixus vom Ende des 15. Jahrhunderts, der von der Gnandsteiner Dorfkirche auf die Burg gebracht worden ist.

Wem nach den zahlreichen Kunstschätzen der Sinn nach etwas Ruhe steht, kann den Besuch der Burg Gnandstein im Burggarten beschließen. Seit 1998 wird versucht, diesen terrassenartig angelegten Garten, der unterhalb des benachbarten Ritterguts liegt, wieder mit Leben zu erfüllen. Wie in alten Burggärten üblich, finden sich dort heute wieder einheimische Kräuter und Beeren, aber auch Gemüse und Weinstöcke.

Abb. 37: Die spätgotische Burgkapelle ließ Heinrich von Einsiedel Ende des 15. Jahrhunderts im Nordflügel einbauen. Im Hintergrund der von dem Zwickauer Meister Peter Breuer geschaffene Marienaltar.

nen warmen Farben Gediegenheit und Ruhe aus. Die großen Fenster lassen viel Helligkeit in den mit Möbeln aus dem 18. und 19. Jahrhundert ausgestatteten Raum.

Was die Burg Gnandstein einzigartig unter den sächsischen Burgen macht, sind jedoch in erster Linie nicht die hübschen Barockräume und auch nicht die gewiss sehenswerten Sammlungen von Kunsthandwerk, sondern die romanische

Abb. 38: Hoch über dem Neckartal erhebt sich die Burg Guttenberg mit ihrem wuchtigen Bergfried.

BURG GUTTENBERG AM NECKAR

DIE „WARTBURG" SÜDDEUTSCHLANDS

Uwe A. Oster

Das Neckartal zwischen Heilbronn und Heidelberg ist so burgenreich wie keine andere deutsche Landschaft, den Mittelrhein einmal ausgenommen. Unter diesen Burgen kommt dem Guttenberg (Abb. 38) eine Sonderstellung zu: Anders als die meisten Burgen des Neckartals wurde er nie zerstört, so dass die bauliche Entwicklung von der Stauferzeit bis heute nachvollziehbar ist. Seit 1449 wird die Burg ohne Unterbrechung von Mitgliedern der freiherrlichen Familie von Gemmingen-Guttenberg bewohnt.

Baugeschichte

Es wird vermutet, dass der Bau des Guttenberg in Verbindung mit der Kaiserpfalz Wimpfen zu sehen ist und zu dem Komplex von Burgen gehört hat, die in deren Umkreis durch die Staufer bzw. durch staufische Ministerialen errichtet wurden. Ab 1200 bauten die Staufer die vorhandenen Bauten in Wimpfen zu einer repräsentativen Pfalz aus. Ist der Bau des Guttenberg im Zusammenhang mit Wimpfen zu sehen, dürfte auch mit diesem zwischen 1200 und 1250 begonnen worden sein. In einer späteren Chronik wird gar „Keyser Rotbart" als Bauherr genannt.

Zu diesem ursprünglichen Bestand sollen auch die beiden ältesten Teile der heutigen Burg gehört haben: der 46 Meter hohe Bergfried und die gewaltige, 15 Meter hohe Schildmauer. Es gibt jedoch Argumente, die gegen diese frühe Datierung ins Feld geführt wurden: So findet sich an der Schildmauer ein kleiner, leicht vorkragender, erkerartiger Baukörper, der als Tourelle bezeichnet wird. Diese „Türmchen" sollten es dem Verteidiger ermöglichen, einen Angreifer auch seitlich abzuwehren. Solche Elemente finden sich zwar in Frankreich bereits um 1200, in Deutschland dagegen haben sie erst mit deutlicher Verzögerung fast hundert Jahre später Einzug gehalten. In diesem Fall wäre der Bau der Schildmauer frühestens um 1300 anzusetzen.

Beim Bergfried lassen die teilweise verwendeten Buckelquader einen Bau um 1200/50 plausibel erscheinen. Unterhalb der beiden oberen Stockwerke findet sich allerdings ein umlaufendes Gurtgesims, das ins 14. Jahrhundert zu datieren ist. Nachweislich jüngeren Datums ist die Balustrade der oberen Plattform, sie stammt aus barocker Zeit. Schriftliche Quellen helfen bei dieser

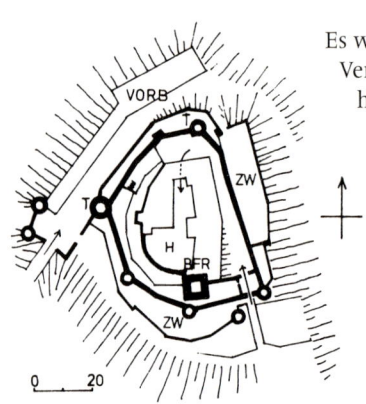

Abb. 39: Der Grundriss zeigt die ungewöhnliche Lage des Bergfrieds, der vor die Schildmauer gerückt ist. In der Kernburg sind links der Alte und rechts der Neue Bau zu erkennen.

Frage ebenfalls nicht weiter: In einer 1232 ausgestellten Urkunde werden zwar Zobelo und Otto „de Gutenburg" erwähnt, doch ist ein Bezug zwischen diesen und der Burg Guttenberg im Kraichgau eher unwahrscheinlich. Und die erste schriftliche Erwähnung der Burg Guttenberg – unter der Bezeichnung *castrum Gudenberg* – datiert erst von 1296.

Wenn auch einige Fragen der Datierung offen sein mögen, kann man sich dennoch ein gutes Bild des Guttenberg um etwa 1300 machen. Durch ihre Lage auf einem natürlichen Bergsporn war die Burg gegen die Talseiten durch steil abfallende Böschungen geschützt, zur Bergseite hin schob sich die Schildmauer – *nomen est omen* – wie ein schützender Schild vor die Burg, flankiert von dem davor stehenden Bergfried. Darüber hinaus muss es (heute nicht mehr aus dieser Zeit erhaltene) Wohn- und Wirtschaftsbauten gegeben haben, zudem eine Mantelmauer, die den Rest der Kernburg umschloss und sich nur durch die geringere Mauerdicke von der Schildmauer unterschied. Diese Mauer ist als Außenwand der heutigen Wohnbauten teilweise erhalten geblieben. Im Dachgeschoss des um 1500 errichteten Alten Baus verläuft sogar noch der auf die Schildmauer führende und sich auf dieser fortsetzende Wehrgang. Zur Angriffsseite hin ist der Wehrgang auf der Schildmauer durch eine Brüstung gesichert. Früher gab es an der Innenseite der Schildmauer noch einen hölzernen Wehrgang. Darauf weisen die erhaltenen Kragsteine hin, auf denen er auflag.

Diese innere Burg wurde bald um eine doppelte Zwingermauer erweitert (Grundriss, Abb. 39). Die innere dieser beiden Mauern führt um die gesamte Kernburg und ist sehr aufwändig ausgeführt und mit einem durchlaufenden Rundbogenfries versehen, einem aus der Romanik stammenden Stilelement, das auf Burgen aber noch im 14. Jahrhundert verwendet wurde. Fünf Flankierungstürme – darunter versteht man Türme, die vor die Mauerfront gesetzt sind – ermöglichen den Verteidigern, potenzielle Angreifer auch von der Seite zu bestreichen. Diese Türme sind nach innen offen; so wurde verhindert, dass ein gegebenenfalls bis hierher vorgedrungener Feind in ihrem Inneren Schutz finden konnte. Gut zwei Drittel der Burg sind noch von einer sehr viel schwächer ausgeführten, äußeren Zwingermauer umgeben. Zusätzlich war die Burg auf der Angriffsseite durch einen Halsgraben geschützt.

Höchst aufwändig gestaltet ist der Zugang zur Kernburg. Zwar ist die einstige Zugbrücke über den Halsgraben durch eine Steinbrücke ersetzt worden, doch davon abgesehen, lässt sich die Verteidigungsarchitektur an dieser Stelle sehr schön dokumentieren: Zunächst fällt linker Hand ein in die äußere Zwingermauer integrierter Rundturm auf, der nur durch einen unterirdischen Gang vom Bergfried aus erreichbar war. Der kaum über das Niveau der heutigen Steinbrücke reichende Turm muss früher wesentlich höher gewesen sein. Hatte es ein Angreifer bis auf die Zugbrücke geschafft, konnten ihm die Verteidiger von hier aus seitlich zu Leibe rücken. Leicht versetzt erscheint auf der rechten Seite der in die innere Zwingermauer integrierte Eckturm des Haupttores. Anders als der Turm neben der Brücke ist er in voller Höhe erhalten und mit breiten, tief nach unten hinabreichenden Artilleriescharten ausgestattet. Der Bogen des Haupttores besteht aus Buckelquadern, in der Mauer darüber fehlt der Rundbogenfries, der sonst die gesamte innere Zwingermauer umläuft (Abb. 40). Es wurde vermutet, dass sich hier früher ein Wurferker befunden hat.

Hat man das Haupttor des Guttenberg passiert, ist man noch längst nicht in der Kernburg angelangt, sondern stellt verdutzt fest, dass man in eine Art Mausefalle geraten ist: Nur einige Meter weiter ist bereits das nächste, mit einem Wehrgang ausgestattete Tor, links und rechts ragen hohe Mauern auf. Ist man durch dieses Tor hindurch, sieht man rechts den offenen Wehrgang der inneren Zwingermauer, links steigt der Neue Bau auf dem Fundament der einstigen Mantelmauer empor. Auch diese Szenerie wirkt noch abweisend, und es bedarf eines weiten Weges um die halbe Burg herum, ehe ein gewölbter Gang in den Burghof führt, der eindrucksvoll die Enge der meisten mittelalterlichen Burganlagen illustriert

Abb. 40: Das Haupttor der Burg wird von einem Eckturm flankiert. Mauer und Turm sind mit einem Rundbogenfries geschmückt.

Abb. 41: Enger geht es kaum noch: Blick vom Bergfried auf den schmalen Burghof zwischen Altem und Neuem Bau.

liegende Alte Bau, in dem sich heute das Burgmuseum befindet.

Im Gegensatz zu vielen anderen Adelsfamilien haben die Freiherren von Gemmingen-Guttenberg ihre Burg zwar nicht gegen ein bequemes Schloss in der Ebene eingetauscht, doch auch sie haben versucht, die einengenden Mauern zu überwinden. Davon zeugt das Brunnenhaus vor der Brücke zur Burg, ein Renaissancebau mit Staffelgiebel von 1555. Seinen Namen hat es von dem daneben gelegenen Brunnen, aber das Element Wasser spielte einst auch in seinem Inneren eine Rolle. Das Erdgeschoss war ursprünglich als offene Halle konzipiert, eine wassersprudelnde Grotte sorgte an heißen Tagen für Abkühlung. So diente das Brunnenhaus der Familie als sommerliches Lusthaus.

Zu jeder Adelsburg gehörte eine Vorburg für die Ökonomiegebäude. Die sich unterhalb der Kernburg entlangziehende Vorburg des Guttenberg ist heute durch die Straße komplett abgetrennt. Dadurch wirkt das erhaltene südliche Tor dieser Vorburg etwas verloren und ist in seiner Funktion nur nachzuvollziehen, wenn man sich die heute von der Straße zerschnittene Verbindungsmauer zwischen Vor- und Kernburg hinzudenkt. Gleichwohl ist dieses Tor der vielleicht malerischste Teil der gesamten Burg (Abb. 42). Es wirkt so verwunschen, wie man sich Ritterburgen gerne vorstellt. Das Tor ist von zwei Türmen flankiert, über der Durchfahrt ist ein Wurferker angebracht, so ähnlich, wie er auch über dem Haupttor gewesen sein könnte. Von innen ist der Wehrgang sehr schön zu sehen. Zwar ist über der Einfahrt die Jahreszahl 1562 angebracht, doch dürfte die Anlage insgesamt eher in das 15. Jahrhundert zu datieren sein.

Die Kapelle liegt tief unterhalb der Burg, versteckt im Wald. Die heutige Kapelle wurde 1471 an der Stelle eines älteren Gotteshauses erbaut. Aufgrund mehrerer Einbrüche ist die Kirche in der Regel verschlossen und wurden die beiden herausragenden Kunstwerke in das Burgmuseum gebracht. Dennoch sollen sie an dieser Stelle beschrieben werden. Erstaunen ruft eine Schutzmantelmadonna vom Ende des 15. Jahrhunderts hervor. Erstaunen deshalb, weil man dergleichen in einer evangelischen Kapelle kaum erwarten würde. Dass sie nicht reformatorischem Eifer zum Opfer fiel, dürfte mit einer alten Sage zusammenhängen, nach der dem Guttenberg so lange kein Unheil drohte, wie die Madonna ihren Mantel schützend über ihn ausbreiten würde. So kam es,

(Abb. 41). Linker Hand erhebt sich der Neue Bau, den die freiherrliche Familie bis heute bewohnt und der daher auch nicht zu besichtigen ist. Der Bau stammt aus der Mitte des 16. Jahrhunderts, bietet in seinem Inneren aufgrund späterer Umbauten aber ein barockes Bild. Zierlicher Stuck schmückt die Innenräume, von denen aus sich ein schöner Blick in das Neckartal öffnet. In spätgotischer Zeit, um 1500, entstand der gegenüber-

dass die evangelische Burgkapelle bis in unsere Zeit hinein das Ziel katholischer Wallfahrer war!

Ebenfalls im Museum befindet sich der Christusaltar der Kapelle. Er wird der Schule des Mainzer Bildhauers Hans Backoffen zugeschrieben. Vor einem schlichten blauen Hintergrund mit goldenen Sternen (die gemmingenschen Farben!) hängt die schonungslos in all ihrer Schwäche dargestellte, ausmergelte Gestalt Jesu am Kreuz. Auftraggeber war wohl Uriel von Gemmingen, der von 1508 bis 1514 Erzbischof-Kurfürst von Mainz war und damit eines der wichtigsten Ämter des Alten Reiches innehatte, war der Erzbischof von Mainz doch zugleich Erzkanzler und damit Rangerster der Kurfürsten. Dass ein Gemmingen diese Position einnahm, spricht für das hohe Ansehen der Familie, aber auch für den Versuch alter, aber zugleich rangniedriger Adelsfamilien, durch den Aufstieg in hohe kirchliche Positionen an Einfluss zu gewinnen.

Die Burgherren

Die ersten, namentlich fassbaren Bewohner der Burg waren die Herren von Weinsberg. Diese Adelsfamilie entstand aus einem staufischen Ministerialengeschlecht, das 1140 mit der gleichnamigen Burg bei Heilbronn belehnt wurde und sich fortan nach dieser nannte. Allzu glücklich wurden sie dort allerdings nicht, denn die Bürger der Stadt Weinsberg (die nur zur Hälfte Lehen der Burgherren war) entwickelten keine besondere Neigung dazu, ihre Freiheiten aufzugeben. Im Gegenteil gingen sie davon aus, dass ganz Weinsberg als Freie Reichsstadt anzusehen sei. 1428 hatten die Bürger dieses Ziel nach langen Auseinandersetzungen erreicht. Für die Herren von Weinsberg rückte spätestens damit eine andere Burg in das Zentrum des familiären Geschehens: der Guttenberg. Es ist anzunehmen, dass sie dort schon von den Staufern als Burgvögte eingesetzt

Abb. 42: Ein malerisches Bild: die äußere Toranlage aus dem 16. Jahrhundert, über der Durchfahrt ist ein Wurferker angebracht.

WILHELM HAUFF AUF DEM GUTTENBERG

Mit seinem Roman *Lichtenstein* gehört der schwäbische Dichter und Schriftsteller Wilhelm Hauff (1802–1827) zu den Protagonisten der Wiederentdeckung des Mittelalters im 19. Jahrhundert in Deutschland. Sein Roman inspirierte Herzog Wilhelm von Urach (1810–1869) zum Wiederaufbau der Burg Lichtenstein auf der Schwäbischen Alb in historisierender Gestalt. Einige Kapitel seines *Lichtenstein* schrieb Hauff auf dem Guttenberg. Von 1824 bis 1826 war er Hauslehrer des württembergischen Kriegsministers Ernst von Hügel, der mit Luise Ernestine von Gemmingen-Guttenberg verheiratet war. Im Sommer kam die Familie gern zu Besuch auf den Guttenberg, und natürlich begleitete der Lehrer seine Schüler dabei. Hauff gefiel es hier ausgesprochen gut. Der Burg und der sie umgebenden Landschaft setzte er in seiner Novelle *Das Bild des Kaisers* ein Denkmal, in der er den Guttenberg unter dem Namen Schloss Thierberg beschreibt und schwärmt: „Wie herrlich ist selbst die Nacht in diesem Tal." Am Burgtor erinnert eine Gedenktafel an den früh verstorbenen Schriftsteller mit dem Vers: „Dem jungen, frohen, farbenhellen Leben, dem Frühling, dem kein Herbst gegeben."

worden waren, nachweislich traten sie als solche seit etwa 1300 in Erscheinung. Vielleicht machten sie – der ewigen Querelen mit den Bürgern von Weinsberg müde – den Guttenberg wesentlich früher als 1428 zu ihrem Hauptsitz. Dafür sprächen die wahrscheinlich in das 14. Jahrhundert zu datierenden und oben dargestellten Um- und Ausbauten, die dementsprechend eine unmittelbare Folge der Herrschaftsverlagerung der Weinsberger gewesen wären.

Zu Beginn des 15. Jahrhunderts standen die Herren von Weinsberg im Zenit ihrer politischen Macht. Konrad von Weinsberg (um 1370–1448) war Reichserbkämmerer und einer der engsten Ratgeber König Sigismunds. Als solcher war Konrad unmittelbar in die Vorbereitung des Konstanzer Konzils 1415 involviert. Besonders wohl soll sich Konrad aber auf dem Guttenberg gefühlt haben; vielleicht weil er dort fernab der höfischen Intrigen war, die Konkurrenten gegen ihn spannen. Denn Fortune hatte der Weinsberger in dem hohen Amt nicht: Weder gelang ihm auf lange Sicht die Konsolidierung und Neuordnung der Reichsfinanzen, noch schaffte er es, aus der Nähe zum König Kapital für sich und seine Familie zu schlagen. Im Gegenteil: Um den Anforderungen an die Position des obersten Kassenhüters gerecht zu werden, verschuldete sich Konrad immer

mehr. Ihm blieb nichts anderes übrig, als Teile seines Besitzes zu verpfänden. 1448 starb Konrad, ein Jahr später erwarb Hans der Reiche von Gemmingen die Burg Guttenberg von dessen minderjährigen Söhnen.

Damit rückt jenes Geschlecht in den Blickpunkt, dem die Burg bis heute gehört: die Herren von Gemmingen. Die Familie benannte sich nach dem ebenfalls im Kraichgau, zwischen Heilbronn und Eppingen gelegenen Dorf Gemmingen, wo sie begütert war. Wie weit sich ihr Stammbaum tatsächlich zurückverfolgen lässt, ist umstritten, in Bezug auf den Guttenberg aber auch unerheblich. Hier wird es erst mit Hans dem Reichen interessant, dessen Beiname nicht von ungefähr kommt. In einer Zeit, in der zahlreiche niederadlige Familien in die Armut absanken und der Ritterstand vielfach ökonomische Schwierigkeiten zu gewärtigen hatte, konnte es sich Hans von Gemmingen leisten, seinen Besitz durch zahlreiche Zukäufe und Pfandnahmen abzurunden. Darunter gehörte wie erwähnt die Burg Guttenberg, die Hans mitsamt der umliegenden Güter und den dazugehörenden Rechten für 6000 Gulden erwarb. Dies hatte er vor allem seiner Frau Katharina zu verdanken, die aus dem begüterten Geschlecht der Landschaden von Steinach stammte. Sie war das einzige Kind ihres Vaters und brachte 24 000 Gulden in die Ehe. Als Hans der Reiche 1490 starb, hinterließ er seinem Sohn Pleikard eine geordnete, wohl ausgestattete Herrschaft mit dem Guttenberg als Zentrum. Pleikard nahm 1487 an dem von Kaiser Maximilian I. ausgerichteten Reichsturnier teil. Ein Zinnfigurendiorama lässt dieses Spektakel im Burgmuseum lebendig werden.

Historisch interessant wird die Geschichte der Herren von Gemmingen vor allem in der Reformation. Dass der Kraichgau zu den ersten Gebieten gehörte, in denen sich die Ideen Martin Luthers verbreiten konnten, wurde vielfach mit dem Generalkapitel der deutschen Augustinereremiten 1518 in Heidelberg in Verbindung gebracht. Vor den dort versammelten Ordensmännern, Vertretern des kurpfälzischen Hofes, Dozenten und Studenten der Heidelberger Universität entfaltete Luther erstmals öffentlich seine zentralen Gedanken über die Gnadenlehre. Unter den Zuhörern waren zwei Männer, die für die Ausbreitung der Reformation auf gemmingenschem Gebiet von entscheidender Bedeutung wurden: Martin Bucer, damals noch Dominikanermönch, und Erhard Schnepf, Magister an der Universität.

Das Erbe des 1515 verstorbenen Pleikard war im Teilungsvertrag von 1518 auf die Brüder Wolf, Philipp und Dietrich verteilt worden, wobei Letzterer hier im Mittelpunkt stehen soll, war er doch der Erbe der Burg Guttenberg. Zwei der Brüder – Wolf und Dietrich – nahmen 1521 am Reichstag von Worms teil, auf dem sich Luther standhaft weigerte, seine Thesen zu widerrufen. Dietrich von Gemmingen muss von diesen Ereignissen nachhaltig beeindruckt gewesen sein, denn Ende 1522 berief er den aus Württemberg vertriebenen Erhard Schnepf als Prediger auf den Guttenberg. Andere evangelische Geistliche folgten (insgesamt 20 sollen es schließlich gewesen sein), so dass die Bezeichnung des Guttenberg „als Wartburg Süddeutschlands" gar nicht so überzogen ist.

Es waren keine machtpolitischen Erwägungen, die Dietrich zu diesem Schritt veranlassten – da hätte er sich besser abwartend verhalten –, sondern ehrliche Überzeugung. Dabei diskutierte Dietrich nicht nur mit anderen Rittern über die Kontroversen unter den Reformatoren, sondern suchte auch das Gespräch mit Johannes Brenz, der häufig auf den Guttenberg kam. So wollte er im Oktober 1525 von Brenz wissen, welche Auffassungen es unter den evangelischen Predigern in der Abendmahlsfrage gebe. Die Reformatoren der Region waren in dieser Frage gespalten: Brenz unterstützte Luther, die Straßburger Reformatoren und der Heidelberger Professor Simon Grynaeus standen auf der Seite des Zürcher Reformators Zwingli. Als Ort für ein klärendes Gespräch schlug Brenz die Burg Guttenberg vor. Tatsächlich fand eine solche Disputation Ende 1525 auf Einladung Wolfs von Gemmingen statt, zwar mit einem eingeschränkten Teilnehmerkreis (ohne Vertreter aus Straßburg), doch zeugt der Fakt allein von der Bedeutung des Guttenberg und der Familie von Gemmingen für die Durchsetzung der Reformation.

Sogar Kaiser Karl V. soll der Einsatz der Brüder von Gemmingen für die evangelische Sache ein Dorn im Auge gewesen sein. Die Familienchonik berichtet, dass er eigens nach Heilbronn gekommen sei, um sie auf den „rechten Weg" zurückzubringen. Doch diese blieben hart und sollen dem Mann, in dessen Reich die Sonne niemals unterging, zur Antwort gegeben haben: „Es täte ihnen herzlich leid, seine Kaiserliche Majestät als ihr nächst Gott oberstes Haupt zu betrüben oder etwas zuwider handeln, so wollen sie doch solches eher tun, als Gott zu erzürnen und seine reine Lehre abzuschaffen." Als Dietrich von Gem-

mingen 1526 starb, hielt ihm Johannes Brenz die Leichenpredigt: „ein gottsforchtiger Mann und Fürderer derer evangelischer christlicher Lehr" sei er gewesen, lobte der Reformator. Das Grabmal Dietrichs befindet sich an der Außenwand der Burgkapelle.

Rundgang

Das Burgmuseum im Alten Bau wurde vor einigen Jahren komplett umgestaltet und für breite Besuchergruppen attraktiv gemacht. Im ersten Raum, der alten Burgküche mit ihrem von Ruß geschwärzten Gewölbe, geht es um Burgenbau, Rittertum und mittelalterliches Leben im Allgemeinen. Stilecht wird der Besucher von einem Ritter zu Pferd empfangen, der sein Schwert drohend schwingt und die gemmingenschen Farben Blau und Gold trägt. Im Hintergrund hört man das Rasseln der Zugbrücke, das Trappeln des Pferdes, Schwertergeklirr und Kampfgeschrei. Auf leicht verständlichen Schautafeln erfahren die Besucher Wissenswertes über den Burgenbau und das Leben der Ritter. Ein Zinnfigurendiorama zeigt den Guttenberg um 1390, ein eindrucksvoller, bis heute reichender Stammbaum gibt Aufschluss über die Familie von Gemmingen mit ihren verschiedenen Verzweigungen. Waffen und Helme komplettieren das Bild.

Vom Erdgeschoss geht es hinauf in eine weitere kleine Küche im ersten Stock. Fast unscheinbar auf dem Boden steht das älteste Küchengerät auf dem Guttenberg: ein Mörserstein aus dem 14. Jahrhundert. Auch in der Küche (Abb. 43) wird das Ziel deutlich, ein lebendiges Bild vom Leben einer Adelsfamilie im Lauf der Jahrhunderte zu vermitteln. So erfahren die Besucher, dass es auch auf einer Burg nicht täglich Fleisch gab, Lachs einst ein Arme-Leute-Essen war und die Gemmingens nur bei Familienfeiern üppig auftischten. Dann aber waren Speisenfolgen von 25 Gängen üblich.

Breiter Raum wird dem religiösen Leben gewidmet. Neben den erwähnten Kunstwerken aus der Burgkapelle sind hier Exponate zu sehen, die in Verbindung mit der Reformation stehen, so eine Ausgabe des *Concordienbuches* mit dem Bekenntnis der evangelischen Stände. In die Zeit der konfessionellen Auseinandersetzungen entführt ein weiteres Diorama im zweiten Stockwerk, das die Schlacht bei Wimpfen im Mai 1622 darstellt. Zwar gehört keineswegs auf jede Burg eine Fol-

Abb. 43: Die offene Feuerstelle im ersten Stock ist mit zahlreichen Küchenutensilien aus vergangenen Jahrhunderten ausgestattet.

terkammer. Doch verlieh Kaiser Maximilian I. der Familie von Gemmingen für die Herrschaft Guttenberg 1497 die Hohe Gerichtsbarkeit. Dementsprechend haben die ausgestellten Utensilien des spätmittelalterlichen und frühneuzeitlichen Strafrechts – vom Schwert des Henkers bis zu den obligatorischen Ketten – auf dem Guttenberg ihre Berechtigung.

Zu den herausragenden Sehenswürdigkeiten des Burgmuseums gehört die Holzbibliothek, die durch eine Erbschaft auf den Guttenberg gekommen ist. Angelegt wurde sie ursprünglich um 1790 durch Carl von Hinterlang an der forstbotanischen Fakultät der Universität Linz, wohl als

Anschauungsunterricht für angehende Forstleute. Insgesamt besteht die „Xylothek" aus 93 Bänden bzw. hölzernen Kästchen, die jeweils einem Baum oder einer Strauchart gewidmet sind. Jedes dieser Kästchen ist aus dem Holz der beschriebenen Art gefertigt, der Buchrücken aus der Rinde. Klappt man das „Buch" auf, liegen darin Blätter, Früchte, Samen etc. Auf der Innenseite des Buchrückens wird die jeweilige Baumart ausführlich beschrieben.

In den Zwingern der Burg hat die Deutsche Greifenwarte ihren Sitz. Besucher können die rund 100 Vögel aus nächster Nähe anschauen, zudem finden täglich Flugvorführungen statt.

Abb. 44: Mit ihrer bewegten Umrisslinie wirkt die Burg Hohenzollern wie ein Bühnenbild in
der malerischen Landschaft der
Schwäbischen Alb.

BURG HOHENZOLLERN

VON DER MITTEL-ALTERLICHEN VESTE ZUM NEUGOTI-SCHEN FAMILIEN-MONUMENT

Ulrich Feldhahn

Die Burg Hohenzollern (Abb. 44) hat im Lauf der Jahrhunderte einen steten Wandel ihrer Funktion und Bedeutung erfahren, der bis in die Gegenwart reicht. Dienten ihre Vorgängerbauten primär dem Schutz und der Verteidigung ihrer Bewohner, wurde die heutige Anlage vor allem als ein national-dynastisches Denkmal errichtet. Auch für die Nachfahren des Kaiserhauses hat sie nach dem nahezu gänzlichen Verlust der einstigen Besitzungen im 20. Jahrhundert einen neuen Stellenwert erlangt.

Die Burgherren

Wie bei zahlreichen großen Dynastien liegen auch die Anfänge der Hohenzollern im Dunkeln. Ihre erste urkundliche Erwähnung ist in der *Weltenchronik* des Reichenauer Mönches Berthold zu finden, der darin für das Jahr 1061 vermerkte, dass *Burchardus et Wezil de Zolorin* eines gewaltsamen Todes gestorben sind, ohne nähere Hintergründe zu nennen. Eine Abstammung vom alemannischen Geschlecht der Burkhardinger ist denkbar, jedoch bislang nicht zu beweisen. Ebenso bestehen zur Herkunft des Namens, der sich aus Vorformen wie „Zolorin", „Zolre" oder „Zolr" im 14. Jahrhundert zu „Hohenzollern" entwickelte, verschiedene Erklärungen. Einige sehen darin einen Hinweis auf einen hier praktizierten heidnischen Sonnenkult, andere eine Anspielung auf den Begriff „Söller", der eine in Obergeschossen angebrachte Fläche im Freien bezeichnet und sich vom lateinischen *solarium* (Sonnendach) ableitet. Früher angenommene Beziehungen zur altrömischen Familie der Colonna oder dem lombardischen Geschlecht der Collato sind aus heutiger Sicht abwegig.

1188 heirate Graf Friedrich III. von Zollern (gest. nach 1200) die Erbtochter des Burggrafen zu Nürnberg und wurde nach dem Tod seines Schwiegervaters 1192 selbst mit der Burggrafschaft belehnt. Seine beiden Söhne nahmen daraufhin eine Erbteilung vor, aus der die beiden heute noch bestehenden Hauptlinien des Hauses Hohenzollern hervorgingen. Der schwäbische Zweig der Familie spaltete sich im 16. Jahrhundert in die Linien Hohenzollern-Sigmaringen, Hohenzollern-Hechingen (ausgestorben 1869) und Hohenzollern-Haigerloch (ausgestorben 1634). In der Reformation hielten die schwäbischen Hohenzollern am katholischen Glauben fest. 1623 wurden die Linien Hechingen und Sigmaringen

in den Fürstenstand erhoben. Da es ihnen nicht gelang, ein einheitliches, größeres Territorium herauszubilden, kam ihnen auf der politischen Ebene nur noch regionale Bedeutung zu. Einzelne Mitglieder kamen aber in Diensten des habsburgischen Kaiserhauses in hohe militärische und Verwaltungsämter.

Demgegenüber gelangen der fränkischen Linie kontinuierliche Besitzerweiterungen in Mittel- und Oberfranken. Im Jahr 1415 wurde Burggraf Friedrich VI. (1371–1440) zum Markgrafen, 1417 zum Kurfürsten von Brandenburg ernannt, wodurch sich der Schwerpunkt des Herrschaftsgebietes allmählich nach Norden verlagerte. Im Jahre 1701 krönte sich Kurfürst Friedrich III. von Brandenburg (1657–1713) zum preußischen König. Unter seinen Nachfolgern entwickelte sich Preußen zu einer Großmacht von europäischem Rang, die erst durch die Auseinandersetzungen mit dem napoleonischen Frankreich vorübergehend ins Wanken geriet. Seinen Höhepunkt erreichte der Aufstieg des Hauses Hohenzollern mit der Proklamation König Wilhelms I. zum Deutschen Kaiser am 18. Januar 1871 im Spiegelsaal des Schlosses von Versailles.

Baugeschichte

Vermutlich bestand auf dem Zollerberg schon im 11. Jahrhundert eine befestigte Anlage, deren Aussehen jedoch nicht bekannt ist. Es scheint sich aber einer Straßburger Chronik zufolge, die vom „vesteste[n] Hauss in teutschen Landen" spricht, bereits um einen eindrucksvollen Bau gehandelt zu haben. Ausgrabungen von Fundamentresten lassen auf ein vergleichsweise weiträumiges Ensemble mit mehreren im Halbrund hervorspringenden Türmen im Westen, einem Hauptturm auf quadratischem Grundriss an der Stelle des heutigen Burghofs sowie einem runden „Lug-ins-Land" im Osten schließen. Diese Burg wurde 1423 infolge eines Erbstreits zwischen den feindlichen Zollern-Brüdern Friedrich VII. (gest. 1443) genannt „der Öttinger" und Eitel Friedrich I. (gest. 1439) nach einer zehnmonatigen Belagerung durch 18 schwäbische Reichsstädte und die Gräfin Henriette von Württemberg eingenommen und dem Erdboden gleichgemacht

König Sigismund erließ damals ein Verbot des Wiederaufbaus „zu ewigen tzeiten", das jedoch bereits sein Nachfolger wieder aufhob, so dass Graf Jos Niklas von Zollern (gest. 1488) im Jahr

1454 mit der Wiederherstellung beginnen konnte. Sieben Jahre später wurde die St.-Michaels-Kapelle eingeweiht, die als einziges Gebäude aus dieser Bauphase bis heute erhalten geblieben ist. Die zweite Burg stellte sich als eine hufeisenförmig gruppierte, im Westen durch drei große Wehrtürme gesicherte Anlage dar, die in ihrer Grunddisposition auch für den Wiederaufbau im 19. Jahrhundert maßgeblich sein sollte, wenngleich man sich diesen spätmittelalterlichen Bau ungleich schlichter und funktionaler vorstellen muss.

Als der Grundstein für die zweite Burg gelegt wurde, neigte sich das klassische Burgenzeitalter eigentlich schon seinem Ende zu. So verlegten auch die Hohenzollern ihre Residenz in das im Tal gelegene Hechingen, während die Stammburg nur noch als Rückzugsort in Kriegszeiten diente. Vor dem 30-Jährigen Krieg wurde sie von einem tiefer liegenden Basteienkranz nach italienischem Vorbild umgeben und galt danach als uneinnehmbar, musste dennoch 1634 nach neunmonatigem Aushungern durch württembergische und schwedische Truppen kampflos übergeben werden. In der Folgezeit fand ein rascher Besitzerwechsel statt, bis sich schließlich 1667 Österreich durch ein Öffnungstraktat etwa 100 Jahre lang das Besatzungsrecht sicherte. Bereits während dieser Zeit war die Anlage zunehmend dem Verfall preisgegeben und präsentierte sich schließlich zu Beginn des 19. Jahrhunderts nur noch als eine Ruine.

Im Jahre 1819 besuchte der preußische Kronprinz und nachmalige König Friedrich Wilhelm IV. (1795–1861) im Rahmen einer Reise durch Südwestdeutschland den Ursprungsort seiner Vorfahren. Die Besichtigung an einem herrlichen Sommerabend beeindruckte den vom romantischen Geist erfüllten, geschichtlich wie künstlerisch überaus interessierten Thronfolger so sehr, dass er bereits damals den Gedanken an einen Wiederaufbau fasste. Bis zu dessen Verwirklichung sollten jedoch noch mehrere Jahrzehnte vergehen, zumal die von seinem Vater hierfür bewilligten Gelder zunächst an keine grundsätzliche Wiederherstellung denken ließen.

Mit dem Auftreten von Rudolf Freiherr (seit 1861 Graf) von Stillfried-Rattonitz (1804–1882) erhielt das Vorhaben einen wichtigen neuen Impuls. Dieser hatte 1830 die Bekanntschaft des Kronprinzen gemacht und danach begonnen, die ältere Geschichte der Hohenzollern zu erforschen. Dabei setzte er sich fortan unermüdlich für den Wiederaufbau der Stammburg ein, indem er auch die bislang ungeklärte Frage der Finanzierung mit diplomatischem Geschick aushandelte. Schließlich einigte man sich 1846 vertraglich darauf, dass Preußen zwei Drittel der Baukosten, die Fürsten von Hohenzollern-Hechingen und Hohenzollern-Sigmaringen zusammen ein Drittel übernehmen sollten. Auf dieser Verteilung basieren auch die heutigen Eigentumsverhältnisse. Mit der Erstellung der architektonischen Entwürfe betraute man Friedrich August Stüler (1800–1865), den nach seinem berühmten Lehrer Karl Friedrich Schinkel (1781–1841) wohl bedeutendsten Vertreter der Berliner Bauschule, der auch am Wiederaufbau von Schloss Stolzenfels bei Koblenz oder der Umgestaltung des Schlosses in Schwerin mitwirkte.

Die mit der Errichtung einer Fahrstraße begonnenen Arbeiten gerieten jedoch durch die Revolution von 1848 bald wieder ins Stocken. Als sich für die beiden süddeutschen Hohenzollern-Fürsten die Gefahr abzeichnete, durch interne Tumulte gestürzt oder vom benachbarten Württemberg einverleibt zu werden, trugen sie ihr Herrschaftsgebiet dem mächtigen Verwandten in Berlin an, der – selbst vom Gottesgnadentum überzeugt und auf die Ereignisse jener Tage mit Unverständnis und Unentschlossenheit reagierend – erst nach einigem Zögern einwilligte. Dadurch war auch im Hinblick auf den geplanten Wiederaufbau der Stammburg eine veränderte politische Situation entstanden, indem die einstigen Stammlande nun preußisches Territorium geworden waren. Vor diesem Hintergrund wurde beschlossen, die Burg wieder zu befestigen, um sie im Falle etwaiger wiederkehrender Krisenzeiten als ein „Refugium" nutzen zu können (Abb. 45). Die Pläne hierfür lieferte der zugleich am Bau der Bundesfestung in Ulm beschäftigte Oberst Moritz von Prittwitz und Gaffron (1795–1885). Um Raum für die Unterbringung einer ständigen Militärbesatzung zu gewinnen, wurden die Entwürfe Stülers um ein Geschoss erhöht.

Am 23. September 1850 legte Prinz Wilhelm von Preußen (1797–1888), der Bruder und spätere Nachfolger des Königs, den offiziellen Grundstein; im Jahr darauf nahmen die beiden am 26. August im Burghof die „Erbhuldigung" der hohenzollerischen Lande entgegen. Friedrich Wilhelm IV. kehrte nochmals 1856 anlässlich der Vollendung des Rohbaus zurück, erlitt jedoch im Folgejahr den ersten mehrerer Schlaganfälle und verstarb 1861, ohne das Resultat seiner Bemü-

Abb. 45 (links): Obwohl als Familiendenkmal geplant, erhielt die Burg Hohenzollern auch umfangreiche Verteidigungsanlagen. Doch gleichwohl wurde hier auf romantische Elemente, wie die Torwächter über der Tunneleinfahrt, nicht verzichtet.

hungen jemals gesehen zu haben. Die eigentliche Einweihung der Burg erfolgte am 3. Oktober 1867 durch König Wilhelm I., dem bei dieser Gelegenheit eine Adresse des Norddeutschen Reichstags überreicht wurde, in der dem Beitritt der süddeutschen Staaten zum Norddeutschen Bund zugestimmt wurde, worin ein weiterer Schritt auf dem Weg zur vier Jahre später erfolgten Reichsgründung zu sehen war.

Tatsächlich stellte sich die Burg nach ihrer Fertigstellung als ein zwar bewohnbares, vorrangig aber didaktisch konzipiertes Familiendenkmal dar. Während die von Stüler im Stil der Neugotik gehaltenen Baukörper und Innenräume neben deutschen Vorbildern auch spätmittelalterliche Architektur in England, Frankreich und Italien rezipierten, überwiegen in der maßgeblich von Graf Stillfried bestimmten Innengestaltung genealogische und historische Sachverhalte, die eine weit zurückreichende Bedeutung der Hohenzollern vermitteln und damit ihre Vormachtstellung legitimieren sollten. Obgleich sich die Aufenthalte von Mitgliedern des Herrscherhauses auf der Burg in den folgenden Jahrzehnten meist auf wenige Stunden beschränkten, lockte sie bereits während ihrer Bauzeit zahlreiche Besucher an und hat bis heute nichts von ihrer anziehenden Wirkung verloren.

Rundgang

Die weithin sichtbare Silhouette der Burg Hohenzollern kann je nach Betrachterstandpunkt und Wetterlage heiter bis bedrohlich wirken. Effektvoll wurde sie mit ihrer bewegten Umrisslinie in die Landschaft entlang des Albtraufs hineinkomponiert und weckt sicherlich nicht unbeabsichtigte Assoziationen zu zeitgenössischen Bühnenbildern. Bevor der Besucher die sich den Berg hinauf windende Fahrstraße oder den steileren Fußweg erklommen hat, begegnet ihm auf halber Höhe ein Rundturm mit spitzem Kegeldach, der im 19. Jahrhundert zur Sicherung der Wasserversorgung aus der nahe gelegenen Fuchslochquelle errichtet wurde. Diese versiegte

jedoch 1911 in Folge eines Erdbebens und musste durch ein neues Pumpwerk an anderer Stelle ersetzt werden.

Den eigentlichen Eingang zur Burganlage bildet das Adlertor, in dessen Giebelfeld der erste brandenburgische Kurfürst aus dem Hause Hohenzollern als Relief zu Pferd dargestellt ist. Darüber erscheint der Adler als preußisches Wappentier mit dem Wahlspruch des 1851 gestifteten hohenzollerischen Hausordens „Vom Fels zum Meer" in Anspielung auf den geografischen Werdegang der Familie. Die sich anschließenden Auffahrtsanlagen gelten als eine Meisterleistung der Festungsbaukunst des 19. Jahrhunderts. Auf einer vergleichsweise geringen Grundfläche von etwa 55 auf 40 Metern gelang es, einen Höhenunterschied von 25 Metern zu überwinden, indem drei ellipsenförmige Schleifen angelegt wurden, die sich gegenseitig überschneiden und durch mehrere Zugbrücken und Tore gesichert werden konnten. Die ganze Raffinesse dieses Entwurfs erschließt sich nach dem Passieren der als Tunnel gestalteten letzten Wendung beim Blick von der durch zwei steinerne Wächter flankierten Mauer.

Der das eigentliche Hochschloss umgebende Basteienkranz des 17. Jahrhunderts wurde unter Beibehaltung der historischen Bezeichnungen erneuert. Dies wird auch auf dem Grundriss ersichtlich (Abb. 46). Von dem ursprünglich zur Aufstel-

Abb. 46: Grundriss der Burg Hohenzollern. Wie der Vorgängerbau des 15. Jahrhunderts, ist auch die neugotische Burg von einem Basteienkranz umgeben.

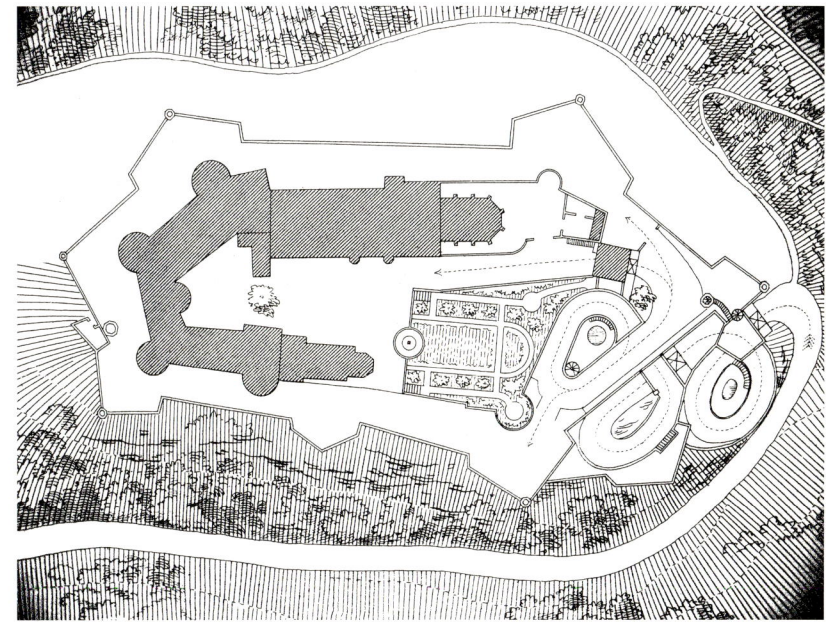

Abb. 47: In der Stammbaumhalle wird die Verwandtschaft der Hohenzollern mit den Kaiserhäusern des Mittelalters herausgestellt – die Hohenzollern erscheinen so als deren legitime Erben.

lung von Geschützen gedachten Areal eröffnet sich ein grandioser Rundblick auf die Umgebung, der bei klarer Sicht bis zu 100 Kilometer weit reicht. Die entlang der Fassaden aufgestellten überlebensgroßen Bronzestatuen zeigen die Reihe der brandenburgisch-preußischen Herrscher vom Großen Kurfürsten bis zu Kaiser Wilhelm I. Auf der südöstlichen St.-Michaels-Bastei wurde ein kleiner Privatfriedhof angelegt, auf dem unter anderem Kronprinz Wilhelm (1882–1951) und seine Gemahlin Cecilie (1886–1954) ihre letzte Ruhestätte fanden. Nach Überwinden der hinter dem Torturm liegenden letzten Steigung befindet man sich auf dem Burghof, der in seiner pittoresken Umschließung gleichfalls an eine Theaterkulisse erinnert.

Links befindet sich der etwas tiefer gelegene Burggarten, der jedoch seiner einstigen Gestaltung mit ornamentalen Beeten und einer großartigen Brunnenanlage beraubt wurde. Von ihr hat sich lediglich die Statue König Friedrich Wilhelms IV. erhalten, die heute vor dem Chor der St.-Michaels-Kapelle aufgestellt ist. Deren helles Mauerwerk lässt im Unterschied zu dem im 19. Jahrhundert verwendeten gelblichen Malbstein deutlich erkennen, dass es sich um den ältesten Abschnitt der Burg handelt. Gegenüber befindet sich die evangelische Christuskapelle, an die sich das ehemalige Wehrhaus anschließt. Als Anregung für die benachbarte Freitreppe dienten Stüler oberitalienische Palazzi, die er auf Reisen selbst kennen gelernt und skizziert hatte. Sie führt in die Repräsentationsräume des ersten Stocks, deren Auftakt die sogenannte Stammbaumhalle (Abb. 47) bildet.

Nach dem Vorbild englischer und italienischer Paläste wurde an ihren Wänden der Stammbaum der Hohenzollern angebracht. Auf der Kaminseite wird zugleich die vermeintliche Verwandtschaft mit den Häusern Hohenstaufen, Habsburg, Burgund und Baden dargestellt, doch würde dieser „genealogische Parforceritt" heutigen wissenschaftlichen Maßstäben nicht mehr standhalten. Der anschließende Grafensaal (Abb. 48) ist der größte und repräsentativste Raum der Burg. Mit seinem auf schlanken Marmorsäulen ruhenden, durch Goldranken verzierten Kreuzrippengewölbe vermittelt er eine geradezu sakrale Atmosphäre, die an einen dreischiffigen Kirchenraum denken lässt. Tatsächlich wurde Stüler laut eigener Aussage bei der Gestaltung dieses Fest- und Speisesaals von der Unterkirche der Sainte-Chapelle in Paris sowie der Kapelle der Burg Karlstein bei

KELLER, KASEMATTEN UND EIN GEHEIMGANG

Im Jahr 2001 wurden auf der Burg Hohenzollern bis dahin verschüttete Gänge und Kasematten, also bombensicher eingewölbte Kellerräume der mittelalterlichen Vorgängerburgen, entdeckt. Diese dienten den früheren Burgmannschaften im Belagerungszustand als Aufenthalts- und Vorratsräume. Später wurden sie teilweise in die Befestigungsanlagen des 19. Jahrhunderts integriert und dienten theoretisch auch der bis 1919 auf der Burg stationierten Einheit als etwaiger Zufluchtsort.

Mit diesen unterirdischen Räumen verbindet sich zugleich die Sage von einem Geheimgang, durch den eine junge Frau während der Belagerung der ersten Burg 1422/43 in das Burginnere gelangt sein soll, um die Verteidiger heimlich mit Lebensmittel und Arznei zu versorgen. Da sie dies stets nachts und in weißer Kleidung tat, hielten sie die Belagerer für eine Erscheinung der „Weißen Frau", einer geheimnisvollen Unheilsbotin der Hohenzollern, und ließen sie passieren.

Obgleich derartige Geschichten auch unzählige andere Burgen umranken, ist im Falle der Burg Hohenzollern ein solcher „geheimer Gang" tatsächlich auf einer Zeichnung aus dem Jahre 1630 nachzuweisen. Eine derartige Ausfallpforte, auch Poterne genannt, durch die man im Bedarfsfall auch unter Feuerdeckung das Burgareal verlassen konnte, wurde sogar noch im 19. Jahrhundert angelegt. Inzwischen sind die Keller und Kasematten der Burg der Öffentlichkeit zugänglich gemacht worden und man überlässt es der Phantasie eines jeden Einzelnen, was sich dort in früheren Zeiten abgespielt haben mag …

Prag inspiriert. Die Kerzen der vergoldeten Bronzeleuchter werden auch heute noch zu Konzerten und Festen angezündet, wodurch der Raum in ein feierlich-schimmerndes Licht getaucht wird, wie es elektrische Beleuchtungskörper nie erzeugen könnten.

In der Bibliothek sollte nach Vorstellung Stillfrieds vor allem Literatur zur Geschichte der Burg und des Hauses Hohenzollern aufbewahrt werden. Über den Schränken wurden Wandgemälde des Berliner Historienmalers Wilhelm Peters (1817–1903) angebracht, die Sagen und historische Begebenheiten aus der Zeit der ersten beiden Burgen, darunter die Zerstörung im Jahre 1423 sowie die Grundsteinlegung zum Wiederaufbau, in einer dem damaligen Zeitgeschmack entsprechenden idealisierten Weise wiedergeben. Über dem Kamin befindet sich ein Abguss der in der Nürnberger Werkstatt des Peter Vischer (um 1460–1529) entstandenen Grabplatte des Grafen

Abb. 48: Der Grafensaal ist der größte und repräsentativste Raum der Burg. Mit seinen schlanken Marmorsäulen und dem Kreuzrippengewölbe vermittelt er eine geradezu sakrale Atmosphäre.

Eitel Friedrich II. (1452–1512) und seiner Gemahlin Magdalena von Brandenburg (1460–1496), deren Original sich in der Hechinger Stiftskirche St. Jakobus befindet.

Der sich anschließende Trakt war als Wohnung des Königspaares gedacht, während sich im darüber liegenden Stockwerk die Gemächer der Fürstenfamilie befanden. Das als Salon des Königs

eingerichtete Markgrafenzimmer im gleichnamigen Turm gewährt erneut einen reizvollen Ausblick auf die umliegende Landschaft. Das benachbarte Schlafzimmer wurde tatsächlich nur einmal von einem Mitglied des Hauses bewohnt, als sich Kronprinz Wilhelm, der älteste Sohn Kaiser Wilhelms II. (1859–1941), nach dem Zweiten Weltkrieg einige Monate auf der Burg aufhielt, bevor

er noch im Herbst 1945 nach Hechingen zog. In den folgenden Räumen, die ursprünglich für den Kammerdiener und die Kammerfrau sowie als Schlafzimmer der Königin gedacht waren, hat sich die einstige bewegliche Ausstattung nicht erhalten, weshalb hier heute vorwiegend Gemälde, darunter bedeutende Familienporträts sowie historische Ansichten Berlins, ausgestellt werden.

Während die privaten Wohnräume eher bescheiden eingerichtet waren, erhielt das aufgrund der Farbe seiner Polstermöbel auch als „Blauer Salon" bezeichnete Königinzimmer mit einem aus fünf Hölzern bestehenden Fußboden, schwarzen Marmorsäulen und einer vergoldeten Kassettendecke eine ausnehmend prächtige Erscheinung. In seiner wandfesten Gestaltung finden

sich immer wieder Anspielungen an weibliche Mitglieder des Herrscherhauses, wie in den Porträts der brandenburgischen Kurfürstinnen im Fries unter der Decke oder der Initiale „A" auf den goldfarben bemalten Wänden, die für Königin Augusta (1811–1890), die Gemahlin Wilhelms I. steht (Abb. 49).

In der ehemaligen Burgküche ließ der vormalige Chef des Hauses Prinz Louis Ferdinand von Preußen (1907–1994) nach dem Zweiten Weltkrieg eine Schatzkammer einrichten, um in ihr Kunstgegenstände und Erinnerungsstücke aus vorwiegend Berliner und Potsdamer Schlössern auszustellen, die im Besitz der Familie verblieben waren. Zu den bedeutendsten Exponaten gehören die preußische Königskrone in ihrer

Abb. 49: Das ganz in Gold und Blau gehaltene Königinzimmer, auch „Blauer Salon" genannt, ist besonders prächtig gestaltet. Der Fußboden weist ein geometrisches Muster aus fünf verschiedenen Hölzern auf.

Fassung von 1889, diverse Tabaksdosen, Krückstöcke und Flöten Friedrichs des Großen (1712–1786) sowie ein silberbesticktes Kleid, das die legendäre Königin Luise von Preußen (1776–1810) bei ihrer folgenreichen Begegnung mit Kaiser Napoleon (1769–1821) 1807 in Tilsit getragen haben soll.

Auch in der spätgotischen St.-Michaels-Kapelle befinden sich kunsthistorisch bedeutsame Objekte, wie die drei in die Wände des Chorraums eingelassenen Sandsteinreliefs, die bei Bauarbeiten im frühen 19. Jahrhundert gefunden wurden und stilistisch der Spätromanik zuzuordnen sind, also noch aus der Zeit der ersten Burg stammen. Sie zeigen den heiligen Michael als Drachentöter, die Anbetung der Könige sowie den Apostel Petrus und den Evangelisten Johannes. Die farbigen Fenster stammen aus dem 13. Jahrhundert und befanden sich ursprünglich in der als Grablege der Hohenzollern eingerichteten Klosterkirche in Stetten bei Hechingen. Sie gehören zu den bedeutendsten Glasmalereien Südwestdeutschlands und zeigen unter anderem das älteste bekannte Wappen der Hohenzollern, den weiß-schwarz gevierten Wappenschild mit Pfauenfedern als Helmzier. Die in der Epoche der Spätgotik entstandene Lindenholzskulptur in der Vorhalle zeigt den heiligen Georg im Kampf mit dem Drachen und stammt aus dem zeitweilig hohenzollerischen Rhäzüns in der Schweiz.

Aufgrund der unterschiedlichen Konfessionen der beiden Familienzweige ließ König Friedrich Wilhelm IV. von Preußen auch eine evangelische Kapelle erbauen. Sie lässt in ihrer Erscheinung die Oberkirche der Pariser Sainte-Chapelle als eines ihrer Vorbilder erkennen. Die gusseisernen Ausstattungsstücke wie Kanzel, Rednerpult oder Taufbecken wurden in der königlichen Eisengießerei in Berlin hergestellt. In dieser Kirche befanden sich auch 39 Jahre lang die Särge Friedrichs des Großen und seines Vaters Friedrich Wilhelm I. (1688–1740), des sogenannten Soldatenkönigs. Nachdem die beiden Monarchen zunächst in der Potsdamer Garnisonkirche beigesetzt waren, wurden sie während des Zweiten Weltkrieges ausgelagert und nach Kriegsende in die Marburger Elisabethkirche verbracht, bis Prinz Louis Ferdinand von Preußen 1952 beschloss, seine Vorfahren auf die Burg Hohenzollern bringen zu lassen. Nach der Wiedervereinigung Deutschlands konnten sie 1991 wieder nach Potsdam zurückkehren, wo Friedrich der Große seinem Testament entsprechend auf der Terrasse vor Schloss Sanssouci bestattet wurde, während sich der Sarg seines Vaters heute im Mausoleum an der Friedenskirche befindet.

Abb. 50: Hoch über dem Mittleren Rheintal ragt die Marksburg
über Braubach empor. Marken-
zeichen dieser klassischen
Höhenburg ist das „Butterfass"
auf dem Bergfried.

MARKSBURG

DIE EINZIGE GIPFELBURG AM RHEIN

Magnus Backes

Im Jahr 2002 wurde das Mittelrheintal von der UNESCO zum Weltnatur- und -kulturerbe erklärt. Dies geschah nicht nur wegen der geologischen, pflanzen- und tierkundlichen, historischen und kunstgeschichtlichen Bedeutung dieser Kulturlandschaft, sondern auch, weil sie eine der reichsten Burgenlandschaften der Welt darstellt. Auf der nur 60 Kilometer langen Gebirgsstrecke von Rüdesheim bis Koblenz gibt bzw. gab es rund 40 mittelalterliche Wehr- und Burganlagen. Sie wurden fast alle in den Raubkriegen Ludwigs XIV. von Frankreich 1689 oder durch französische Revolutionstruppen 1793 niedergebrannt und zerstört, der Rest verfiel wegen Bedeutungsverlust oder mangelnder Nutzung. Doch nur wenige Burgen sind heute noch historische Ruinen (beispielsweise Fürstenberg, Ehrenfels, teilweise Schönburg und Rheinfels). Die übrigen wurden im 19. und frühen 20. Jahrhundert wiederaufgebaut und spiegeln fast lehrhaft die Bauentwicklung von der Romantik und Neugotik (Rheinstein oder Stolzenfels) bis zum Späthistorismus (Lahneck, Katz und Maus oder Reichenstein).

Lediglich vier Burgen haben unzerstört ihr mittelalterliches, im Barock teilweise überformtes Erscheinungsbild gewahrt, die beiden am Strom liegenden Wasserburgen Boppard und Martinsburg (Oberlahnstein), die auf einem Felsen inmitten des Flusses gelegene Zollburg Pfalzgrafenstein und die auf hohem steilem Fels kühn und elegant aufragende Marksburg (Abb. 50). Als noch weitgehend mittelalterliche Höhenburg steht sie am ganzen Rheinlauf einzigartig da. Durch ihre Gipfellage unterscheidet sich die Marksburg von den für das Flusstal ansonsten typischen Hang- und Abschnittsburgen. Diese waren vom anschließenden, meist ansteigenden oder höher liegenden Höhenrücken bzw. Höhengrat aus stets angriffsgefährdet und schützten sich daher an dieser Seite durch einen tiefen Halsgraben und eine hohe, starke Schild- oder Mantelmauer. Häufig ist bei diesen Burgen der Bergfried an die Angriffsseite gerückt. Die Marksburg als Gipfelburg benötigte weder Halsgraben noch Schildmauer, und ihr Bergfried ragt stolz inmitten des Burgbereiches empor, ausgezeichnet durch eine markante Silhouette.

Der Kartograf und Chronist Wilhelm Dilich hat im Auftrag des Landgrafen von Hessen-Kassel Anfang des 17. Jahrhunderts zahlreiche, damals zur Landgrafschaft Hessen-Kassel gehörende Burgen vermessen und in feinen, kolorierten Aufmaßplänen sorgfältig dokumentiert, darunter auch die Marksburg und Schloss Philippsburg in Braubach. Die Originalzeichnungen, eine Kostbarkeit für die rheinische und hessische Burgenforschung, bewahrt heute die Bibliothek der Gesamthochschule Kassel. Dilichs Pläne (Grundriss, Ansichten, Schnitte, alle mit ergänzenden Deckblättern) halten eindrucksvoll den mittelalterlichen, gotischen Bauzustand der Marksburg fest. Da die Kernburg im 16./17. Jahrhundert kaum mehr verändert wurde, decken sich – abgesehen von einigen Veränderungen im 18. und 20. Jahrhundert – Dilichs Pläne noch im Wesentlichen mit der heutigen Erscheinung des Bauwerkes.

Baugeschichte

Die meisten mittelrheinischen Höhenburgen sind Gründungen des 12./13. Jahrhunderts, also der salisch-staufischen Zeit, so auch die Marksburg. Ältere befestigte Wohnsitze lagen vielfach auf der Talsohle, seltener auf niedrigen Anhöhen. Zu letzteren gehörte die heute völlig verschwundene Alte Burg von Braubach, die nach Flurnamen des 18. Jahrhunderts auf dem niedrigen Bergsattel südlich unterhalb der Marksburg und unweit der noch erhaltenen romanischen alten Pfarrkirche St. Martin zu lokalisieren ist. Auf dieser Alten Burg saß wahrscheinlich das 1117 bis 1171 bezeugte Geschlecht der Edelfreien von Braubach.

Doch diese frühen flussnahen Burganlagen des Rheintales wurden im 12./13. Jahrhundert zugunsten von Höhenburgen aufgegeben, die schwerer zugänglich und leichter zu verteidigen waren. So wurde auch die Marksburg auf der markanten höchsten Bergspitze zwischen Rheintal und Dachsenhäuser Tal erbaut, wohl durch Gerhard von Eppstein, der 1219 bis 1241 urkundlich nachweisbar ist und sich schon 1219 Gerhard von Braubach nennt; 1231 werden erstmals Burgmannen (*castellani*) erwähnt. Im heutigen Baubestand sind noch wichtige Teile der Burganlage des Gerhard von Eppstein bewahrt. Auf der höchsten Spitze des Schieferfelsens ragt der schlanke quadratische Bergfried mit noch vier romanischen Geschossen auf, dendrochronologisch auf 1239 datierbar. Die begrenzte Grundfläche der Felsspitze bedingte wohl den für rheinische, spätromanische Bergfriede ungewöhnlich bescheidenen Umfang von nur sechs mal sechs Metern. Das Erdgeschoss ist nur durch eine Öffnung im Tonnengewölbe zugänglich, die folgenden drei tonnengewölbten Geschosse sind über Mauertreppen, das heißt schmale Treppenläufe in der Mauerdicke, erreichbar.

Um den Bergfried legt sich die Burg in einem dreieckigen Grundriss (Abb. 51). Der staufische Burgenbau erstrebte, soweit es die Geländesituation erlaubte, häufig geometrisch-regelmäßige Grundrissformen wie Quadrat, Rechteck, Dreieck, Oval. Die hohe romanische Ringmauer, ehemals mit breiten Zinnen, hat sich an Rhein-(West-) und Nordseite im heutigen Baubestand noch erhalten. An der Südspitze des Dreiecks erhob sich als Vorläufer des heutigen Kapellenturms ein in die Ecke eingestellter, wahrscheinlich zweigeschossiger Rechteckturm mit Plattform; er sicherte die leichter erkletterbare Südseite des Burgfelsens.

Die nördliche, am besten geschützte Längsseite des Dreiecks, die Dreiecksbasis, nahm anstelle des heutigen Nordbaues ein aufwändiger Palas ein, dessen drei Außenmauern farbig abgesetzte Zwillingsfenster (Biforien) und Dreipassblenden zierten, wie sie im staufischen Burgen- und Kirchenbau üblich waren und auch bei der etwa gleichzeitigen Burg Gutenfels über Kaub noch vorhanden sind. Die einst architektonisch und farblich prachtvolle Erscheinung dieses Palas, besonders seine nach Lahnstein und Koblenz orientierte Fassade, spiegelte nicht nur die noble höfische Wohnkultur der Eppsteiner wider, sondern auch deren Anspruch auf eine ihrem Geschlecht würdige Repräsentation am Rheinstrom. Die 1301 urkundlich bezeugten Silberbergwerke waren die wirtschaftliche Grundlage eines solchen anspruchsvollen Burgenbaues; umgekehrt schützte die Burg die Bergwerke und Hüttenbetriebe. Der 1261 erstmals genannte Braubacher Schiffszoll war nicht so bedeutend.

Verbesserte Angriffswaffen und -techniken erzwangen, wie allgemein im Burgenbau, in gotischer Zeit die Anlage vorgelagerter Ringmauern und Torsicherungen. So entstanden auf der Marksburg wohl um oder nach 1300, vielleicht schon unter Graf Eberhard I. von Katzenelnbogen, der die Marksburg 1283 erworben hatte, der Innere oder Obere Zwinger, das von einem Turm überbaute Schartentor sowie das davor liegende Fuchstor.

Im Gegensatz zu seinen Vorgängern weilte Graf Diether VIII. von Katzenelnbogen (1351–1402) häufig auf der Marksburg und sorgte um 1372 für einen weiteren Ausbau ihrer Wehranlagen. Er ließ die rheinseitige Außenmauer der Kernburg um den noch heute vorhandenen und

begehbaren, auf einem Rundbogenfries vorkragenden Wehrgang aufstocken. Zugleich sicherte er die am ehesten bedrohte Südspitze durch den heutigen fünfgeschossigen Kapellenturm, gekennzeichnet durch die polygonal gebrochene Südwestkante, das Obergeschoss in rheinischer Tradition mit vier Eckerkern (Auslugtürmchen) und mit Wehrgang auf Rundbogenfries. Graf Johann IV. (1402–1444) dehnte das Tor- und Zwingersystem erheblich aus. Es entstanden der Untere Rheinzwinger und der weit ausladende äußere Geißenzwinger sowie das vorgeschobene Zugbrückentor (Abb. 52).Während die Burg sich in romanischer Zeit also auf den Berggipfel konzentriert hatte, umspannte sie nun den gesamten oberen Bergbereich. Halbrunde Schalentürme, die der ältere Mauerbering noch nicht kannte, verstärkten die neuen Wehrmauern und gaben dem Bauwerk den turmreichen bewegten gotischen Umriss.

Die wichtigste Veränderung und bedeutendste Aufwertung der Marksburg geschah in der Spätzeit der Katzenelnbogener, als Graf Johann IV. 1434/35 anstelle des rückseitigen östlichen, noch romanischen Mauerberinges, unmittelbar anschließend an den Kapellenturm, einen neuen, großen, repräsentativen, zweigeschossigen Wohnbau, den sogenannten Saalbau, einfügte. Er übertraf an Höhe, Länge und Breite um ein Vielfaches den älteren romanischen Palas. Seine dem Dachsenhäuser Tal zugewandte Außenmauer ist schildmauerartig verstärkt und vorgespitzt und seine Dachlinie durch drei Erkertürmchen belebt. Erd- und Obergeschoss enthielten ursprünglich nur je einen durchgehenden, weiten Saalraum, beide durch Holzpfeiler zweischiffig unterteilt und miteinander verbunden durch eine aufwändige geradläufige Steintreppe, einzigartig im rheinischen Burgenbau. Das Erdgeschoss ist heute, nachdem man eine nachträgliche Trennwand 1974 wieder entfernt hat, als „Große Burgküche" eingerichtet. Das Obergeschoss bewahrt die nachträgliche, aber schon bei Dilich 1608 dargestellte Aufteilung in „Kemenate" und „Rittersaal". Eindrucksvoll ist das weitgehend originale Holzwerk des Dachstuhls, ein frühes Beispiel liegender Stuhlkonstruktion. Ebenfalls im 15. Jahrhundert – nach jüngster dendrochronologischer Untersuchung um 1468 – erhöhte man den Bergfried um das oberste Wehrganggeschoss und das runde Aufsatztürmchen und schuf damit die ele-

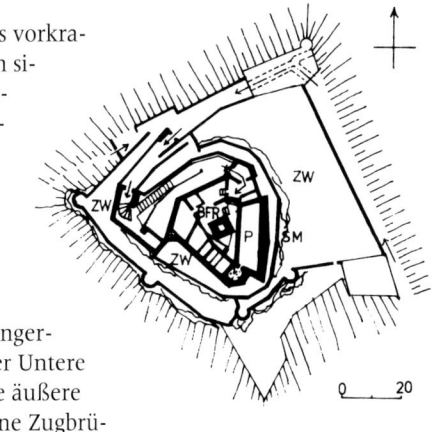

Abb. 51: In einem dreieckigen Grundriss wurde die spätromanische Kernburg der Marksburg um den zentralen Bergfried errichtet. Im 14. und 15. Jahrhundert entstanden dann das ringförmig umschließende doppelte Zwingersystem und der große Saal oder Palasbau mit Schildmauerartiger Außenverstärkung. Das 17. Jahrhundert fügte die südlichen Bastionen hinzu.

Abb. 52: Das Zugbrückentor ist das äußerste Burgtor. Es entstand im 15. Jahrhundert durch die Ausdehnung des Tor- und Zwingersystems auf den gesamten Burgberg.

gante, schlanke Gestalt des sogenannten Butterfassturms, eine im 14. und 15. Jahrhundert häufiger anzutreffende Baumode an rheinisch-hessischen Burgen und Stadtwehren.

Vom Obergeschoss des Saalbaus brach man eine Tür in das dritte Geschoss des Kapellenturms und richtete dieses möglicherweise als Burgkapelle ein. Dem 1437/38 erstmals bezeugten Patrozinium St. Markus verdankt die Burg ihren heutigen Namen: Der Schutzheilige der Kapelle wurde zum Schutzpatron der ganzen Burg. Burgkapellen in Türmen und an der Angriffsseite sind seit staufischer Zeit (12./13. Jahrhundert) bekannt und Ausdruck mittelalterlicher, Unheil abwehrender Vorstellungen. Für die rheinische Spätgotik des 15. Jahrhunderts jedoch ist die Lage der Markuskapelle ein Sonderfall. Diese Baumaßnahmen stärkten die Wehrkraft der Burg, sicherten die Stadt (Stadtmauer 14. und 15. Jahrhundert in Verbindung mit der Burg), den Zoll und das Silberbergwerk und gaben darüber hinaus den baulichen Rahmen für ein anspruchvolles Hofleben und für eine würdige Repräsentation des Grafengeschlechts. Das für seine Hauptresidenz Rheinfels schriftlich detailliert überlieferte reiche kulturelle Leben strahlte sicher auch auf die Marksburg aus.

Den Katzenelnbogenern folgten als Burgherren 1479 die Landgrafen von Hessen. Die Marksburg verlor ihre strategische und militärische Bedeutung, und für die inzwischen gestiegenen Wohnansprüche wurde sie aufgrund ihrer beengten Steillage zu unmodern und unbequem. Der bau- und kunstfreudige Landgraf Philipp II. von Hessen-Rheinfels (gest. 1583) errichtete deshalb unten am Rhein beim gräflichen Amtshaus zwischen 1567 und 1574 ein aufwändiges Spätrenaissance-Schloss (siehe Kasten). Wohl gleichzeitig ließ Philipp II. auf der Marksburg, an der Rheinseite des Oberen Zwingers über der alten Schmiede, ein kleines Geschützhaus aufschlagen, der südliche Teil der späteren Großen Batterie – eine bescheidene und kaum wirkungsvolle Reaktion auf die neuzeitlichen Feuerwaffen. 1584 wurde der Graben vor dem äußersten Tor ausgehoben und eine hölzerne Zugbrücke aufgeschlagen; daran erinnert heute noch der Name „Zugbrückentor".

Als Braubach kurzfristig 1643 bis 1651 an die Nebenlinie Hessen-Braubach kam, bemühte sich Johann der Streitbare (1600–1651), der selbst in Schloss Philippsburg zu residieren pflegte, um eine stärkere Befestigung der Marksburg und ließ 1643 bis 1645 vorgelagerte Außenwerke anlegen.

An der Südspitze schiebt sich seitdem rheinseits die offene Bastion des Scharfen Ecks vor, und zum Dachsenhäuser Tal hin ragt der mächtige, eindrucksvolle Gewölbebau des Pulverecks auf. Das rheinseitige Geschützhaus verdoppelte man über dem Felsen-Zugangsweg zur Großen Batterie. Diese Anlagen, die sich bescheiden neben den großen Befestungen der landgräflich-hessischen Residenz Rheinfels ausnahmen, hatten schon zu ihrer Entstehungszeit mehr repräsentative, optisch abschreckende als wirkliche Wehrfunktion, zumal auf der Marksburg nur eine unzureichend ausgerüstete und schlecht bezahlte Soldateska hauste. Ein ernsthafter Kriegsfall ist zum Glück niemals eingetreten.

Im 18. Jahrhundert galt die Burg formell als „Festung", war praktisch aber Invalidenheim und Staatsgefängnis. 1705 brach ein größerer Brand an der Rheinfront beim Kapellenturm aus, der damals als Pulvermagazin diente; die Bauten an der rheinseitigen Burgmauer und der romanische Palas brannten wegen mangelnder Löscheinrichtungen aus. Der nachfolgenden, offenbar sehr zügigen Erneuerung verdanken der Rheinbau an der Stelle des ehemaligen Backhauses und der Nordbau (Palas, Abb. 53) ihre heutige einheitliche Erscheinung. Der Brand, vielleicht aber auch mangelnder Bauunterhalt veranlassten den Abbruch des gotischen Aufsatztürmchens auf dem Bergfried; die Burg verlor damit für 200 Jahre einen wichtigen Teil ihrer vertrauten gotischen Silhouette.

Im 19. Jahrhundert wurde der Unterhalt der Burg mehr und mehr vernachlässigt. Erst zwischen 1900 und 1914 wurden durch die Vereinigung zur Erhaltung deutscher Burgen als neuer Besitzerin umfangreiche und kostenaufwändige Instandsetzungs- und Restaurierungsmaßnahmen durchgeführt. Der Bergfried erhielt wieder sein einstiges Aufsatztürmchen, Rittersaal und Kapelle wurden 1903 mit Wandmalereien der Berliner Maler Birkle und Thomer geziert. Nach schwerer Kriegsbeschädigung im März 1945 zog sich die Wiederherstellung fast zwei Jahrzehnte hin, der Bergfriedstumpf und Notdächer prägten lange das Burgbild. Seit 1972 laufen wiederum umfangreiche Renovierungen. Insbesondere wird dabei das zermürbte Bruchsteinmauerwerk wieder verputzt, um den natürlichen Steinzerfall abzuwehren. Neuere dendrochronologische Untersuchungen durch den Bauhistoriker Lorenz Frank (Mainz) anlässlich der Einrüstungen haben frühere Baudaten korrigieren können.

Abb. 53: Der romanische Palas wurde nach einem Brand 1705 stark erneuert und dabei auch um ein Geschoss aufgestockt. Er wird heute auch als Nordbau bezeichnet. Links ist das innerste Burgtor zu sehen, die Eiserne Pforte.

Die Burgherren

Das ursprünglich wohl in kaiserlichen Diensten stehende Geschlecht derer von Eppstein, mit dem die Geschichte der Marksburg beginnt, benannte sich nach seinem Stammsitz im südlichen Taunus und stand in engem Kontakt zum Erzbistum von Mainz, dem es im 13. Jahrhundert vier Erzbischöfe stellte. Mit dem Besitz der Marksburg konnte es mit seinem Herrschaftsbereich auch am Rhein Fuß fassen, die schon seit prähistorischer Zeit bezeugten, einträglichen Braubacher Silberbergwerke nutzen und in der zweiten Hälfte des 13. Jahrhunderts einen Rheinzoll erheben.

1283 erwarb Graf Eberhard von Katzenelnbogen Stadt, Burg, Berg- und Hüttenwerke von Braubach. Die Katzenelnbogen waren ein aus dem Taunus stammendes, mächtig aufstrebendes und einflussreiches Geschlecht an Mittelrhein, im Taunus und im Odenwald, Inhaber und Erbauer architektonisch bedeutender Burgen, darüber hinaus Förderer von Dichtung und Kunst. Seit 1066 sind sie am Mittelrhein nachweisbar. Ihre einst prächtig ausgestattete, 1245 gegründete Residenz Burg Rheinfels über St. Goar ist heute die größte Burgruine am Rhein. Der Name des Geschlechts lebt verkürzt weiter in Burg Katz (eigentlich Neu-Katzenelnbogen) über St. Goarshausen. Den Grafen von Katzenelnbogen verdankt die Marksburg ihren umfangreichen Ausbau zu der großzügigen gotischen und spätgotischen, bis heute prägenden Erscheinung. Um 1260 spaltete sich mit Graf Eberhard I. (1252 – 1311) durch Erbteilung eine jüngere Nebenlinie der Katzenelnbogen ab, der außer Braubach und der Marksburg unter anderem noch die Burgen Hohenstein / Taunus und Auerbach / Odenwald gehörten. Diese jüngere Linie erlosch 1403, die Grafschaft wurde daraufhin wieder vereint.

Nach dem Aussterben der Katzenelnbogener Grafen 1479 erbten die Landgrafen von Hessen die begehrte und lange umstrittene Grafschaft. Sie residierten nicht mehr selbst auf der Marksburg, sondern setzten Burggrafen, später Amtmänner zur Verwaltung von Stadt, Burg und Amt Braubach ein, die in dem heute noch bestehenden Amtshaus am südlichen Ende der vom Markt ausgehenden Schlossstraße residierten.

1803 fiel die Burg an Nassau, 1866 an Preußen. In nassauischer Zeit wurde die Marksburg als Wohnunterkunft für Kriegsinvaliden genutzt, in preußischer Zeit mehrfach an Private zu Wohn- und Gastronomiezwecken verpachtet. Im Jahr 1900 erwarb der Architekt und Burgenforscher Prof. Bodo Ebhardt (1865 – 1945) die recht desolate Marksburg zu einem symbolischen Preis von 1000 Goldmark zugunsten der 1899 von ihm gegründeten Vereinigung zur Erhaltung deutscher Burgen e. V. (seit 1954 Deutsche Burgenvereinigung e. V. zum Schutze historischer Wehrbauten, Schlösser und Wohnbauten).

SCHLOSS PHILIPPSBURG UNTERHALB DER MARKSBURG

1569 bestimmte Landgraf Philipp II. von Hessen-Rheinfels Schloss, Stadt und Amt Braubach (ohne die Marksburg) zum Witwengut seiner Gemahlin Anna Elisabeth geb. Pfalzgräfin bei Rhein (gest. 1609). Bezeichnenderweise wurde nicht die Marksburg eingerichtet, sondern das unterhalb der Burg gelegene, nach seinem Bauherrn benannte, Schloss Philippsburg. Die Pläne für den Bau – mit Ringmauer, Rundtürmen und zwei überbauten Torbauten – stammen wohl von dem hessen-kasselischen Baumeister Anton Dauer. 1576/77 kamen Gartenanlagen hinzu. Nach dem Tod Philipps 1583 wohnte seine Witwe bis 1602 im Schloss Philippsburg, also auch noch nach ihrer Wiederverheiratung mit Pfalzgraf Johann August von Lützelstein 1599. Das Schloss wurde 1643 nochmals kurzzeitig Residenz des Landgrafen Johann des Streitbaren (gest. 1651) und seiner Gemahlin. Danach gab es nur gelegentliche landgräfliche Besuche aus Kassel bzw. Darmstadt.

Während das Amtshaus weiter benutzt wurde, war der Hauptbau des Schlosses 1802 beim Übergang an Nassau so desolat, dass sein gesamtes Dach- und Holzwerk abgebrochen und stark vereinfacht erneuert werden musste. Die von Dilich 1608 so reich und farbenfroh dargestellten rheinseitigen Fachwerkobergeschosse mit den prunkvollen Schweifgiebeln gingen dabei verloren. 1822 ging das Schloss, 1888 das Amtshaus in Privatbesitz über. Dem Eisenbahnbau 1861 mussten die Türme und Schutzmauern der Rheinfront und Bauten des Vorhofs weichen. Das Schloss lässt heute den einstigen Glanz nur noch in seinem malerischen Binnenhof, an den beiden Tordurchfahrten, einigen Fachwerkgiebeln und Baudetails ahnen. 1997 erwarb die Deutsche Burgenvereinigung das Schloss und richtete darin unter großem Aufwand das Europäische Burgeninstitut mit Fachbibliothek (über 25 000 Bände), umfassender Burgenkartei, großem Plan- und Bildarchiv ein. Der geschmackvoll eingerichtete geräumige Lesesaal steht allen Mitgliedern, Freunden, Wissenschaftlern, Burgen-, Schloss- und Wehrbauforschern offen.

Rundgang

Bereits Bodo Ebhardt hatte die Marksburg als Museum eingerichtet und dem Rheintourismus geöffnet. Zudem richtete er ab 1930 für sich selbst Wohnsitz, Architekturbüro und Vereinsverwaltung mit einer burgenkundlichen Fachbibliothek auf der Burg ein. Sein Sohn Fritz Ebhardt setzte diese Nutzung fort. Seit 1958 ist die Marksburg durch die Initiative des damaligen Präsidenten Prof. Dr.-Ing. Hans Spiegel nur noch zentraler Verwaltungssitz der Deutschen Burgenvereinigung mit Tagungs-, Arbeits- und Büroräumen im Nord- und im Rheinbau.

Den größten Teil der Burganlage erschließen ganzjährig mehrsprachige Führungen. Der Führungsrundgang durchquert zunächst das Fuchstor, folgt dann über den grob-felsigen Burgweg und Pferdesteig aufwärts zwischen Zwingermauern zum Vogtsturm (Abb. 54) und durch dessen hölzernes Schartentor, passiert die Schmiede mit ihren originalen handwerklichen Gerätschaften und steigt aufwärts zur Großen Batterie mit ihren schweren barocken Geschützen, die – im 19. Jahrhundert ins Berliner Zeughaus übertragen – von Bodo Ebhardt zurückgeholt werden konnten. Der von hier aus zugängliche Obere Zwinger war bereits 1768 aufgeschüttet und gärtnerisch genutzt worden; seit einigen Jahrzehnten ist dort ein Zier- und Nutzgarten nach mittelalterlichen Vorbildern angelegt. Von hier schweift der Blick in die Tiefe des weit geschwungenen Stromtals mit seinen malerischen Fachwerkorten Braubach, Rhens und Spay bis nach Schloss Stolzenfels und auf die gegenüberliegenden Höhen des Hunsrücks.

Ein (erst 1947 für Baumaßnahmen geschaffener) Mauerdurchbruch geleitet die Besucher aus dem Zwinger in den engen, von Gebäuden rings umdrängten Burghof, aus dessen Mitte über schroffem Fels der Bergfried machtvoll aufsteigt. Der Rundgang durch die Burggebäude beginnt beim spätgotischen Saalbau, erfasst zunächst dessen tonnengewölbten Weinkeller mit hölzernen Weinfässern und allerlei Handwerksgerät zur Rebenbearbeitung und Kellerwirtschaft. Dann steigt man in die geräumige Große Burgküche des Erdgeschosses mit mächtigen gotischen Holzstützen, mit riesigem Rauchfang und mit einer schönen Sammlung von hölzernem und irdenem Geschirr.

Im noblen Hauptgeschoss führt eine kleine Vorküche in die beheizbare, durch Truhe, Bett und Wiege behaglich eingerichtete Kemenate; ihr folgt der repräsentative Fest- oder Rittersaal (Abb. 55) mit barocken Holztruhen und Wandmalereien von 1903. Hinter einer Holztür kragt ein Aborterker nach außen vor. Ein Türdurchbruch zum anstoßenden Kapellenturm erschließt die Burgkapelle. Historisierende, dekorative und religiöse Wandmalereien von 1903 schmücken das zehnteilige gotische Kapellengewölbe (von

Abb. 54: Der Vogtsturm hat ein hölzernes Schartentor. Darüber befindet sich ein Wurferker.

Abb. 55: Rund 65 Quadratmeter groß ist der „Rittersaal" der Marksburg im gotischen Saalbau, den Graf Johann IV. 1434/35 errichten ließ. Er ist das repräsentative Zentrum der Burg.

1370/72, 1434/35 oder noch jünger), das auf zweitverwendeten älteren (romanischen?) steinernen Konsolköpfen ruht.

Die Besucher zwängen sich nun durch eine schmale, steile Mauertreppe – eine typische Bauart der Burgenarchitektur – hinauf zum gotischen Wehrgang des Rheinbaues und erreichen von dort im Fachwerkbau des 18. Jahrhunderts die Gesindestube mit großem Webstuhl und Hausgerät sowie die sogenannte Rüstkammer; in dieser befindet sich die Gimbel'sche Rüstungs-Modellsammlung. Zahlreiche lebensgroße Krieger- und Ritterrüstungen verdeutlichen die Entwicklung

der Wehrkleidung von der Römerzeit bis zum Ende des Mittelalters. Beim Verlassen der Burg erschließt ein Blick in den ehemaligen Pferdestall (im Kellergeschoss des Nordbaues, des einstigen spätromanischen Palas) eine Fülle kulturgeschichtlich aufschlussreicher, historischer Zeugnisse der Rechtsprechung und des Rechtsvollzuges.

Nach der Burgbesichtigung lädt die 1914 von Bodo Ebhardt entworfene und geschickt in die Vorburg eingefügte, nach Brandschäden 2004/05 renovierte Burggaststätte zu Rast und Stärkung ein.

Abb. 56: Zwischen Blütenpracht
und Bodensee: Ansicht der
Meersburg von Westen. Im Zentrum der Anlage steht der Dagobertsturm mit seinem markanten Staffelgiebel.

BURG
MEERSBURG

MIT TRAUMBLICK
AUF SEE UND
ALPEN

Uwe A. Oster

Meerspurg ist ein gar alter plaz, etwan von künig Dagoberten geaufnet und zu einem Far- oder Schiffslande gegen Constantz geordnet." Dagobert I. (605/10–639), der in der *Schweizer Chronik* des Johannes Stumpf aus dem Jahr 1548 als Gründer der Meersburg genannt wird, war der letzte Merowingerkönig, dem es gelang, das Frankenreich in einer Hand zu vereinigen und die auseinander strebenden Kräfte zu bändigen. In diesem Rahmen ist auch der Bau von Burgen und Straßen zu sehen. Unter anderem gilt Dagobert als Bauherr einer Straße von Ulm nach Konstanz, das um 600 Bischofssitz geworden war. Diese Straße passierte auch das heutige Meersburg, von wo aus die Reisenden mit einer Fähre an das gegenüberliegende Seeufer und schließlich nach Konstanz gelangten. Wenn Dagobert I. der Erbauer dieser Straße war, dann ist es nahe liegend anzunehmen, dass er an der Stelle der heutigen Meersburg (Abb. 56) einen wehrhaften Bau zum Schutz von Straßenknoten und Fährhafen errichten ließ.

Baugeschichte

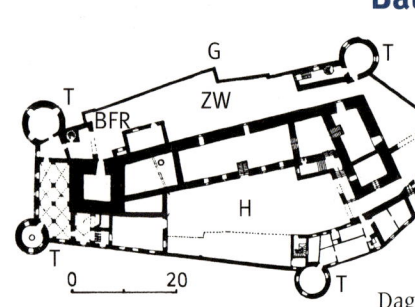

Abb. 57: Grundriss der Meersburg. Gut zu erkennen ist die Ummantelung des ursprünglich freistehenden Dagobertsturms. Die vorspringenden Türme an der Nord- und der Südseite ermöglichten ein seitliches Bestreichen der Gegner – ein innovatives Element des Burgenbaus.

Wir wissen nicht, wie diese erste Meersburg ausgesehen hat. Immer wieder wurden das Megalithmauerwerk der zur Berg- und damit zur Angriffsseite ausgerichteten Schildmauer (Nordbastion) sowie die unteren Stockwerke des nach dem Merowingerkönig benannten Dagobertsturms in diese frühe Bauphase datiert. Unter Megalithen versteht man gar nicht (wie auf der Meersburg) oder nur grob behauene, große Steine, die diesen Bauten ein urtümliches, ja archaisches Erscheinungsbild gaben. Im Bodenseeraum und in der deutschsprachigen Schweiz ist diese Bauweise relativ häufig zu finden, vor allem in der Zeit zwischen 1230 und 1250. Der Dagobertsturm ist sicher deutlich älter. Jedenfalls muss er vor dem im 12. Jahrhundert auf der Bergseite als repräsentativen Wohnsitz errichteten Saalbau entstanden sein, der in der Literatur meist als Palas bezeichnet wird. Allerdings müssen wir uns den Dagobertsturm damals noch ohne den Aufsatz mit seinem markanten Staffelgiebel vorstellen. Auch stand der Turm frei, während er heute in den Untergeschossen von späteren Zubauten nahezu vollständig ummantelt ist. Ebenfalls zum ältesten Bestand gehört die Dürnitz

im Osten der Anlage, die aber nicht für herrschaftliche Zwecke, sondern vielleicht von der Wachmannschaft genutzt wurde oder sonstigen Verwaltungs- und Wirtschaftszwecken diente.

Die Seeseite war zunächst unbebaut, doch wurde der Felsen schließlich ebenfalls befestigt und überbaut. Die intensivere Nutzung durch die Konstanzer Bischöfe führte zu weiteren Baumaßnahmen. Markante Spuren setzte der baufreudige Bischof Hugo von Hohenlandenberg (1496–1530/32), der aus der mittelalterlichen Burg eine wohnliche Residenz machte. Er setzte nicht nur den Staffelgiebel auf den Dagobertsturm, sondern ließ zudem den Palas umbauen und die Eingangshalle errichten. Nur deren schönes Renaissanceportal stammt aus der Zeit eines seiner Nachfolger, Markus Sittich von Hohenems. Wiederum auf Hugo von Hohenlandenberg gehen dagegen die zweischiffige Halle des Fürstensaals und die beiden Rundtürme auf der Nordseite zurück.

Auch im Zeitalter des Barock wurde die Meersburg dem Stil der Zeit angepasst. Doch während andere Bischöfe prachtvolle Residenzschlösser bauten (Bruchsal, Brühl, Würzburg), musste sich Johann Schenk von Stauffenberg auf der Meersburg damit begnügen, die für den barocken Geschmack zu niedrigen und zu kleinen Räume umzubauen und soweit als möglich zu vergrößern. Bereits um 1710 hatte Stauffenberg einen barocken Treppenaufgang anbauen lassen, doch blieb der Wunsch nach einem Neubau stets lebendig. Tatsächlich begann noch Bischof Stauffenberg mit dem Bau des benachbarten Neuen Schlosses, dessen Innenausbau aber erst 1774/75 vollendet wurde. Die Meersburg blieb Verwaltungsgebäude und wird seither als Altes Schloss bezeichnet (Grundriss, Abb. 57).

Die Burgherren

In das Licht der schriftlich belegten Geschichte tritt die Meersburg in der Mitte des 11. Jahrhunderts. In dieser Zeit begegnet uns eine hochadlige Familie, die sich nach der Burg benannt, sprich: die Meersburg als ihre Stammburg betrachtet hat. Leider wissen wir über diese Familie nur wenig. Nur ein Mitglied ragt aus der Anonymität heraus – und lässt dadurch zugleich Raum für Interpretationen: Liupold de Mersburg. Seinen Tod hat der Chronist Lambert von Hersfeld in seinen Annalen für das Jahr 1071 ausführlich geschildert. Liupold war unterwegs mit König Heinrich IV. In der Nähe des hessischen Hersfeld geschah es: „Als sie nun alle erfrischt, im brennendsten Eifer die Reise zu beschleunigen, um die Wette ihre Rosse wieder aufsuchten, trug es sich zu, dass ein gewisser Liupold von Mersburg, ein Liebling des Königs, dessen Dienste und Rat er auf das vertraulichste zu benutzen pflegte, durch einen Unfall vom Pferde stürzte und, von seinem eigenen Schwerte durchbohrt, den Geist aufgab. Dieses Unglück erfüllte den König mit unerträglichem Schmerze und Traurigkeit …“ Wir haben es also mit einer Familie zu tun, die im engsten Umkreis des Hofes zu Hause war.

Diese Nähe zum Herrscherhaus verlor die Familie in der Mitte des 12. Jahrhunderts. Stattdessen kam es zu einer engeren Verbindung mit den Bischöfen von Konstanz, als deren Lehensmann der letzte Spross – ebenfalls ein Liupold – genannt wird. Auf der Meersburg residierten fortan bischöfliche Ministeriale. Hatten diese – auf die heutige Zeit bezogen – eher den Status von Verwaltungsbeamten, so besaßen die bereits im 11. Jahrhundert erstmals erwähnten Grafen von Rohrdorf die Meersburg von etwa 1160 an als bischöfliches Lehen. 1210 starb diese Familie aus, eine neuerliche Belehnung fand nicht statt.

Das Bistum Konstanz war im Mittelalter zwar das größte Bistum nördlich der Alpen, doch entsprach diese geografische Größe nicht immer der politischen und nie der wirtschaftlichen. Dass die Meersburg von den Bischöfen bereits im 13. Jahrhundert nicht nur als Verwaltungs-, sondern auch als gelegentlicher Wohnsitz genutzt wurde, hatte seine Ursache in deren Streitigkeiten mit der nach Selbstständigkeit strebenden Bürgerschaft von Konstanz. Die Bischöfe hofften, mit dem kleineren Meersburg weniger Probleme zu haben. Gleichwohl bemühten sich die Bischöfe um dessen städtische Aufwertung, indem sie 1233 ein kaiserliches Privileg für einen Wochenmarkt in der Vorburg erwirkten, 1299 erlangte Meersburg das Stadtrecht.

Zu Beginn des 14. Jahrhunderts geriet das Bistum in schwieriges Fahrwasser. Vor dem Hintergrund der Thronstreitigkeiten zwischen Friedrich dem Schönen von Österreich und dem von der Kurie gebannten Ludwig dem Bayern kam es zweimal zu einer Doppelwahl. Der Konflikt eskalierte, als 1334 Albrecht von Hohenberg vom kaisertreuen, kleineren Teil des Domkapitels und Nikolaus von Frauenfeld von der päpstlich gesinnten Mehrheit gewählt wurde. Während Albrecht seine Residenz in der Konstanzer Bischofspfalz

nahm, zog sich Nikolaus von Frauenfeld auf die Meersburg zurück. Vierzehn Wochen lang belagerte der Kaiser die Burg – ohne Erfolg. Dabei wurde zum ersten Mal in der abendländischen Geschichte eine Feuerbüchse – wenn man so will ein Vorläufer der modernen Artillerie – eingesetzt. Letztlich hatte es Nikolaus den standhaften Mauern der Meersburg zu verdanken, dass er sich als Bischof durchsetzte.

Ausgehend vom 1233 verliehenen Marktrecht hatten die Meersburger Bürger den Bischöfen bald weitere Zugeständnisse abgetrotzt. Schließlich wurde es Heinrich von Hewen zu viel, Zug um Zug beschnitt er die städtischen Privilegien. Die Bürger wollten sich dies nicht gefallen lassen. 1457 kam es zu kriegerischen Auseinandersetzungen zwischen Stadt und Bischof, der es sich nicht leisten konnte, das Heft auch hier aus der Hand zu geben. Vier Jahre später waren die Bürger am Boden. Meersburg blieb fortan ein vom jeweiligen Bischof abhängiges Residenzstädtchen.

Die Reformation, der sich weite Teile der Diözese anschlossen, traf die Bischöfe wie ein Hammerschlag. Sogar Konstanz öffnete sich der Lehre Luthers, so dass Bischof Hugo von Hohenlandenberg 1527 auf die Meersburg zog, „wegen der ungeschickten Händel und lutherischen Neuerungen in Konstanz". Es erstaunt, dass die Bischöfe ihre Residenz auch dann weiter in Meersburg behielten, als Konstanz 1548 von den Habsburgern mit Gewalt zum „rechten Glauben" zurückgeführt wurde. Doch Konstanz war auf den Status einer österreichischen Landstadt herabgesunken, in der dem Bischof nur wenige Hoheitsrechte geblieben waren. Wären die Bischöfe zurückgekehrt, hätten sie sich völlig in die Abhängigkeit von den Habsburgern begeben. Gleichwohl blieb das rekatholisierte Münster die offizielle Kathedrale des Bistums, und das während der Reformation nach Radolfzell ausgewichene Domkapitel kehrte ebenso wieder nach Konstanz zurück. Meersburg war lediglich die Residenz des Bischofs und Hauptort des kleinen bischöflichen Hoheitsgebiets (Hochstift). Auf dem gesamten Territorium lebten kaum 10 000 Menschen – zu wenige, um auf der großen politischen Bühne aus eigener Kraft als Akteure aufzutreten. Zudem fehlte es dem Bistum an einer ausgewogenen wirtschaftlichen Basis; die Verschuldung stieg stetig an und erreichte im späten Mittelalter das 20-fache der gesamten Jahreseinkünfte. Es war diese Begrenztheit der politischen und wirtschaftlichen Möglichkeiten, die half, das mittelalterliche Bild der

Abb. 58: Blick von der Terrasse des Neuen Schlosses auf die Südostseite der Meersburg. Rechts ist der Torbau zu sehen, im Hintergrund der Bodensee.

Meersburg (Abb. 58) zu bewahren. Ihre weltliche Macht – sprich die Herrschaft über das Hochstift – verloren die Bischöfe durch die Säkularisation 1802/03, doch auch das Bistum selbst überstand die Stürme der Zeit nicht. 1814 wurde der Schweizer Teil abgetrennt; 1821 folgte die förmliche Aufhebung.

Neue Territorialherren im Hochstift und damit neue Burgherren auf der Meersburg wurden die Großherzöge von Baden. Sie brachten das Hofgericht der Seeprovinz in dem alten Gemäuer unter, kümmerten sich aber nur in bescheidenem Umfang um dessen Erhaltung und schrieben sie 1836 zum Verkauf aus, nachdem das „Seegericht" nach Konstanz verlegt worden war. 1838 war ein Käufer gefunden, der sich rasch als Glücksfall für die Meersburg herausstellen sollte: Joseph Freiherr von Laßberg (1770–1855) war fürstlich-fürsten-

bergischer Landesoberforstmeister gewesen – und von der Welt des Mittelalters begeistert. Er sammelte leidenschaftlich Bücher, Handschriften und Urkunden, auch dank der Unterstützung durch die fürstenbergische Fürstenwitwe Elisabeth (1767–1822), eine geborene Prinzessin von Thurn und Taxis, mit der er in einer Liebesbeziehung verbunden war. Der größte Schatz in Laßbergs Sammlung war die Handschrift C des *Nibelungenliedes* – die älteste Handschrift dieses großen mittelalterlichen Epos um Treue und Verrat.

Im Jahr 1835 heiratete Laßberg die 25 Jahre jüngere Maria-Anna von Droste-Hülshoff und erfüllte sich mit ihr 1838 einen Traum: Für 10 000 Gulden erwarb er die Meersburg, „eine schöne große Burg …, hell, warm und in einer Lage, die eine der schönsten Aussichten am Bodensee gewäret". Aus der alten Burg machte Laßberg eine romantische Begegnungsstätte; die Brüder Grimm, Justinus Kerner, Ludwig Uhland und andere besuchten ihn am Bodensee und ließen sich von der mittelalterlichen Atmosphäre verzaubern.

Nach dem Tod Laßbergs 1855 erbten seine Töchter aus der Ehe mit Maria-Anna von Droste-Hülshoff die Meersburg, doch beide blieben unverheiratet und kinderlos. Sie verkauften die Burg 1877 an Karl Ritter Mayer von Mayerfels, dessen Begeisterung für das Mittelalter noch ausgeprägter und romantischer war als jene Laßbergs. Bereits 1878 öffnete er die Burg als Museum. Im Besitz seiner Erben ist die Meersburg bis heute.

Rundgang

Schon am Eingang der Meersburg kann man sich leicht in das (späte) Mittelalter zurückversetzen. Die unter Bischof Hugo von Hohenlandenberg errichtete Torhalle gehört zu den stimmungsvollsten Raumerlebnissen der gesamten Anlage. Fast archaisch wirkt die original erhaltene hölzerne Welle mit zwei Rädern, über die einst die Fallbrücke hochgezogen wurde. Die Innenräume der Meersburg und deren heutige museale Ausstattung sind dagegen vor allem geprägt durch den Geist der Burgenromantik, in deren Sinne Karl Ritter Mayer von Mayerfels sie ausgestattet hat.

Dass die Meersburg den Konstanzer Bischöfen aber noch weit über das Mittelalter hinaus als Residenz gedient hat, zeigt schon das barocke Treppenhaus, das man gleich zu Beginn des Rundgangs durch die Burg hinaufsteigt. Mit seinen Geweihen und Jagdwaffen erinnert es an eine bevorzugte Freizeitbeschäftigung der früheren Burgherren. In dieselbe Zeit gehört der heute als Café dienende, mit Gemälden Konstanzer Bischöfe geschmückte Barocksaal.

Der Wunsch, den Besuchern die Welt des Mittelalters nahe zu bringen, wird im einstigen Palas offensichtlich: Kopien von Bildern der *Manesseschen Liederhandschrift* lassen im Saal Anklänge an höfische Feste und die Auftritte von Minnesängern wach werden. Die Fenstersitze sind mit Fellen belegt. Zu den mittelalterlichen Ausstattungsstücken gehören ein gotischer Schrank und ein schwertschwingender heiliger Michael aus der Zeit um 1420. Während dieser stimmungsvolle Saal dem gesellschaftlichen Leben gewidmet ist, sind die beiden folgenden Räume, das gotische Zimmer und das Renaissance-Wohnzimmer, von

intimerem Charakter. Auch hier vermitteln breite Dielen, schwere Holzbalken, zur jeweiligen Zeit passendes Mobiliar sowie ein aus der Renaissance stammender Ofen, dessen Reliefkacheln mit ländlichen Szenen geschmückt sind, eine behagliche Atmosphäre.

Mit Gerätschaften aus verschiedenen Jahrhunderten ist die Burgküche ausgestattet, in der unter der Fensterbank aber auch noch der alte Ausgussstein zu sehen ist. Von der Küche ist es nicht weit zum heute überbauten Burgbrunnen. Die Versorgung einer Burg mit Wasser war mit großen Schwierigkeiten verbunden, vor allem bei weit vom Wasser entfernt liegenden Höhenburgen. Auf der Meersburg wurde 1334 ein Brunnen über fast 30 Meter in den Molassefelsen bis zur Tiefe des Bodensees hinabgetrieben. Warum, könnte man fragen, liegt doch der Bodensee vor der Tür. Eben deshalb: weil er *vor* dem Burgtor lag! 1334 war das Jahr der Belagerung durch Ludwig den Bayern, und der Bau des Brunnens gehörte ebenso wie das Ausheben des großen Burggrabens zu den im Vorfeld dieser Belagerung ergriffenen Sicherheitsmaßnahmen. Bischof Nikolaus I. von Frauenfeld hatte dazu eigens 400 Knappen aus den Todtnauer Erzgruben auf die Meersburg bringen lassen. Von der Brunnenstube (Abb. 60) geht es in die große Waffenhalle aus dem 16. Jahrhundert, die ihren Namen nicht von ungefähr hat, fanden hier doch die Fecht- und Waffenübungen der Burgbesatzung statt. Heute sind in diesem Raum Harnische, Helme, Hellebarden, Schwerter und andere Waffen zu sehen. Gemälde berühmter Feldherren hängen an den Wänden: vom Grafen Tilly bis zum Prinzen Eugen.

Der Burggarten ist ein besonders idyllisches Fleckchen. Doch sollte man daran denken, dass der freie Blick auf Bodensee und Alpen, wie er sich von der Südseite des Gartens bietet, nicht mittelalterlich ist. Ursprünglich muss man sich die gesamte Südseite bebaut vorstellen, erst im 19. Jahrhundert wurde der Verbindungsbau zwischen der Waffenhalle und der Südostanlage abgerissen. Dementsprechend befand sich hier im Mittelalter auch kein verwunschener, romantischer Garten mit Statuetten, Brunnen und fein geschnittenen Hecken, sondern ein düsterer und enger Hof, wie er auf Burgen üblich war.

Vom Garten geht es in die erhaltenen Gebäude des Südtrakts und hier zunächst in jene Räume, die die Meersburg auch bei Literaturfreunden über die Region hinaus berühmt gemacht haben und die untrennbar mit einem Namen verbunden

▶ DIE DICHTERIN UND „IHRE" BURG

Die aus einer alten münsterländischen Adelsfamilie stammende Annette von Droste-Hülshoff (1797–1848) gilt als bedeutendste deutschsprachige Lyrikerin nicht nur des 19. Jahrhunderts. Berühmt wurde sie unter anderem für ihre die Natur beschreibenden, zum Teil aber auch schon emanzipatorischen Charakter tragenden Gedichte und ihre Novelle *Die Judenbuche*. Von 1841 bis 1848 lebte sie – mit Unterbrechungen – als Gast ihres Schwagers Joseph von Laßberg auf der Meersburg; das Städtchen am Bodensee wurde ihr in diesen Jahren zur „zweiten Hälfte meiner Heimat", die Jahre am Bodensee zur produktivsten Zeit ihres Lebens.

Bei ihrem ersten Aufenthalt 1841 bewohnte sie ein Zimmer im Kapellenturm. Später wurden im Südtrakt drei ebenerdig erreichbare Räume für die stets kränkelnde und über Atemnot klagende Dichterin eingerichtet. Sie wirken immer noch so, als hätte die Droste sie gerade verlassen. Zuerst kommt das Wohn- und Schlafzimmer, in dem sie am 24. Mai 1848 auch gestorben ist. Ein schmales Bett an der Seite, daneben ein Lehnsessel, ein kleiner Tisch mit Stuhl – das ist die ganze Einrichtung. Bil-

der von Eltern, Verwandten und Freunden holen die Menschen in das Zimmer, denen sich Annette von Droste-Hülshoff nahe fühlte. Der schönste Raum der Droste ist aber das Turmzimmer (Abb. 59) mit seiner klassizistischen Architekturmalerei in warmen Farben, in dem die Schriftstellerin unermüdlich geschrieben hat. Im November 1843 erwarb sie das etwas oberhalb Meersburgs gelegene Fürstenhäusle, ein kleines Rebhaus, das sie selbst als ihr „niedliches Asyl" bezeichnet hat. Das Häuschen mit seinen fünf kleinen Räumen ist mit Möbeln aus Familienbesitz museal eingerichtet.

Über die Meersburg dichtete sie:

Auf der Burg haus' ich am Berge,
Unter mir der blaue See,
Höre nächtlich Koboldzwerge,
Täglich Adler aus der Höh',
Und die grauen Ahnenbilder,
Sind mir Stubenkameraden,
Wappentruh' und Eisenschilder
Sopha mir und Kleiderladen.

Schreit' ich über die Terrasse
Wie ein Geist am Runenstein,
Sehe unter mir die blasse
Alte Stadt im Mondenschein,
Und am Walle pfeift es weidlich,
– Sind es Käuze oder Knaben? –
Ist mir selber oft nicht deutlich,
Ob ich lebend, ob begraben …

Abb. 59: Arbeitszimmer der Schriftstellerin Annette von Droste-Hülshoff mit klassizistischer Architekturmalerei im Südturm der Meersburg.

Abb. 60: Die Brunnenstube der Meersburg. Der ursprünglich nicht überbaute Brunnen wurde 1334 gegraben – bis zum Wasser des Bodensees.

sind: Annette von Droste-Hülshoff (siehe Kasten). Hat der Besucher den Ausflug in die romantische Welt der Dichterin beendet, geht es wieder hinab in das Mittelalter. Die mit der Innenseite an den Felsen anliegenden Räume, in die der Besucher nun kommt, bildeten einst das Untergeschoss des abgebrochenen Südtrakts. Zuerst gelangt man in die Rüstkammer und die Waffenschmiede. Ein interessantes Detail ist der sogenannte Christusbrunnen, eine Zisterne mit einem Kruzifix aus dem 16. Jahrhundert. Durch den tonnengewölbten, noch aus dem 13. Jahrhundert stammenden „Rittersaal" (Abb. 61) gelangt der Besucher in einen weiteren Wehrgang, in dem die Wappen der 44 Fürstbischöfe zu sehen sind, die auf der Burg residiert haben. Der Besucher sollte unbedingt noch einen Blick in die Nische werfen, die einst als Burgkapelle gedient hat. Keineswegs glichen Burgkapellen immer kleinen Kirchen, selbst auf bischöflichen Burgen wie der Meersburg nicht. Oft musste eine solche, mit einem Flügelaltar ausgestattete Nische genügen. Das Repräsentationsbedürfnis späterer Jahrhunderte sorgte dann für aufwändigere Lösungen: 1658 entstand die heuti-

ge Burgkapelle im nordöstlichen Wehrturm im barocken Stil der Zeit.

Ein Zeichen des nachmittelalterlichen Repräsentationsbedürfnisses ist auch der Fürstensaal mit seinem schlichten Kreuzgratgewölbe; die Gemälde einiger Fürstbischöfe erinnern an die früheren Besitzer. Die Möbel stammen aus der Zeit um 1600. Eine Helmschau, wie sie vor ritterlichen Turnieren stattgefunden hat, ist im anschließenden Raum zu sehen. Sie illustriert die Geschichte des Turnierhelms vom Beginn des 13. Jahrhunderts bis ins 16. Jahrhundert. Bevor man wieder ins Freie tritt, kann man sich in einem Gelass im nordwestlichen Wehrturm über die Wappenkunde informieren. Zudem sind hier Turnierübungsscheiben und ein Holzmodell der Burg zu sehen.

Von der Nordbastion, zu welcher der Besucher nun kommt, hat man den besten Überblick über die ältesten Teile der Burg: den Wohnturm und die Verteidigungsmauer (späterer Palas). Im Stallanbau von 1570 ist der Eingang und ein Teil eines unterirdischen Ganges zu sehen, der vor der erfolglosen Belagerung 1334 in den weichen Molassefelsen getrieben wurde und vor die Mauern der

Abb. 61: In seiner Schlichtheit besonders beeindruckend ist der tonnengewölbte „Rittersaal" der Meersburg.

Burg geführt hat, der Überlieferung nach bis an den Bodensee.

Im nordöstlichen Wehrturm vom Anfang des 16. Jahrhunderts kann man nicht nur die bereits erwähnte Kapelle der Fürstbischöfe aus der Barockzeit besichtigen, sondern auch über eine steile enge Wendeltreppe weiter hinabsteigen und die schmalen Schießscharten in Augenschein nehmen. Im Torzwinger endet der Museumsrundgang.

Äußerst lohnend ist darüber hinaus eine Besteigung des Dagobertsturms. Geführte Turmbesteigungen gibt es während der Saison, für Gruppen nach Vereinbarung jederzeit. Der Blick schweift über das langgestreckte Dach des Palas und über die mittelalterliche Stadt, den Bodensee und die Alpen. Beim Abstieg kann eine Arrestzelle aus dem 19. Jahrhundert besichtigt werden, als auf der Meersburg das „Seegericht" untergebracht war. Nächste Station ist der Renaissancesaal mit seinem Kreuzgewölbe, der den „Dagobertsturm" ummantelt, sowie die mitten im Turm verborgene einstige Schatzkammer der Fürstbischöfe. Heute sind hier unter anderem Tafelbilder, Musikhandschriften und liturgisches Gerät zu sehen. Im untersten Teil des Turmes ist eine Folterkammer nachempfunden, in der neben rekonstruierten Folterinstrumenten auch ein originales Richtschwert zu sehen ist. Eine Diaschau vermittelt Einblicke in die Gerichtsbarkeit des Mittelalters und der frühen Neuzeit.

Abb. 62: Luftaufnahme der Neuenburg. Die mächtige Anlage
thront über dem Tal der Unstrut
und dem Städtchen Freyburg.

SCHLOSS NEUENBURG

DIE GRÖSSTE BURG DER LANDGRAFEN VON THÜRINGEN

Reinhard Schmitt

Auf einem Bergsporn in einer reizvollen Landschaft, die als „Toskana des Nordens" gepriesen wird, hoch über der Unstrut und dem Städtchen Freyburg gelegen, zeigt sich Schloss Neuenburg (Abb. 62) dem Entgegenkommenden in all seiner Mächtigkeit einerseits als Schloss der Neuzeit, andererseits als dem hohen Mittelalter entstammende Burg. Die umfangreichen baulichen Veränderungen seit dem 15. Jahrhundert – zeitbedingte Modernisierungen und ökonomischem Sinne geschuldete Veränderungen und Vereinfachungen – haben vor dem Einsetzen langjähriger, umfassender Bauforschungen durch das Landesamt für Denkmalpflege und Archäologie Sachsen-Anhalt und des Museums Schloss Neuenburg von der Mitte der 1980er Jahre an den Eindruck eines „spartanischen Äußeren" entstehen lassen. Inzwischen ist bekannt, dass fast alle Umfassungsmauern und viele Zwischenwände sowie mehrere bauliche Besonderheiten – neben der schon seit dem frühen 19. Jahrhundert gewürdigten Doppelkapelle – noch aus romanischer Zeit erhalten sind und die Neuenburg zu den bemerkenswertesten Adelsburgen des späten 11. bis frühen 13. Jahrhunderts zu zählen ist. Sie gehört deshalb zu den herausragenden Denkmalen an der durch Sachsen-Anhalt führenden „Straße der Romanik".

Baugeschichte

Mit einer Grundfläche von rund 30 000 Quadratmetern (Grundriss, Abb. 63) ist die Neuenburg zu den sehr großen hochmittelalterlichen Burgen zu rechnen. Bereits die ältere Kernburg hatte mit etwa 6000 Quadratmetern eine gewaltige Ausdehnung. Dies verweist auf die Bedeutung, die ihr der Bauherr von Anfang an beigemessen haben

muss. Zu dieser kurz vor 1090 begonnenen „neuen Burg" gehörten Ringmauern im Norden, Westen und Süden mit einer starken Befestigung auf der Ostseite (innere Ringmauer mit einem starken Rundturm von 17,4 Metern Durchmesser, flankiert von zwei Achteckstürmen; Wall, äußere Ringmauer auf dem Wall, Graben), mehrere, an die Burgmauern gelehnte Wohngebäude, eine Kapelle sowie gewiss verschiedene Wirtschaftsgebäude. Das Tor zur Kernburg befand sich immer an derselben Stelle wie das heutige; Reste sind kaum erhalten. Von den sowohl rechteckigen als auch quadratischen Wohnbauten wurden größere Reste nachgewiesen. Sie konzentrierten sich um das Tor. Von der Kapelle fehlt nur die Apsis. Gegen 1150 wurde außen an die südliche Ringmauer ein steinerner Latrinenturm angebaut, der eine ältere Mauerlatrine ersetzte. Die baugeschichtliche Bedeutung dieser ältesten Burg besteht in der Größe, der östlichen Befestigung mit außerordentlichen frühen Beispielen für Achteckstürme und einem gewaltigen Rundturm sowie verschiedenen, vermutlich funktional differenzierten Wohngebäuden.

Von der in der zweiten Hälfte des 12. Jahrhunderts hinzugefügten Vorburg haben sich außer größeren Mauerabschnitten (im Osten ebenfalls auf einem Wall errichtet, davor ein tiefer Graben) die Reste von zwei runden Bergfrieden erhalten: einer mit vier etwa vier Meter hohen „Ecksporen" oberhalb des einstigen Geländeniveaus (nach 1663 zumeist abgetragen), der andere noch weitgehend überkommen („Dicker Wilhelm", Abb. 64) mit gewölbtem Eingangsgeschoss, Mauertreppen und Mauerlatrinen. Wie schon im Fall der Kernburgostseite dürfte auch die neue Vorburg mit den beiden Bergfrieden und Wall, Graben und Ringmauer eine beeindruckende Schauseite besessen haben.

Von 1170/75 an erfolgten außerdem umfangreiche Ausbauten und Modernisierungen in der Kernburg: Zunächst wurde unter Einbeziehung eines älteren Wohnbaus und des Westteils der Kapelle ein insgesamt viergeschossiger Palas errichtet. Gleichzeitig mit diesem wurde die eingeschossige Burgkapelle zur Doppelkapelle erweitert. Ein südlich an den Palas angrenzender Wohnturm und ein weiterer westlich neben dem Kernburgtor wurden ebenfalls vergrößert. Als jüngste Zutat darf der Ausbau vor dem Kernburgtor gesehen werden: Ein quadratischer Wohnturm von 1225/26 mit einer 1227 errichteten Latrinenanlage samt nach Osten ziehender Umfassungsmauer umgrenzten einen zwingerartigen

Abb. 63: Der Grundriss zeigt die gewaltigen Ausmaße der Neuenburg – mit einer Grundfläche von über 30 000 Quadratmetern.

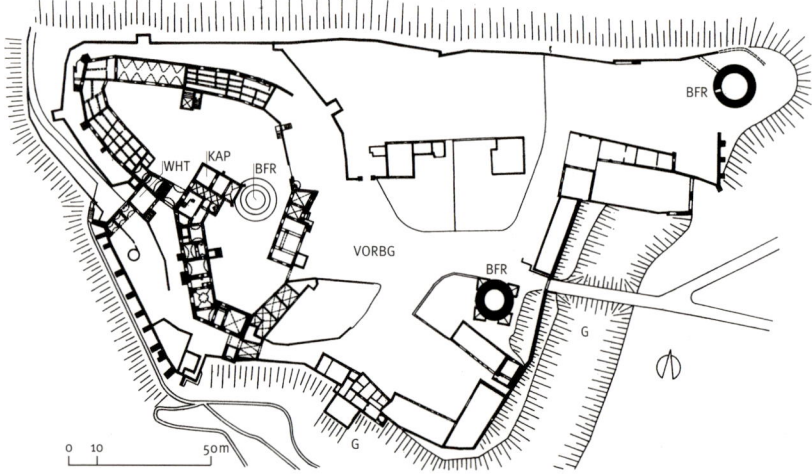

Abb. 65: Mit ihren Zackenbögen erinnert der obere Raum der Neuenburger Doppelkapelle an die maurische Architektur Spaniens. Von dem mittleren Bündelpfeiler gehen vier Gurtbögen aus.

Bereich. Die in deutlichem Abstand vom Turm angeordneten Latrinen haben im deutschen Burgenbau des Hochmittelalters keine Parallele. Allenfalls kann man sie mit verwandten Anlagen in der Kreuzfahrerfestung Crac des Chevaliers im heutigen Syrien oder den jüngeren Danzkern der ordenspreußischen Burgen vergleichen. Mit dem

Wohnturm und seinen hochmodernen Latrinen entstand offensichtlich der komfortabelste Wohnbereich der Neuenburg. Es darf daher angenommen werden, dass dieser für die Familie der Burgherren bestimmt gewesen ist.

Baukünstlerisch am bedeutendsten ist ohne Zweifel die Doppelkapelle (Abb. 65). Nach Georg

Dehio gehört sie „zum Besten und Bezeichnendsten, was uns von der höfischen Kunst der Hohenstaufenzeit geblieben ist". Zu verweisen ist auf die Gestaltung des oberen Kapellenraumes mit seinem mittleren Bündelpfeiler und den vier Gurtbögen, deren Zackenbögen an Vorbilder aus der maurischen Architektur Spaniens erinnern und wahrscheinlich ihr direktes Vorbild in der heutigen Westvorhalle der Kölner Andreaskirche haben. Aber auch bauliche Details wie Lilienfenster, hängende Schlusssteine und die reiche, qualitätvolle Bauzier sind unmittelbar von niederrheinischen Vorbildern herzuleiten. Die Bauabfolge besteht aus zwei Phasen: zunächst der Aufstockung mit einem dreischiffigen und zweijochigen oberen Kapellenraum (um 1170er/1180er Jahre) und da-

rauf folgend der Umbau mit dem Bündelpfeiler (um 1200/20). Bei genauerer Betrachtung wird schnell offenbar, dass die Grundgestalt der gesamten Burg, die Ringmauern, zwei Türme und große Teile der Gebäude aus den romanischen Bauphasen stammen. Sie künden von den zweifellos bedeutendsten Abschnitten der Burggeschichte.

Gegen 1400 setzte erneut eine umfangreichere Bautätigkeit ein. Die Kapelle erhielt damals ihre gotischen Maßwerkfenster und ab 1401 wurde eine neue Burgküche errichtet (vielleicht der Kern der heutigen Küchenmeisterei). Aus Amtsrechnungen und anhand von zahlreichen dendrochronologischen Datierungen wissen wir vom Bau einer „großen Kemenate" von 1458 (Keller) bis um 1468 (Dachstuhl) südlich des Palas unter

Abb. 66: Westtorhaus, spätromanischer Wohnturm, Löwentor und Fürstenbau von Osten.

▶ DIE HEILIGE ELISABETH VON THÜRINGEN UND DIE NEUENBURG

Es ist das Verdienst des Neuenburg-Vereins, das Leben und Wirken der heiligen Elisabeth auch auf der Neuenburg bekannt zu machen und seit 1994 alljährlich durch Veranstaltungen am Elisabethtag (19. November) daran zu erinnern bzw. gemeinsam mit karitativen Einrichtungen der Umgebung in deren Sinne zu handeln. Die Neuenburg ist somit die einzige landgräflich-thüringische Burg, auf der kontinuierlich und aktiv der Heiligen gedacht wird.

Elisabeth wurde im Jahr 1207 als Tochter des ungarischen Königs Andreas II. und seiner Frau Gertrud von Andechs geboren. Mit vier Jahren wurde sie an den Hof des thüringischen Landgrafen Hermann I. gebracht. 1221 heiratete sie dessen Sohn Ludwig IV. Aufenthalte auf der Neuenburg sind urkundlich für 1224 und 1225 gesichert; weitere sind anzunehmen. Früh wandte sich Elisabeth den Lehren Franz von Assisis zu, sorgte sich um Kranke und Arme in der Nähe in einem Maße, das weit über das Übliche christlicher Fürsorge hinausging. Das brachte sie schnell in Konflikt mit der höfischen Gesellschaft. Doch ihr Gemahl hielt zu ihr. Als dieser 1227 auf dem Weg ins Heilige Land bereits in Italien starb, geriet Elisabeth zunehmend in die Abhängigkeit des Dominikanermönches Konrad von Marburg. Die Familie verstieß sie. Völlig entkräftet starb sie nach aufopferungsvollem Einsatz – nur 24-jährig – in der Nacht vom 16. zum 17. November 1231. Zahlreiche Wunder brachten Konrad, die landgräfliche Familie und den Deutschen Orden in Marburg dazu, bei Papst Gregor IX. die Heiligsprechung zu beantragen. Nach vier Jahren wurde diese vollzogen. Allgemein ist von einer Verehrung Elisabeths durch die eigene Familie wenig bekannt. Auf der Neuenburg könnte die Heilige im späten 14. Jahrhundert wieder zu größerem Ansehen gekommen sein, denn aus jener Zeit stammt ein künstlerisch hervorragendes Bildwerk, das seit 1900 auf der Burg nachzuweisen ist und vielleicht auch für diese geschaffen wurde. Es ist heute in den barocken Betstuben neben dem oberen Kapellenraum ausgestellt. In einer Baurechnung wird 1458/59 dieser Raum zudem als Elisabethkapelle bezeichnet.

Verwendung romanischer Bauteile. Diese steckt in dem modern so benannten Fürstenbau (Abb. 66). Die Keller stammen sämtlich aus jener Zeit; außen sind noch die Kreuzstockfenster zu erkennen. Im Südosten war der Bau mit einem neuen Torhaus verbunden (Osttorhaus). Der Neubau scheint die inzwischen unmodern gewordenen Räume und Säle im Palas ersetzt zu haben. Aber auch der romanische Wohnturm erfuhr zeitnah einen tiefgreifenden Umbau (1462/1463); die angrenzende Latrinenanlage wurde zu einem Gebäude erweitert (Westtorhaus). Die Dächer erhielten spitze Türmchen. Die über dem Kernburgtor eingebaute Blockstube öffnete sich in einen nach außen vorspringenden Erker, der von einer hohen Spitze bedeckt war. Im Westen der Kernburg entstanden Ställe und Kornböden. Auch die baugeschichtlich nicht genauer zu datierenden Zwingermauern sowie eine Bastion (Bollwerk) an der Südostecke der Vorburg gehören in diese große Ausbauphase des mittleren 15. Jahrhunderts. Das Erscheinungsbild der romanischen Burg veränderte sich dadurch spürbar.

Es waren vermutlich statische Gründe, die schließlich zum Abbruch des Palas und einem teilweisen Neubau des Westteils der Doppelkapelle und der südlich anstoßenden Räume führten. Im Obergeschoss befand sich dort jetzt der Kirchsaal, von dem aus man sowohl in die nunmehr mit Pfarrfunktionen ausgestattete Kirche wie auch in angrenzende Wohnräume gelangen konnte. Im Wohnturm wurde 1543 ein Renaissanceportal eingebaut, der Küchenbau (Abb. 67) um 1550 modernisiert (neuer Dachstuhl) und dem „Dicken Wilhelm" 1550 die bis heute prägende Haube aufgesetzt. Außerdem künden verschiedene Fenster von dieser Bauphase. In der Vorburg, dem inzwischen intensiv genutzten Vorwerk, entstanden zahlreiche neue Wohn- und Wirtschaftsgebäude.

Nach Zerstörungen im Dreißigjährigen Krieg erfolgte der Wiederaufbau des nunmehrigen „Schlosses Freiburg" schrittweise: Dachwerke über den Ställen im Westen der Kernburg und über der Kapelle 1658/60, Modernisierung der Ställe, Reparatur der Kapelle 1675, der Hofstube im Fürstenbau 1675. Auch das Vorwerk erfuhr einen Ausbau (Jagdzeughaus von 1668, dazu ein Jägerhaus von 1693/94 beim Osttorhaus). Erstmals in ihrer über 500-jährigen Geschichte erhielt die Burg zwischen 1665 und 1677 im Hof vor dem Kernburgtor (wegen einer Löwenmaske am Torbogen von 1677 heute das „Löwentor" genannt) einen Brunnen, der immerhin 104 Meter tief ist. Zuvor war die Wasserversorgung der Burgbewohner durch Zisternen und Eselstransporte sichergestellt worden.

1703/04 richtete man im Westen der Kernburg Wohn- und Schlafräume sowie verbindende Korridore zu fürstlichen Absteigen ein (die seitdem Galerieflügel genannten Bereiche). Auch die Kapelle erhielt eine neue barocke Ausstattung. Im Fürstenbau fanden ebenfalls Modernisierungen statt (Umsetzen eines Portals von 1552 in das Tafelgemach als bewusster Akt von „Denkmal-Pflege"). Von einer festlichen Einweihung am 16. September 1704 berichten die Quellen ausführlich. Eine Fortsetzung fanden diese Arbeiten bis etwa 1721 (Badestube 1708, Küche 1708/09, Treppenhaus 1714, zwischen südöstlichem Flügel und Küche neuer Remisen- und Altanbau 1715/20). Heute künden von diesen Maßnahmen insbesondere die zahlreichen barocken Ohrenfenster am Fürstenbau, an der Küchenmeisterei sowie an den Galerieflügeln. Das Hauptportal zum Fürstenbau aus dem Jahr 1704 kündet in einer Inschriftkartusche gar von der herrscherlichen Tradition, in der sich der damalige Bauherr verstand: ausgehend von den (Land-)Grafen von Thüringen im späten 11. Jahrhundert. Mittels neuer Tore (1718/19) und gerader Wegeführungen verband man den Fürstenbau mit Alleen in Richtung des 1703 geschaffenen, kleinen Jagdschlosses „Friedenthal" und der Residenzstadt Weißenfels.

Die Vorburg zierte inzwischen trotz Wirtschaftsbauten und Viehhof ein barocker Lustgarten mit Gartenhaus. Ein letzter wohnlicher Ausbau erfolgte 1755/56 über Remise und Altan („Neuer Flügel"). Leider künden von diesem Rokokobau heute nur noch Bauzeichnungen und Inventarbeschreibungen. Seit etwa 1760 wurden zunehmend Räume des Schlosses vermietet, da sie infolge der Nichtnutzung durch den Dresdner Hof ohnehin leer standen. Die ständig drängenden Probleme des Bauunterhalts konnten nur noch ungenügend gelöst werden.

Ende des 18. Jahrhunderts wurde die Neuenburg von einem kursächsischen Landbauschreiber bereits als „Wüstung" bezeichnet: Der Abbruch des Neuen Flügels (1822) und der Bettmeisterwohnung nördlich der Küche (1832) schienen folgerichtig, diskutierte man doch ernsthaft und ausführlich einen großflächigen Abbruch des Schlosses bis auf Kapelle und Bergfried. Nach langen Verhandlungen und der durch die Revolution von 1848 verursachten Unterbrechung aller Bau-

tätigkeit wurden schließlich 1853/56 Erhaltungsmaßnahmen durchgeführt: Restaurierung der Kapelle als „Denkmal des vaterländischen Altertums", Einrichtung des Fürstenhaus für eine Beamtenwohnung. Der Wirtschaftsbetrieb in der Vorburg war erfolgreich und führte ebenfalls zu zahlreichen Baumaßnahmen. Die Neuenburg war für die nächsten 120 Jahre gerettet.

In dem barocken Erkervorbau an der talseitigen Spitze der Galerieflügel hatten sich im Jahr 1806 das preußische Königspaar Friedrich Wilhelm III. und Luise kurz vor der vernichtenden Schlacht bei Jena und Auerstedt zwischen Preußen und Napoleons Truppen aufgehalten. Im Lauf des 19. Jahrhunderts entwickelte sich hier eine Luisenverehrung, die aber mit dem Betrieb der im Dritten Reich eingerichteten BDM-Schulen kollidierte. Doch gelang es den Baubeamten, ei-

Abb. 67: Die Küchenmeisterei geht im Kern vielleicht auf eine Burgküche des frühen 15. Jahrhunderts zurück.

nen ungehinderten Zutritt zum „Luisenzimmer" zu ermöglichen. Die nach 1945 mit Umsiedlern besetzten Wohnungen und das Museum garantierten den Erhalt der Burg. Doch zwangen größere Bauschäden im Jahr 1971, das Museum zu schließen. Immerhin gelang es trotz aller Probleme mit Baufirmen, Baumaterialien und Geld, 1983 den „Dicken Wilhelm" wieder für die Öffentlichkeit zugänglich zu machen. Ansonsten verfiel die Burg weiter. Dennoch konnte die Denkmalpflege in dieser schwierigen Zeit Bauforschungen in der Doppelkapelle durchsetzen. Die Zeit seit dem Herbst 1989 stellt sich dem Beteiligten zwar als engagierte Instandsetzung und erfolgreiche Denkmalpflege dar, wird aber in Kürze schon als Bestandteil der Baugeschichte gesehen werden.

Die Burgherren

Gründer der Neuenburg war Graf Ludwig der Springer, Sohn des aus dem Fränkischen stammenden Ludwig des Bärtigen. Er hatte seinen Wohnsitz zunächst auf der Schauenburg bei Gotha genommen. In relativ kurzem Abstand gründete er vor 1080 die Wartburg und wohl 1086 die Neuenburg. Die entscheidende Basis hierfür war die Heirat Ludwigs mit Adelheid, der Witwe des ein Jahr zuvor ermordeten Pfalzgrafen von Sachsen, Friedrichs III. Ludwig muss in Neuenburg sofort mit dem Bau einer großen Burg begonnen und diesen in vergleichsweise kurzer Zeit zu einem ersten Abschluss gebracht haben. Ludwigs Sohn wurde im Jahr 1131 von Kaiser Lothar zum Landgrafen von Thüringen ernannt (Ludwig I.). Insbesondere die folgenden Landgrafen Ludwig II., Ludwig III., Hermann I. und Ludwig IV. haben die Neuenburg vergrößert und modernisiert.

Nach dem Tod des Landgrafen Heinrich IV. Raspe im Jahr 1247 und sich über mehrere Jahre hinziehenden Erbfolgekriegen gelangte die Burg in den Besitz der Markgrafen von Meißen aus dem Hause Wettin (der späteren Kurfürsten und Könige von Sachsen), in deren Händen sie bis 1815 verblieb. Zunächst zeigten diese aber wenig Interesse an der abseits der wichtigen Straßen gelegenen Burg, verpfändeten sie sogar 1375 an den Bischof von Merseburg. Doch um 1400 häuften sich wieder Besuche von Markgrafen auf der Neuenburg. Der vorrangig in Weimar residierende Wilhelm III. hat der Burg seit etwa 1458 grö-

ßere Aufmerksamkeit geschenkt und sie intensiv ausbauen lassen – die Gründe kennen wir nicht. Es ist aber zu vermuten, dass dies nicht für die Belange eines Burgvogtes (Amtmannes) geschah, sondern für Residenzfunktionen, die schließlich aber nicht wahrgenommen wurden.

Im mittleren 16. Jahrhundert wohnte kurzzeitig Moritz von Sachsen auf der Burg; er und sein Bruder August ließen größere Umbauten ausführen. Zwischen 1657 und 1746 diente die Neuenburg (nun als „Schloss Freiburg" bezeichnet) als Nebenresidenz und Jagdschloss der Herzöge von Sachsen-Weißenfels, die sie dafür in größerem Ausmaß modernisieren ließen. Nach dem Aussterben dieser sächsischen Nebenlinie fiel die Burg wieder an Kursachsen zurück. Kurfürst Friedrich August II. veranlasste die letzten fürstlichen Neubauten (1755/56), die jedoch in Folge des Siebenjährigen Krieges kaum noch genutzt werden konnten.

Ende des Jahres 1770 übergab das Dresdner Hausmarschallamt die Neuenburg an das Kammerkollegium, das heißt an den kursächsischen Staat. Seit dieser Zeit mehrten sich die Bemühungen um neue Nutzungen, aber auch erste Überlegungen eines Abbruchs (1793). Das Wechselspiel von fehlender Nutzung und notwendigem, aber kostspieligem Bauunterhalt setzte sich auch nach der Übernahme durch Preußen im Jahr 1815 fort. Karl Friedrich Schinkel überlegte 1833, die Burg bis auf die in ihrem baukünstlerischen Wert inzwischen anerkannte Doppelkapelle und den Bergfried als Uhrturm der Domäne „künstlich zu ruinieren", die äußeren Mauern aber zu erhalten. Es setzten sich aber schließlich doch die Bemühungen um sinnvolle Nutzung und dadurch ermöglichten Bauunterhalt durch – ein großes Verdienst der preußischen Baubeamten Ferdinand von Quast und Friedrich August Ritter.

Von 1929 bis 1935 existierte auf der Burg ein Kindererholungsheim, von 1934 bis 1945 waren hier drei BDM-Schulen untergebracht. In den Wochen nach dem Ende des Zweiten Weltkrieges wurde die Burg geplündert. 1951 öffnete das Staatliche Museum Schloss Neuenburg wieder und wirkte sehr erfolgreich bis zur erneuten Schließung Anfang 1971. Träger des Museums war seit langem die Stadt Freyburg. Im Jahr 1998 übernahm der Verein zur Rettung und Erhaltung der Neuenburg e. V. das Museum und betrieb es bis Ende 2004. Inzwischen gehört es zur Stiftung Dome und Schlösser in Sachsen-Anhalt (wie die Liegenschaft „Neuenburg" bereits seit 1996).

Rundgang

Das Schlossmuseum wurde 1935 als Heimatmuseum gegründet. Nach den Plünderungen des Jahres 1945 konnte das Museum 1951 wieder eröffnet werden. Infolge großer Bauschäden musste es Anfang 1971 geschlossen werden. Nachdem im Herbst 1989 von engagierten Bürgern eine Öffnung der Burg erzwungen werden konnte, wurde sehr schnell am Aufbau neuer Ausstellungen gearbeitet. Dies ging einher mit der grundlegenden Instandsetzung der gesamten Kernburg. Zwischen 1992 und 2003 konnten die folgenden Ausstellungsbereiche wieder der Öffentlichkeit zur Verfügung gestellt werden: Doppelkapelle und Keller im Fürstenbau (1992), großer Schlosskeller (1993), Festsaal, Jagdzimmer und Remisencafé (1994), Räume zwischen romanischem Wohnturm und Fürstensaal (1996/97, Abb. 68), Weinmuseum im nördlichen Galerieflügel (1998),

Abb. 68: Von 1657 bis 1746 diente die Neuenburg den Herzögen von Sachsen-Weißenfels als Nebenresidenz. Auf diese Zeit geht auch das heutige Erscheinungsbild des Fürstensaals zurück, der den Herzögen als repräsentativer Festsaal diente; die Ausstattung stammt von 1997.

Burg und Herrschaft (2003). Seit 1991 finden in verschiedenen Räumen, unter anderem im „Dicken Wilhelm" kulturhistorische Sonderausstellungen zumeist mit Beständen aus dem Museumsfundus statt. Hervorzuheben sind auch der museumspädagogische Bereich „Kinderkemenate" und – vom Verein ausgebaut und betrieben – ein Museumsladen und ein Gästehaus. Seit vielen Jahren finden regelmäßig ein Pfingst-Ritterturnier und Ende Juni die Internationalen Tage der mittelalterlichen Musik „montalbâne" statt.

Abb. 69: Wie ein Märchen-
schloss erhebt sich Schloss
Neuschwanstein über der wild-
romantischen Pöllatschlucht.

SCHLOSS
NEUSCHWANSTEIN

„IM ECHTEN STYL
DER ALTEN
DEUTSCHEN
RITTERBURGEN"

Joachim Zeune

Seit vielen Jahrzehnten erschöpft sich die Diskussion um Schloss Neuschwanstein (Abb. 69) ausschließlich in der Fragestellung, ob es sich bei diesem Bauwerk um „Kunst oder Kitsch" handele. Die meisten Kunsthistoriker verweigern dabei Neuschwanstein jegliche künstlerische Wertschätzung und klassifizieren es hauptsächlich als kommerzialisiertes Tourismus-Monstrum, das gemeinsam mit dem Ludwig-II.-Musical jedes Jahr über eine Million Besucher aus aller Welt in den entlegenen Königswinkel, in die herrliche bayerische Voralpenlandschaft Füssens, lockt.

Neuschwanstein aber ist in Wirklichkeit viel mehr als nur der in Stein manifestierte, geschickt vermarktete Größenwahn eines politisch unbedeutenden Königs: Es repräsentiert als herausragender Vertreter der Mittelalter- und Burgenrezeption des 19. Jahrhunderts ein geniales Zeitdokument, das sich nicht darum zu kümmern braucht, ob es nun Kunst oder Kitsch darstellt, ob sein Bauherr homosexuell veranlagt oder dessen Tod selbstgewählt war.

Erstaunlich ist, dass viele Touristen ungeachtet der hinreichend bekannten historischen und architektonischen Fakten das Märchenschloss des bayerischen Königs Ludwig II. für eine echte mittelalterliche Burg oder für eine realitätsnahe Kopie derselben halten. Damit erfüllt Neuschwanstein nicht allein Ludwigs Idealvorstellungen einer mittelalterlichen Burg, sondern darüber hinaus auch die Erwartungen einer breiten Öffentlichkeit.

Der Bauherr

Ludwig verbrachte als Kind und Jugendlicher viele Monate in der von seinem Vater König Maximilian II. neugotisch überformten Burg Schwanstein, später umbenannt in Schloss Hohenschwangau (Abb. 70). Von hier aus wanderte Ludwigs Blick oft hinauf zu einer mächtigen, düsteren Burgruine, die hoch über der Pöllatschlucht von schroffem Fels „heilig und unnahbar" aufragte, wie Ludwig 1867 schrieb, sich tatsächlich aus der Doppelburg Vorder- und Hinterhohenschwangau zusammensetzte. In Sichtweite stand zudem das Hohe Schloss von Füssen, nur wenige Kilometer weiter entfernt erhoben sich die grauen, geheimnisvoll zerklüfteten Mauern von Falkenstein, Eisenberg und Hohenfreyberg von ihren hohen Berggipfeln.

Kein Wunder also, dass Ludwig schon als Kind ein starkes Faible für die Ritter- und Burgenromantik entwickelte, begeistert die Sagen um König Artus, die Tafelritter und den Heiligen Gral verschlang. Hinzu kam, dass ausgerechnet der Schwan schon früh schicksalhaft in sein Leben trat. Dieses stolze, anmutige und zugleich wehrhafte Tier lebte nicht nur im Wasser des benachbarten Alpsees, verlieh nicht nur Lohengrin seinen Beinamen „Schwanenritter", sondern fand sich auch noch im Wappen der Herren von Schwangau und folglich im Namen der beiden Burgen Schwangau und Schwanstein.

Noch schicksalhafter war für den jugendlichen Ludwig die Begegnung mit Richard Wagner und dessen dramatischen Ritteropern „Tristan und Isolde", „Tannhäuser", „Parsifal" und „Lohengrin". Ludwig verfiel sofort in grenzenlose, ja fast krankhafte Bewunderung für den damals hochverschuldeten Wagner, der dies geschickt zur Konsolidierung seiner prekären Finanzlage auszunutzen verstand.

Am 13. Mai 1868 schrieb der vier Jahre zuvor zum König proklamierte Ludwig seinem hochgeschätzten Freund Wagner, dass er beabsichtige, die Burgruine (Vorder- und Hinter-)Hohenschwangau „im echten Style der alten deutschen Ritterburgen" neu aufzubauen. Tatsächlich firmierte sein Bauprojekt in den Bauakten anfangs wiederholt als „Restauration der alten Burgruine", obwohl Ludwig diese vermutlich bis in die Salierzeit zurückreichende, bedeutende Burg samt Felsplateau bis auf eine Tiefe von acht Metern komplett wegsprengen ließ. Diese massive Felsabtragung war erforderlich, um ausreichend Platz für die riesige Fundamentplatte des Neubaus zu schaffen. Zudem musste die Kluft zwischen den beiden benachbarten Burgfelsen durch eine aufwändige Aufmauerung geschlossen werden. Um sein Neubauvorhaben dennoch als Restaurierung legitimieren zu können, übernahm Ludwig das alte Turmhaus der Burg Hinterhohenschwangau indirekt in seine Entwurfsplanung: Die ersten Vorzeichnungen Neuschwansteins durch den bekannten Burgenmaler Franz Graf von Pocci und den Bayreuther Kulissenmaler Christian Jank im Jahr 1868 nach Vorgaben des damaligen Architekten Eduard Riedel zeigen einen im Vorhof aufragenden hohen schlanken Rundturm, der in etwa die Position des alten quadratischen Turmhauses einnahm. Dieses niemals über seine Fundamente hinaus aufgeführte Architekturzitat hätte mit seiner Höhenausdehnung von 90 Metern den

jetzigen „Bergfried" sogar noch an Höhe übertroffen. Der Großteil der Schlossarchitektur mit den Palasbauten und (zweitem) Bergfried drängte sich dagegen eng auf dem Platz der ehemaligen Burg Vorderhohenschwangau im rückwärtigen Teil der Schlossanlage. Erst eine zweite Entwurfszeichnung Janks aus dem Jahr 1869 verteilte die Baumassen gleichmäßiger über den gesamten Bauplatz und konkretisierte somit erstmals die heutige Schlossgestalt.

Diese Vorzeichnungen zeigen deutlich, wie sich Ludwig seine Schwanenburg, seine Gralsburg wünschte, wie er sich eine „echte" Burg vorstellte: voller hoher Türme, Erker, Zinnen und spitzkegeliger Dachhelme (Abb. 71), als sich mächtig himmelwärts türmenden Schlossbau, der imposante Baumassen mit Schlankheit und Eleganz kombi-

nierte. Nicht „unecht" als plumpe, altersgraue, wuchtige, kahle Burg. Ludwig benötigte eine spektakuläre Theaterkulisse für seine gigantische Mittelalterinszenierung (die Mythenwelt Wagners), in der er selbst die Hauptrolle spielte. Die Realisierung seiner heroischen Fantasien bedurfte einer entsprechend pompösen Architektur, was zur Folge hatte, dass die eher bescheidenen ersten Vorentwürfe inhaltlich nochmals stark aufgebläht werden mussten. Zur Steigerung der Fernwirkung verjüngte man die Türme leicht nach oben, was beim Näherkommen eine größere Höhe suggerierte. Die schmale Ostfront erhielt nun eine repräsentative Doppelturmfassade mit einem eigenständigen, erkerverzierten Torbau, wobei Ludwig natürlich wusste, welch besonderer Herrschaftsanspruch dem Doppelturmtor seit der Antike zukam.

Abb. 70: Auf Schloss Hohenschwangau verbrachte Ludwig II. einen Teil seiner Kindheit und Jugend. Die romantisierenden Wandmalereien in Hohenschwangau weckten die Begeisterung des jungen Prinzen für die Welt des Mittelalters – wie auch der Blick auf die gegenüberliegende Burgruine, die später seinem Schloss Neuschwanstein Platz machen musste.

Seine eigene Neukreation sollte den „altdeutschen" Palas der Wartburg, in dem der berühmte (fiktive) Sängerkrieg stattgefunden hatte, ebenso integrieren wie die Türme der soeben durch den renommierten Architekten Viollet-le-Duc rekonstruierten französischen Riesenburg Pierrefonds, die Ludwig 1867 persönlich inspiziert hatte. Wohl nicht nur aus seltsamer Nostalgie für die von ihm selbst beseitigte Burgruine, sondern vor allem aus einem „altdeutschen" Verständnis heraus, verordnete er seiner „Neuen Burg in Hohenschwangau" die Stilformen der Romanik, die er intuitiv mit den Tafelritter-Sagen assoziierte. Damit distanzierte sich Ludwig vom zeitgemäßen Baustil der Neugotik, den das preußische Königshaus damals favorisierte – man denke nur an Stolzenfels und Hohenzollern (siehe Seite 67). Analysiert man die Bauformen von Neuschwanstein, so sind die durchgängige Verwendung des Rundbogens an Fenstern, Türen und Portalen, die gekuppelten Fensterarkaden, die Imitation von Quadermauerwerk sowie die Konzeption eines Palas mit Bergfried zweifelsfrei der Romanik entliehen, während andere Bauelemente wie die Erker, Schießscharten, Maschikuli, Treppengiebel, Treppentürmchen und Auskragungen tatsächlich Produkte des spätmittelalterlichen Wehrbaus sind. Dies braucht nicht zu verwundern: Um 1870 steckte die Burgenforschung noch in ihren Kinderschuhen, so dass man noch kein differenziertes Wissen um die Chronologie der Bauformen erarbeitet hatte.

Bedenkt man nun, dass die Ausgestaltung Neuschwansteins innen wie außen bis ins kleinste Detail von den präzisen Kenntnissen Ludwigs, erworben durch intensive Literaturrecherchen und ausgedehnte Studienfahrten, geprägt war, dann macht dies Neuschwanstein zu einem perfekten Spiegelbild der Mittelalter- und Burgenrezeption um 1870. Das 18. und 19. Jahrhundert hatten als Flucht vor einer extrem rationalisierten und bürokratisierten Umwelt ein möglichst aufregendes, das heißt blutrünstiges und kriegerisches Mittelalter frei ersonnen, in dem das Rittertum vor allem durch die Wiederbelebung der Artus- und Nibelungensagen heroisiert, die Burgen monumentalisiert und militarisiert wurden. Diesen neuen Vorgaben konnten die meisten Burgen in

Abb. 71: Überall Türmchen, Erker und Zinnen – so stellte sich Ludwig II. das Mittelalter vor. Ansicht des Schlosses vom Aussichtspunkt „Jugend".

ihren realen Dimensionen und Wehreinrichtungen nicht gerecht werden, weshalb man sie baulich stark überformen musste.

Ludwig imitierte in seinem Lebensstil, in seiner Baubesessenheit, in seinen Bemühungen, sich so umfassend wir möglich in Bauplanung und Bauausführung einzubringen, bewusst die großen Barockfürsten des Absolutismus. Von diesen unterschied sich Ludwig jedoch markant darin, dass er seine Schlösser für sich ganz allein baute, nur für seine eigene imaginäre Traumwelt: Ludwig war ein König ohne Hofstaat, ausgestattet mit beschränkten politischen Befugnissen, ohne direkten Bezug zur Außenwelt. Daher kommt dem Text der am 5. September 1869 in dem marmornen Grundstein von Neuschwanstein hinterlegten Gründungsurkunde eine besondere Bedeutung zu: „Wir, Ludwig II. von Gottes Gnaden König von Bayern … erklären hiermit, daß Wir beschlossen haben, für Uns und Unseren Hof ein neues Schloss zu bauen an der Stelle, wo einst die Schlösser Vorder- und Hinterhohenschwangau ihre Zinnen erhoben." Ausdrücklich spricht Ludwig hier von sich und seinem Hof, obwohl er als menschenscheue Person kaum Besucher empfing und seine Bediensteten mitunter den Gästemangel kompensieren mussten, wie z.B. in seiner orientalisch eingerichteten neuen Jagdhütte auf dem Schachen, nahe Garmisch-Partenkirchen. Hier hatte sein Personal muslimische Kleidung zu tragen, faul und träge auf den Kissen herumzuliegen, genüsslich Tabak zu rauchen und Mokka zu schlürfen – zweifelsohne ungewöhnliche Momente im Leben der Dienstpersonen!

Baugeschichte

Neuschwanstein war beim Tod des Königs am 13. Juni 1886, nach einer Bauzeit von 17 Jahren, noch immer Baustelle. Neben zahlreichen, sich noch im Rohbau befindlichen Innenräumen standen vom großen Bergfried, der samt seiner prunkvollen Burgkapelle am Platz der alten Turmburg Hinterhohenschwangau entstehen sollte, lediglich die Fundamente. Die massiven Bauverzögerungen und unterbliebenen Bauleistungen hatten natürlich finanzielle Ursachen, denn die exorbitanten Kostenmehrungen der Neubauprojekte Linderhof (143 Prozent) und Herrenchiemsee (191 Prozent) fraßen allmählich die finanziellen Ressourcen Ludwigs auf, der die Baukosten aus seiner Privatschatulle, seinen Apana-

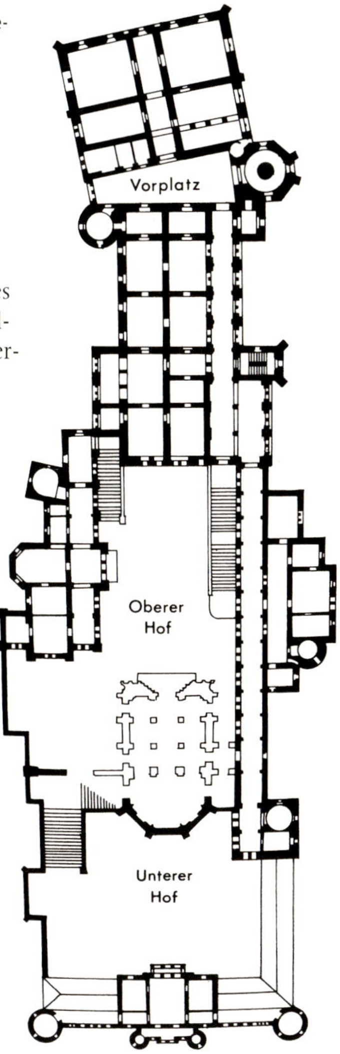

Abb. 72: Grundriss von Schloss Neuschwanstein. Kemenate, Palas und Ritterbau umrahmen den Oberen Hof. Unten der Untere Hof mit dem Torbau.

gen und dem Vermögen der Königsfamilie bestritt. Neuschwanstein war 1886 mit „nur" 94 Prozent Kostenüberschreitung bzw. Baukosten von 6,2 Millionen Reichsmark tatsächlich Ludwigs kostengünstigster Schlossneubau. Doch dies hätte sich sicherlich geändert, wäre der Bau vollendet worden. Um dem Schloss zumindest äußerlich eine gewisse Geschlossenheit zu verleihen, wurde 1890 bis 1892 unter dem Architekten Julius Hofmann die Kemenate vollendet, die gemeinsam mit Palas und Ritterbau den oberen bzw. hinteren Schlosshof umschloss (Grundriss, Abb. 72).

Die gewaltigen Dimensionen des Schlossbaues verdeutlichen einige faszinierende Zahlen: Allein im Jahr 1872 verbaute man 9000 Zentner Zement und 184 500 Liter Kalk; im Jahr 1879/80 waren es sogar 12 000 Zentner Zement plus 9300 Zentner Salzburger Marmor, 91 000 Zentner Nürtinger Sandstein, 400 000 Backsteine im Reichsformat, 3600 Kubikmeter Sand, 1000 Zentner Steinkohle und 2050 Kubikmeter Gerüstholz. Zur Bewältigung der komplizierten Baulogistik mussten eine neue Straße auf den Berg geführt, ein Dampfmaschinenkran sowie Gleise mit Loren installiert werden.

Rundgang

Höhepunkte der Innenraum-Inszenierung bildeten der Sängersaal und der Thronsaal, die beide höchste Pracht entfalteten. Kunstvoll gearbeitetes Mobiliar, farbenfrohe Fresken, herrliche Glasmalereien, hochwertige Bauskulptur, vornehmer Marmor, feine Mosaike, wunderbare Schnitzwerke und große Lüster lassen erahnen, welch hohen Wert Ludwig auf künstlerische Qualität legte. Allerdings fiel es Ludwig nicht leicht, immer die besten Künstler zu verpflichten, denn kein angesehener Künstler schätzt Auftragsarbeiten für einen schwierigen Auftraggeber. Insbesondere bei den Fresken wirkte sich diese problematische Konstellation nachteilig aus, denn hier fiel der Verschleiß an Künstlern auffällig hoch aus.

Ganz im Stile mittelalterlicher Palasbauten beschränkten sich die herrschaftlichen Residenzräu-

Abb. 73: An den Chorraum byzantinischer Kirchen mit ihren Goldmosaiken erinnert der Thronsaal auf Schloss Neuschwanstein – so wie dem König im byzantinischen Hofprotokoll fast gottgleiche Verehrung zukam.

me allein auf die Obergeschosse. Im dritten Obergeschoss befand sich die Königswohnung mit Thronsaal, erschlossen durch einen Vorraum mit Fresken der Sigurd-Sage. Der Thronsaal (Abb. 73), dem der aufgrund von Ludwigs Tod nicht mehr ausgeführte Prachtthron fehlt, spiegelt die Vorstellung des Wittelsbachers von einem gottgegebenen, allmächtigen Königtum: Trotz des zunehmenden Verlustes politischer Macht, trotz seiner Abneigung gegen Regierungsgeschäfte und die Politik im Allgemeinen, trotz seiner Scheu vor großen Menschenaufläufen vergötterte Ludwig den entfernt mit ihm verwandten französischen König Ludwig XIV., den „Sonnengott", der gottgleich über das Frankreich des 18. Jahrhunderts regierte. Ihn versuchte Ludwig nicht nur zu kopieren, sondern im Aufwand der Selbstinszenie-

rung, das heißt im höfischen Prunk, sogar noch zu übertreffen. Dies erklärt auch, warum Prof. Wilhelm Hauschild über dem bezeichnenderweise in eine Apsis gestellten Thron die sechs heilig gesprochenen Könige Kasimir von Polen, Stephan von Ungarn, Heinrich II. von Deutschland, Ludwig IX. von Frankreich, Ferdinand von Spanien und Eduard von England aufmalen musste. Über allen herrscht Christus, flankiert von den zwölf Aposteln. Die restlichen Wandgemälde illustrieren Ereignisse aus dem Leben der Heiligen Könige sowie Szenen des Alten Testaments. Eine gewaltige Kuppel mit Sonne und Sternen symbolisiert den Himmel und zitiert gemeinsam mit dem Kronleuchter die Pracht des alten Byzanz.

Im kunstvoll ausgestatteten Speisezimmer erscheinen auf Gemälden des bekannten Münchner Malers Prof. Ferdinand Piloty Szenen des – Ludwig schon früh faszinierenden – sagenhaften Sängerkrieges, der im Jahr 1207 auf der Wartburg stattgefunden haben soll. Im Schlafzimmer dagegen sind es prunkvolle Schnitzereien im spätgotischen Stil vor allem am Baldachin des Himmelbetts und am Waschtisch, die beeindrucken. Hier zeigen die Wandgemälde Szenen aus der Sage um „Tristan und Isolde". Spätgotisch ausgestaltet wurde auch die kleine private Hauskapelle Ludwigs.

Die Gemälde im Ankleidezimmer, die das Leben des Minnesängers Walther von der Vogelweide auszugsweise schildern, fertigte Eduard Ille, ein Schüler Moritz' von Schwind. Im königlichen Wohnzimmer schirmen vier Säulen, deren Kapitelle mit den Büsten von Christus, einem Kaiser, einem König und einem Kreuzritter verziert sind (stellvertretend für die vier Machtpfeiler des mittelalterlichen Deutschland), eine Sitzecke ab, in der sich Ludwig besonders gern aufhielt. Ein im Erkerfenster untergebrachter lebensgroßer Majolika-Schwan gab der Lesenische ihren Namen: Schwaneneck. Auf den Gemälden des Wohnzimmers ist die Lohengrin-Sage illustriert. Zwischen Wohnzimmer und Arbeitszimmer installierte Ludwig eine künstliche, effektvoll ausgeleuchtete Tropfsteinhöhle, die sich zu einem fantastisch platzierten Wintergarten öffnete.

Das königliche Arbeitszimmer erfuhr eine romanische Ausgestaltung, was auch durch den Einbau der schweren Eichenholzdecke bezeugt wird. Erneut sind es Wagner'sche Themen, die auf den Gemälden wiedergegeben werden, hier die Tannhäuser-Sage, gemalt von Josef Aigner. Romanisch gehalten ist auch das Adjutantenzimmer, in dem der persönliche Adjutant des Königs unterge-

bracht war. Dem multifunktionalen hochmittelalterlichen Mobiliar nachempfunden ist die Truhensitzbank, die nachts in ein Bett verwandelt werden konnte. Eine raffinierte elektrische Rufanlage ermöglichte es dem König, von jedem Zimmer aus seinen Adjutanten sofort herbeizurufen.

Ein Geschoss höher, im vierten Obergeschoss, endet die prachtvolle Haupttreppe unter einer Himmelskuppel, in die eine wunderbar gearbeitete Dattelpalme wächst, flankiert von einem Drachen. Der Vorraum zum Sängersaal sowie der Tribünengang kündigen dessen Pracht an: Gemälde von Wilhelm Hauschild setzen die Sigurd-Sage fort, während jene von Ferdinand Piloty und August Spieß die Parzival-Sage erzählen.

Nachdem Ludwig 1867 die durch Hugo von Ritgen kurz zuvor restaurierte Wartburg (siehe Seite 147) besucht hatte, reifte in ihm der Entschluss, deren Sängersaal noch prunkvoller auf Neuschwanstein nachzubauen. Daraufhin kreierte der Architekt Julius Hofmann eine spektakuläre Kombination aus dem Sängersaal und dem Festsaal der Wartburg, wobei die umlaufenden Wandgemälde inhaltlich erneut die Sage des Parzifal aufgreifen. Die säulenbetonte Sängerlaube an der Stirnseite enthält als eine Art „Bühnenbild" eine märchenhafte Darstellung von Klingsors Zaubergarten. Vollplastische Figuren unterhalb der herrlichen Kastendecke geben biblische und ritterliche Themen wieder, für die adäquate Beleuchtung sorgten vier riesige Kronleuchter und entlang der Seitenwände zehn übermannshohe Kandelaber (Abb. 74).

Wenngleich weit weniger höfisch orientiert, aber nicht weniger interessant ist die im Erdge-

Abb. 74: Der riesige Sängersaal, der den gesamten Ostteil des vierten Obergeschosses einnimmt, ist mit Szenen aus der Parzival-Sage ausgemalt. Die Aufnahme oben zeigt die Sängerlaube an der Stirnseite.

▶ EINE GEHEIMNISVOLLE BURG

Die durch König Ludwig 1868 eliminierte Doppelburg Vorder- und Hinterhohenschwangau muss allein aufgrund ihrer Dimensionen und ihrer topografischen Position auf einem 200 Meter hohen zweigeteilten Felsrücken eine hoch bedeutende Burganlage gebildet haben. Über das Aussehen der Burg unterrichten uns neben etlichen Ansichten und Grundrissskizzen auch Inventare, die bis ins 16. Jahrhundert zurückreichen. Sie bezeugen eine Doppelburg, die in dieser Form wohl erst um 1308 entstand, als man im Zuge umfangreicher Ausbesserungsarbeiten die auf dem Platz der Burg Vorderhohenschwangau gelegene Vorburg zu einer eigenen Burganlage ausbaute. Während mehrere Gebäude die Erscheinungsform der Burg Vorderhohenschwangau bestimmen, wird Hinterhohenschwangau als freistehendes großes Turmhaus wiedergegeben, 1523 sogar als „viereggeter Thurn" beschrieben. Dieses mächtige Turmhaus dürfte den Gründungsbau der Burg darstellen, denn aus jüngsten Forschungen zu Burgen des 11. und frühen 12. Jahrhunderts wissen wir, dass eben solche Türme damals eine Leitform des hochadligen Burgenbaues darstellten.

Berühmtheit erlangte der im *Codex Manesse* (*Große Heidelberger Liederhandschrift*; kurz nach 1300) abgebildete Minnesänger Hiltpolt von Schwangau, der hier wohl in der ersten Hälfte des 13. Jahrhunderts dichtete und sang. Er gehörte einem staufischen Dienstmanngeschlecht an, das die Burg hielt und sich nach ihr benannte. 1611 waren die Burgen ruinös. Eine angebliche Erwähnung als *castrum Swangowe* bereits 1090/97 erwies sich als moderne Fälschung eines ruhmsüchtigen Forschers. Tatsächlich erscheint eine Burg hier gesichert erst in einem Testament aus dem Jahr 1290, indirekt jedoch bereits 1146/47 mit einem Hiltibolt de Swanegow.

Zu den großen historischen Rätseln des Allgäus gehört eine namentlich nicht spezifizierte feste und wehrhafte Burg nahe Füssen, auf die sich 1077 während des Investiturstreits der Augsburger Bischof Wigolt zurückzog. Man hat hierfür mehrere Burgen in Betracht gezogen, doch kommen ernsthaft nur die Burg Schwangau und die nahe Burg Hopfen am See in Betracht. Auf Letzterer laufen seit mehreren Jahren im Zuge der Sanierungsarbeiten burgenkundliche Forschungen, die Burgbauten des 11. Jahrhunderts nachweisen konnten. Vermutlich war also die Burg Hopfen am See jene frühe, im Jahr 1070 existente Steinburg.

schoss installierte Küche mit Spülraum, die sich als schwer gewölbter Raum mit großen Rundsäulen präsentiert. Hinter ihrem mittelalterlichen Gepräge verbirgt sich eine für die damalige Zeit hochmoderne Ausstattung – was im Übrigen auf den gesamten Schlossbau zutrifft. Denn kaum einer der unzähligen Touristen, die heute begeistert Neuschwanstein verlassen, ahnt, dass die romantische, neo-romanische Schlossanlage, ähnlich wie Linderhof, fortschrittlichste Technik integrierte: Sie ruhte auf einer sorgfältig kaschierten Eisen-Skelettkonstruktion, besaß gläserne Türen, einen hydraulisch versenkbaren Esstisch, mechanische Winden für die großen Lüster, fließendes Heiß- und Kaltwasser für die Küche und den Schlafzimmerwaschtisch, automatische Spülung für alle Toiletten, vollautomatisch rotierende Bratspieße, Warmluftheizung für den gesamten Palas und sogar zwei elektrische Zimmer-Rufanlagen für die Bediensteten sowie Telefonanschlüsse im dritten und vierten Obergeschoss des Palas.

Abb. 75: Die königliche Burg
hoch über den Dächern der frei-
en Reichsstadt Nürnberg.

KAISERBURG
NÜRNBERG

EIN ZENTRUM
KAISERLICHER
MACHT

Birgit Friedel

Hoch über der ehemals freien Reichsstadt Nürnberg thront die Burg auf einem Sandsteinfelsen. Mehr als 50 Meter überragt sie ihre Umgebung als Sinnbild der Erhabenheit des mittelalterlichen Königtums. Die Nürnberger Burg (Abb. 75) ist eine königliche Burg; hier hielten sich die deutschen Könige über Jahrhunderte immer wieder auf. Besonders die Herrscher des Hochmittelalters befanden sich auf ständiger Reise durch ihr Reich. In einem weitgespannten System von Pfalzen bildete die Nürnberger Burg eine bedeutende Station, in der die Könige mit dem Hofstaat nächtigten und Reichs- und Hoftage abhielten. Im Spätmittelalter, als Nürnberg eine herausragende Stellung im Reich einnahm, hielt hier jeder Herrscher seinen ersten Reichstag ab.

Wie bei königlichen Burgen üblich, ist die Nürnberger Burg mehrteilig angelegt: Über die äußeren städtischen Bauten gelangt man von der vorgelagerten Burggrafenburg in die Vorburg und weiter in die hintere Kernburg als eigentliche Kaiserburg (Abb. 76). Ist schon die 220 Meter lange Anlage ein herausragendes Bauensemble, so sind auch die einzelnen Bauwerke für sich bemerkenswert: der Fünfeckturm, ein Bau des 12. Jahrhundert, die Doppelkapelle und der Palas aus der Zeit um 1200, die spätmittelalterlichen Bauten sowie die Basteien des frühen 16. Jahrhunderts, eine zu ihrer Zeit höchst moderne Verteidigungsanlage.

Baugeschichte

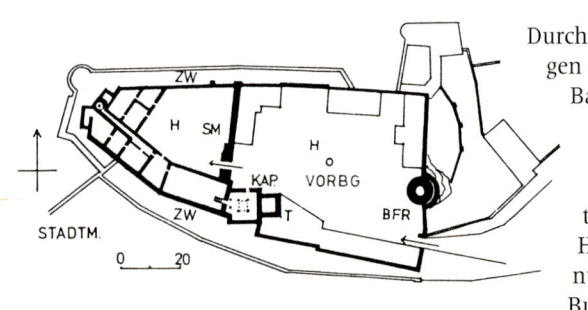

Abb. 76: Grundriss der Nürnberger Burg. Über 220 Meter lang ist die gesamte Anlage mit Burggrafenburg, Vorburg und eigentlicher Kaiserburg.

Durch umfangreiche Ausgrabungen der letzten Jahrzehnte ist die Baugeschichte der Burg ungewöhnlich gut erforscht. Nürnberg wird im Jahr 1050 als *nuremberg* zum ersten Mal schriftlich erwähnt. Hat man diese Ersterwähnung auch immer auf die Burg bezogen, so zeigten die jüngsten Grabungen, dass die Anfänge der Burg weiter – wohl in das 9./10. Jahrhundert – zurückreichen. Vieles spricht dafür, dass die damalige Anlage ein Außenposten der mächtigen Markgrafen von Schweinfurt war. Kaiser Heinrich II. ließ 1003 nach einem Aufstand deren Burgen – offensichtlich auch die in Nürnberg – dem Erdboden gleichmachen.

Die Ersterwähnung Nürnbergs 1050 anlässlich eines Hoftags Heinrichs III. zeigt, dass die wieder aufgebaute Burg sich jetzt in königlichen Händen befand. Bei dieser Gelegenheit wurde die Hörige

Sigena durch ein altes Ritual, den sogenannten Schatzwurf, aus der Hörigkeit entlassen. Dieser mit der „Sigena-Urkunde" beglaubigte Vorgang wie auch der gesamte Hoftag dürften in dem repräsentativen Palas auf dem höchsten Punkt des Plateaus stattgefunden haben, dessen Grundmauern bei Ausgrabungen zu Tage kamen. Nach nur wenigen Jahrzehnten wurde dieser Bau durch einen größeren an gleicher Stelle ersetzt, der innen mit vielfarbigem Putz aufwändig ausgestaltet war.

Trotz ihrer repräsentativen Ausstattung hatte die Burg auch militärischen Charakter. Dies zeigen die Belagerungen durch König Heinrich V. 1106 und Lothar von Süpplinburg 1127 und 1130. Ihm gelang es offenbar im zweiten Anlauf, die Burg einzunehmen, was nicht ohne Zerstörungen vor sich ging. Im Zuge des Wiederaufbaus errichtete man direkt neben dem Palas einen mächtigen Wohnturm, der König Konrad III. bei seinen mehrfachen Aufenthalten in Nürnberg wohl als Unterkunft diente. Auch unter Friedrich Barbarossa wurde die Anlage für Hoftage und Empfänge genutzt.

Ab 1200 entstanden im Zuge von umwälzenden Neubauten der heutige, 56 Meter lange Palas und die anschließende Doppelkapelle (Abb. 77). Der Palas besaß einen Repräsentations- und einen Wohntrakt und entsprach damit für die damalige Zeit modernsten Standards: Direkt an die Doppelkapelle schließen die beiden übereinander gelegenen, repräsentativen Säle an, gefolgt vom Westbau mit den Wohnräumen. Im Jahr 1216 übergab Friedrich II. die Unterkapelle dem Deutschen Orden. Gleichzeitig wurden offensichtlich sämtliche Arbeiten auf der Baustelle eingestellt. Noch heute wundert sich der Besucher über die teilweise unfertige Bauplastik in der Kapelle. Nur wenige Meter von der Doppelkapelle entfernt baute man in die Mitte des unteren Saales im Palas einen weiteren Sakralbau ein. Der kleine Rundbau mit einem Durchmesser von rund sechs Metern und einem Rundchor sollte möglicherweise die Reichskleinodien aufnehmen. Diese Palaskapelle wurde im Rahmen der Umbauten zu Ende des 13. Jahrhunderts wieder entfernt. Der Palas und die Doppelkapelle dagegen bestehen bis heute. Nach dem Interregnum nahm Rudolf von Habsburg weitreichende Ausbauten in der Burg vor. Augenfälligstes Ergebnis ist der Sinwellturm, der weithin die Macht des wieder erstarkten Königtums repräsentierte. Besonders der Palas wurde umfassend modernisiert.

1356 ließ Karl IV. in der Goldenen Bulle festschreiben, dass jeder erste Reichstag eines neu ge-

Abb. 77: Mit ihren hohen, schlanken Säulen vermittelt die Kaiserkapelle den Eindruck lichter Weite. Im Hintergrund die kaiserliche Empore, von der aus der Herrscher und sein engster Hofstaat den Gottesdienst verfolgen konnten. Der viereckige Schacht in der Bildmitte sorgte für eine Hörverbindung zwischen Ober- und Unterkapelle.

▶ DIE EISERNE JUNGFRAU

Im Fünfeckturm der Nürnberger Burg richtete der Antiquitätenhändler Georg Friedrich Geuder 1878 eine kriminalhistorische Sammlung mit einem Gruselkabinett ein. Die Attraktion war die „Eiserne Jungfrau". Diese lebensgroße Figur aus Eisen erschien nach außen in der Tracht einer Nürnberger Patrizierin. Das Innere der Figur bestand aus einer Reihe von Spießen, die einen darin eingesperrten Delinquenten durchbohrt hätten. Nach der Legende sollte es sich um ein Folterwerkzeug handeln, das seit dem 16. Jahrhundert vom sogenannten Heimlichen Gericht zum „justificiren" benutzt wurde. Tatsächlich stammte die Figur aber aus dem Antiquitätenhandel. Sie wurde bis 1945 im „Folterturm", wie man den Fünfeckturm damals nannte, gezeigt und verschwand in den Wirren der Zerstörung Nürnbergs und der Burg. Im Kriminalhistorischen Museum in Rothenburg ob der Tauber ist eine Eiserne Jungfrau zu besichtigen, bei der es sich wahrscheinlich um die Nürnberger Figur handelt

Auch der Ire Bram Stoker, Autor des *Dracula*, und seine Gattin Florence besuchten bei einem Aufenthalt in Nürnberg 1885 die Sammlung. Offensichtlich war Stoker vom Fünfeckturm und seiner Einrichtung so fasziniert, dass er 1894, im Jahr nach einem zweiten Nürnberg-Aufenthalt, die Kurzgeschichte *The Squaw* veröffentlichte (auf deutsch unter dem Titel *Die Eiserne Jungfrau* erschienen). In dieser Gruselgeschichte um die Eiserne Jungfrau und eine Katze zeigen sich deutliche Bezüge zu Stokers Erlebnissen in Nürnberg, etwa bei den detaillierten Beschreibungen von Burg und Stadt. *The Squaw* ist eine der wichtigsten Vorarbeiten für sein Meisterwerk *Dracula*, das ebenfalls einen Hinweis auf Nürnberg enthält.

Aufenthalt Friedrichs im Jahr 1487 die Himmelstallung für die Pferde des kaiserlichen Gefolges, nachdem sich Friedrich mehrfach über die hohen Stallmieten in der Stadt beschwert hatte.

Danach wurde es still auf der Burg. 1667/78 verwirklichte der Maler, Mathematiker und Astronom Georg Christoph Eimmart ein astronomisches Observatorium auf der Vestnertorbastei. Für längere Zeit als letzter Herrscher besuchte Joseph I. 1704 die Stadt. In die Kaiserburg zog nun die Kunstschule mit einer Gemäldegalerie ein. Im Jahr 1833 entstand der Plan, die Burg in ein Schloss für König Ludwig I. umzubauen. Mit der Umwandlung in ein „lebendiges Museum des Mittelalters" wurde der Architekt Karl Alexander von Heideloff betraut. Seine überladenen Entwürfe im neugotischen Stil trafen den Geschmack des Königs nicht, so dass die Arbeiten eingestellt wurden. Erst König Maximilian II. führte die Umbauten ab 1851 unter Federführung des Architekten August Voit weiter. Mit dem Tod des Königs 1864 fand auch dieses Projekt ein Ende. Nur wenige Jahre später entfernte man 1936 bei Renovierungen für den Reichsparteitag sämtliche historistische Umbauten als „schwächliche … neugotische Stilformen". Nicht einmal zehn Jahre nach diesen umfangreichen Restaurierungen lag die Burg in Schutt und Asche. Es sollte bis 1981 dauern, um alle Aufbaumaßnahmen abzuschließen und der Burg ihre alte Form wiederzugeben.

Die Burgherren

Die eigentlichen Burgherren auf der mittelalterlichen Nürnberger Burg waren die Könige bzw. Kaiser des Römisch-Deutschen Reichs, die sich aber – wie aufgezeigt – nie dauerhaft auf der Burg aufgehalten haben. In ihrem Namen haben die Burggrafen die Burg verwaltet. Das Amt ist bereits für das 12. Jahrhundert belegt. Der genaue Zeitpunkt ist unbekannt, doch wird bereits mit dem Amtsantritt Konrads III., des ersten Staufers, im Jahr 1138 ein *castellanus Gottfried* genannt. Gottfried entstammte dem niederösterreichischen Geschlecht der Grafen von Raabs, die mit den südlich von Nürnberg ansässigen Abenbergern verwandt waren. Die Bedeutung der Burggrafen zu dieser Zeit verdeutlichen Münzen von 1140 mit der Aufschrift *Godefridus castellanus*. Sie zeigen, dass der Burggraf neben seinen Aufgaben als örtlicher Verwalter, Richter und militärisches Oberhaupt wohl auch als kaiserlicher Münzverwalter fungierte.

wählten Herrschers in der Burg stattfinden müsse. Gerade in dieser Zeit frequentierten die Herrscher Nürnberg so häufig wie nie. So hielt sich Ludwig der Bayer insgesamt 74-mal in Nürnberg auf, und für seinen Nachfolger, Kaiser Karl IV., sind 52 Aufenthalte verzeichnet. Dennoch lassen sich für das 14. Jahrhundert keinerlei Ausbauten nachweisen. Dies ist damit zu erklären, dass die Herrscher zwar ihre Amtshandlungen auf der Burg ausführten, ihr Logis jedoch bei den reichen Patriziern in der Stadt nahmen.

Ganz anders dagegen Kaiser Friedrich III.: Zu Ende des 15. Jahrhundert hielt er sich mehrfach in der Stadt auf, 1487 sogar mehrere Monate, ebenso sein Sohn Maximilian I. im Jahr 1491. Für diese Gelegenheiten wurde die Burg jedes Mal herausgeputzt und zum Teil sogar ausgebaut. So errichtete die Stadt für den mehrmonatigen

Nach dem Tod des letzten Raabser Grafen Konrad erbte sein Schwiegersohn Friedrich von Zollern 1192 das Nürnberger Burggrafenamt. Die Zollern legten damit den Grundstock für eine beispiellose Karriere, die sie bis in die höchsten Staatsämter führen sollte. Bereits im 13. Jahrhundert konnten sie als Erben aussterbender Geschlechter, etwa der Abenberger und der Andechs-Meranier, einen enormen Zuwachs ihres Territoriums verzeichnen. Diese Machtfülle führte zu einer dauernden Rivalität mit der Reichsstadt Nürnberg, die 1362 mit dem Bau einer Mauer versuchte, den Burggrafen und besonders sein Gefolge aus der Stadt zu verbannen.

Die Erhebung Friedrichs von Hohenzollern zum Markgrafen von Brandenburg 1411/17 war der Hauptgrund, warum die Hohenzollern ihre Interessen aus dem Nürnberger Raum verlagerten. Den Ausschlag gab die Zerstörung der Burggrafenburg durch einen Amtmann des wittelsbachischen Herzogs Ludwig des Bärtigen von Bayern-Ingolstadt 1420. Sieben Jahre später verkaufte Friedrich seine Anteile der Stadt Nürnberg, die schon vorher die Kaiserburg vom König erhalten hatte und sich nun im Besitz der gesamten Burg befand.

Rundgang

Das Fehlen des vordersten Burgtores bemerkt man erst, wenn man – noch atemlos von der Steigung – in der Burggrafenburg angekommen ist. Sie wurde 1420 so gründlich zerstört, dass nur noch wenige Bauten erhalten sind. Auffälligstes Gebäude ist der Fünfeckturm. Sein Name ergibt sich aus der massiven fünften Ecke, die dem quadratischen Turm auf der Angriffsseite vorgelagert ist. Er diente wohl als Bergfried an der durch das ursprünglich flache Gelände besonders gefährdeten Nordseite. Obwohl er keinen Kamin besitzt, zeigt ein Abtritt in der Nordmauer, dass er auch für längere Aufenthalte etwa des Wachpersonals ausgestattet war. Durch die geschwärzten Sandsteine wirkt er sehr alt. Tatsächlich dürften die unteren drei Geschosse in die Zeit um 1150 zurückgehen. Als ältester erhaltener Bauteil der Burg zählt der Turm damit gleichzeitig zu den frühesten Bauten in Buckelquadertechnik im deutschen Raum. Das Backsteingeschoss setzte man erst in der Zeit um 1400 auf.

Die gegenüberliegende Walpurgiskapelle wurde um die Mitte des 13. Jahrhunderts als Kapelle des Burggrafen errichtet. Man wählte wie auch bei der Doppelkapelle der Kaiserburg die Form einer Chorturmkapelle. So konnte der Kirchturm gleichzeitig die Funktion eines Bergfrieds übernehmen. Neben dem zweiten Tor befindet sich das Burgamtmannsgebäude, der Sitz des burggräflichen Amtmannes auf der Burg. Es entstand nach der Zerstörung und dem Kauf durch die Stadt, also nach 1427, und besitzt heute noch den originalen Dachstuhl aus der Erbauungszeit. An seiner Rückseite setzt ein halbrunder Flankierungsturm an, der den Zugang durch das Vestnertor schützten sollte.

Zwischen Burgamtmannsgebäude und Fünfeckturm finden sich auf der halbhohen Mauer zum Graben verschiedene Hufabdrücke eines Pferdes. Nach der Sage soll hier der Raubritter Eppelein seinen Häschern mit einem Sprung über die Mauer entkommen sein. Ist auch der Wahrheitsgehalt dieser Sage nicht mehr zu überprüfen, so sollte man sich diese „Sehenswürdigkeiten" gleichwohl nicht entgehen lassen.

Über die Freiung, auf der jedem, der sich wegen eines Verbrechens oder wegen Schulden dorthin flüchtete, Frieden gewährt wurde, gelangt man in die Kaiserburg. Direkt am Eingang steht der Sinwellturm (Abb. 78) als beherrschender Teil der Burgsilhouette. Im Gegensatz zu früheren Einschätzungen datiert man ihn heute in das späte 13. Jahrhundert und damit in die Zeit der Umbauten unter Rudolf von Habsburg, obwohl er mit seinem Hocheingang in halber Höhe durchaus in der Tradition der älteren Bergfriede steht. Im Spätmittelalter wurde er mit vier hölzernen Erkern als Ausluge versehen. Wegen Baufälligkeit beseitigte man diese 1561 und stattete den Turm mit dem heute noch erhaltenen Kranzgesims aus.

Vom Haupttor unterhalb des Sinwellturmes öffnet sich die Vorburg mit dem Blick auf die Doppelkapelle und den Heidenturm (Abb. 79). Das Figurenprogramm am Turm ist bis auf zwei Löwen heute nicht mehr zu erkennen; der Verfall war schon im Mittelalter so weit fortgeschritten, dass man ihn kurzerhand zum „Heidenturm" erklärte. Die restliche Vorburg besteht aus den Wohn- und Wirtschaftsbauten des 16. Jahrhunderts, dem Sekretariatsgebäude, dem Finanzstadel sowie dem erst 1981 wieder errichteten Kastellansgebäude. In der Mitte der Vorburg liegt der Tiefe Brunnen, dessen Schacht 53 Meter in die Tiefe reicht. Darüber erhebt sich das 1563 errichtete Brunnenhaus mit einem kleineren Anbau, der als Badestube mit Ankleideraum diente.

Abb. 78: Der Sinwellturm (= runder Turm) stammt aus dem späten 13. Jahrhundert. Im Vordergrund das Brunnenhaus.

Abb. 79: Der „Heidenturm", der Chorturm der Kaiserkapelle, weist noch Reste dekorativer Plastik auf. Hinter dem Turm ist die Ostfassade des Palas zu erkennen, von dem aus der Herrscher einen direkten Zugang zu seiner Empore in der Kapelle hatte.

Den steil abfallenden Weg zur Stadt säumt die höher gelegene Himmelsstallung, die in der Mitte des 15. Jahrhunderts wohl für die Pferde Friedrichs III. erbaut wurde. Darunter liegt neben dem Himmelstor, dem Tor zur Stadt, die zugehörige Torhut, ein Wohnturm des 13./14. Jahrhunderts. Der Name Hasenburg geht auf Swinko Has von Hasenburg zurück, einen böhmischen Adligen, dem Kaiser Karl IV. 1349 den Turm verliehen hatte. Erst ganz hinten führt das vierte Tor in die eigentliche Kernburg. Hier dient auch heute noch der Palas des frühen 13. Jahrhunderts als Repräsentationsbau. Der hintere Westpalas und daneben die Kemenate wurden als Wohngemächer genutzt. Die Doppelkapelle neben dem Tor nimmt eine Mittlerstellung zwischen Kernburg und Vorburg ein. Schon bei der Errichtung zwischen 1200 und 1216 als Teil der stauferzeitlichen Pfalz hatte man die Kapelle für verschiedene Benutzergruppen konzipiert: Im Erdgeschoss, von der Vorburg aus zugänglich, besuchten die Burgbewohner den Gottesdienst. Der herrscherliche Hofstaat versammelte sich im ersten Obergeschoss, das vom Palas zugänglich ist. Nur der König selbst mit seinem engsten Gefolge gelangte von seinen Räumen im Obergeschoss des Palas direkt auf die Herrscherempore. Mit ihrer Dreifachstaffelung übersteigt die Doppelkapelle die sonst übliche Zweigeschossigkeit. Zwischen Unter- und Oberkapelle bestand durch einen viereckigen Schacht Hörverbindung. Der Zugang von der Oberkapelle auf die Empore mittels einer Treppe innerhalb der Westmauer ist ein typisch romanisches Baudetail.

Die Innenausstattung mag überraschen, ist aber in Doppelkapellen durchaus üblich: Der Raumeindruck in der – nicht zugänglichen – Unterkapelle wirkt durch die relativ dicken Stützen gedrungen und dunkel, wogegen in der Oberkapelle mit ihren hohen schlanken Säulen lichte Weite vorherrscht. Deshalb meinte die ältere Forschung, Unter- und Oberkapelle seien zu verschiedenen Zeiten entstanden. Der gesamte Bau wurde jedoch, wie sich auch von außen eindeutig erkennen lässt, seit etwa 1200 in einem Zug errichtet. Im Jahr 1216, als König Friedrich II. die Unterkapelle dem Deutschen Orden übereignete, wurden offensichtlich alle Arbeiten an der nahezu fertigen Kapelle abrupt eingestellt.

Außerhalb der Burgmauern schließen die städtischen Bauten an, die mächtige Kaiserstallung (Abb. 80), 1494/95 als Stallung und Kornspeicher durch Hans Behaim den Älteren errichtet, und der Luginsland, mit dem die Stadt seit 1377 den Burggrafen kontrollieren wollte. Die große Bastei hinter der Burg, 1538 unter der Bauleitung des Maltesers Antonio Fazuni begonnen, gehört zu den verteidigungstechnischen Spitzenleistungen der damaligen Zeit. Sie besteht aus einer quadratischen Hauptbastei, die von zwei spitzen, tieferliegenden Plattformen, der Tiergärtnertor- und der Vestnertorbastei, flankiert wird. Mit der Errichtung der Bastei wurde auch der Graben verbreitert, bis 16,50 Meter abgetieft und mit einer Futtermauer ausgesteift. Die Grundidee basierte auf einem gestaffelten Verteidigungssystem: Die Kanonen standen oben auf den Plattformen hinter der abgeschrägten Brustwehr. Eine zweite Linie konnte mit der Aufstellung von Kanonen und Schützen mit Hakenbüchsen in den Kasematten auf Höhe der Grabensohle errichtet werden.

Im Jahr 1998 richtete man in der Kemenate (Abb. 81) der Kaiserburg ein Museum als Zweigstelle des Germanischen Nationalmuseums Nürn-

Abb. 81: Die 1945 abgebrannte Kemenate wurde nach dem Zweiten Weltkrieg mit historischen Baumaterialien wiederaufgebaut. Heute befindet sich darin das Kaiserburg-Museum.

Abb. 80 (links): Blick auf Fünfeckturm, Kaiserstallung und Luginsland. Der um 1150 erbaute Fünfeckturm diente einst wohl als Bergfried an der besonders gefährdeten Nordseite der Burg. Die Kaiserstallung mit ihrem mächtigen Dach wurde 1494/95 errichtet. Der dahinter sichtbare „Luginsland" von 1377 war kein Teil der Burg – im Gegenteil: Er diente der Stadt Nürnberg zur Kontrolle dessen, was auf der Burg so alles geschah.

berg ein. Das Gebäude ist nach der völligen Zerstörung im Zweiten Weltkrieg mit historischen Baumaterialien wieder errichtet worden. Mit der Einrichtung des Museums bot sich die Gelegenheit, auf drei Geschossen die mit einer Burg verbundenen Themenkreise zu präsentieren: die Baugeschichte der Burg, die Geschichte des Reitens sowie die Entwicklung der Waffen. Besonders gelungen ist die Verzahnung des Museums mit der Umgebung. So blickt man in der Abteilung über das Observatorium des Johann Chris-

toph Eimmart durch das Nordfenster direkt auf die Vestnertor-Bastei, wo von 1678 bis 1757 die Sternwarte untergebracht war. Von dem Ausstellungsbereich, der mit Armbrüsten, Bolzen und Zubehör über die Entwicklung der Waffen informiert, fällt der Blick auf den Schießplatz der „Schnepperschützengesellschaft" im Burggraben. Auch die Abteilungen zum Feuerwerk und zum Lager Wallensteins im Dreißigjährigen Krieg beziehen durch den Blick nach draußen jeweils die Originalschauplätze mit ein.

Abb. 82: Die Burg Querfurt konnte einen großen Teil ihrer mittelalterlichen Bausubstanz bewahren. Die Aufnahme zeigt die Burg von Südosten; links der Marterturm, rechts der Pariser Turm.

BURG QUERFURT

EINE BEDEUTENDE ADELSBURG DES FRÜHEN UND HOHEN MITTELALTERS

Reinhard Schmitt

Ohne Zweifel gehört die Burg Querfurt (Abb. 82), hoch über der ehemaligen Furt durch den Quernebach gelegen, zu den größten und ältesten Burgen im östlichen Deutschland, die zudem ihre mittelalterliche Bausubstanz in bedeutendem Umfang bewahren konnte. Eine intensive Nutzung durch Behörden und eine landwirtschaftliche Domäne im 19. und beginnenden 20. Jahrhundert verhinderten offensichtlich, dass die Burg von der interessierten Öffentlichkeit sowie auch der Burgenforschung zur Kenntnis genommen wurde. Erste historische und burgenkundliche Studien wurden 1915 und 1928 vorgelegt. Besonders die 1941 publizierten Ergebnisse umfänglicher Bauuntersuchungen und Grabungen machten die Burg nunmehr schlagartig bekannt, glaubte man doch sowohl einen „karolingischen Burgus" als auch mehrere ottonische Baureste nachgewiesen zu haben. Damit rückte die Burg in die Reihe der frühmittelalterlichen Burgen auf. Parallel zu denkmalpflegerischen Maßnahmen auf der gesamten Burg konnten zwischen 1980 und 1992 erstmals bauarchäologische Forschungen betrieben und parallel dazu in großem Umfang archivalische Quellen zur Auswertung herangezogen werden, so dass nunmehr viele offene Fragen geklärt, aber auch manche Irrtümer korrigiert werden konnten. Neben der Neuenburg bei Freyburg (Unstrut) darf Burg Querfurt zu den am besten erforschten Burgen in Sachsen-Anhalt gezählt werden; sie ist eine der wichtigen Stationen an der „Straße der Romanik".

Die Burgherren

Burg Querfurt ist die bedeutendste der 18 im sogenannten Hersfelder Zehntverzeichnis aus den Jahren 881/899 aufgeführten Burgen, zu denen in der Nachbarschaft Allstedt, Seeburg, Goseck und Merseburg zählten. Von diesem karolingischen Militärstützpunkt sind vermutlich Wallanlagen südlich der jüngeren Burg erhalten geblieben. Seit dem mittleren 10. Jahrhundert ist auf der Burg das Geschlecht der Edlen Herren von Querfurt urkundlich nachweisbar, das vermutlich aus *milites* (Soldaten), die hier gemäß der Burgenordnung König Heinrichs I. angesiedelt wurden, hervorging. Der erste Querfurter Edelherr war Brun I. (gest. zwischen 1009 und 1013), Vater des heiligen Brun. Dieses später sehr einflussreiche, mit den Sachsenkaisern verwandte Adelsgeschlecht, dessen Stammsitz also Querfurt war,

entwickelte mehrere Seitenlinien, die es ebenfalls zu größerer Bedeutung im mitteldeutschen Raum brachten (Burggrafschaft Magdeburg, Grafschaft Mansfeld, Grafschaft Seeburg, Herrschaft Schraplau). Die Familie stellte sogar zwei Erzbischöfe von Magdeburg und einen Bischof von Würzburg. Sowohl Gebhard XIV. als auch der letzte regierende Burgherr, Brun VIII., widmeten sich intensiv dem Ausbau und den Befestigungsanlagen der Burg.

Nach dem Aussterben der Edelherren 1496 kamen die Burg und das kleine, um Querfurt gelegene Herrschaftsgebiet mit der Stadt als erledigtes Lehen an das Erzbistum Magdeburg. Sächsische Ansprüche konnten abgewehrt werden. Sieben Erzbischöfe haben bis 1623 das Amt Querfurt durch Burghauptmänner verwalten lassen. Von großer Bedeutung, gerade auch für Querfurt, war das Wirken Kardinal Albrechts von Brandenburg (1490–1545), aus dessen Regierungszeit zwei Wappentafeln überliefert sind.

Im Dreißigjährigen Krieg wechselte die Burg mehrmals ihren Besitzer. Zuvor galt sie als uneinnehmbar, wurde aber dennoch durch Belagerungen, Beschießungen und Aushungern schwer getroffen. Durch den Prager Frieden von 1635 kam die Burg an Kursachsen, blieb aber noch bis 1650 als Unterpfand für Strafgeldzahlungen in schwedischer Hand. 1663 wurde Querfurt reichsunmittelbares Fürstentum und blieb dies bis 1815, als es nach den Bestimmungen des Wiener Kongresses von Sachsen an Preußen abgetreten werden musste. Die Burg erlangte seit 1657 außerdem eine größere Bedeutung als Teilresidenz des Herzogtums Sachsen-Weißenfels-Querfurt, wurde nach 1746 Verwaltungssitz und Pachtvorwerk. Im 19. und 20. Jahrhundert beherbergte sie mehrere Behörden und Wohnungen. Im Fürstenhaus war von 1950 bis 1983 eine Poliklinik untergebracht. Nach umfassendem Ausbau dient das Fürstenhaus seit 1987 als Hotel; für diese Nutzung ist auch das Amtshaus vorgesehen. Heute gehört die Burg dem Landkreis Merseburg-Querfurt. Es ist zu hoffen, dass der weitere Ausbau für angemessene Nutzungen alsbald in Angriff genommen werden kann.

Baugeschichte

Seit dem mittleren 10. Jahrhundert wurden auf dem Gelände Steinbauten errichtet, die sich über Siedlungsschichten des 9. und frühen 10. Jahrhunderts erstreckten. Das Baugeschehen war mit dem politischen Aufstieg des Edelherrengeschlechtes von Querfurt verbunden. Nördlich des Kornhauses konnte die älteste nachweisbare Burgringmauer dokumentiert werden, die noch aus dem 10. Jahrhundert stammt. Diese musste bald einem etwas jüngeren, querrechteckigen Wohnbau (23 × 11,5 Meter) unter der Westhälfte des Kornhauses weichen. Ein vergleichbarer, ebenfalls querrechteckiger Bau unter dem Rundturm „Dicker Heinrich" (17,3 × 13,7 Meter) wurde zunächst als karolingischer Burgus interpretiert, ist aber vermutlich erst um 1000 entstanden. Ein runder Anbau auf seiner Ostseite lässt sich nicht erklären (Wendeltreppe?). Die beiden steinernen Wohnbauten sind neben einem gewölbten Kellerraum auf dem Quedlinburger Stiftsberg die bislang ältesten nachgewiesenen bzw. teilweise erhaltenen in Mitteldeutschland.

Aus der zweiten Hälfte des 10. Jahrhunderts stammt auch der erste Kirchenbau, eine kleine Saalkirche mit Apsis, Stiftergrab (Ida) und Resten eines Taufbeckenunterbaus. Bruchstücke von Fußbodenmosaiken aus Schiefer und Marmor waren wohl einst um das Stiftergrab angeordnet. Nach der Stiftung eines Priesterkollegiums an der Kirche durch den heiligen Brun von Querfurt (vermutlich im Jahre 1004) begann man einen größeren Bau zu errichten, von dem aber offensichtlich nur die Apsis und der quadratische Altarraum fertig gestellt wurden. Diesem aus Teilen des 10. und 11. Jahrhunderts bestehenden Kirchenbau wurden außerdem mehrere Annexe hinzugefügt, die für Grablegen genutzt wurden. Die Toten waren gewiss Angehörige der Burgherren. Ihre Gräber besaßen anthropomorphe (menschliche) Gestalt, in den Löss geformt, aber auch in Stein gesetzt. Außerordentlich bemerkenswert sind zudem zwei große, gemauerte Grabkammern. Lediglich im Westen befand sich ein kleiner rechteckiger Anbau, der wahrscheinlich aufgrund der soliden Fundamentierung turmartig erhöht war und bereits eine herrschaftliche Westempore besessen haben könnte. Im mittleren 11. Jahrhundert entstand östlich des ersten Wohnbaues unter dem Kornhaus ein aufwändig gewölbtes Torgebäude, das durch eine Quermauer mit jenem verbunden war. Wie der Torbau oberhalb der gewölbten Durchfahrt ausgesehen hat, ist unbekannt. Die beiden Wohnbauten, die Kirche, das Torhaus sowie mehrere Ringmauerreste deuten auf die Ausdehnung des damaligen Burggeländes hin.

Im 12. und 13. Jahrhundert entstanden die wichtigsten romanischen Bauten der Burg; das Areal wurde im Osten, Norden und Süden vergrößert, wovon mehrere Ringmauerabschnitte künden. Unter Verwendung des älteren Wohnbaus und des Torhauses wurde um 1220/30 ein Palas errichtet (27 × 11,5 Meter), der im heutigen Kornhaus (Abb. 83) beinahe vollständig erhalten geblieben ist. In den Kellerräumen ist die gesamte Baugeschichte eindrucksvoll nachzuvollziehen. Auf der Grabenseite kündet außerdem ein viergeteiltes Fenster vom einstigen Saalgeschoss. Zur Unkenntlichkeit verbaut bzw. nur noch archäologisch dokumentiert sind ein turmartiger An-

Abb. 83: Im heutigen Kornhaus ist der Palas des 13. Jahrhunderts nahezu vollständig erhalten geblieben. Dahinter der Pariser Turm. Der Bau dieses zweiten Bergfrieds im 15. Jahrhundert war notwendig geworden, um das vergrößerte Burgareal mit den tiefen Gräben beobachten zu können.

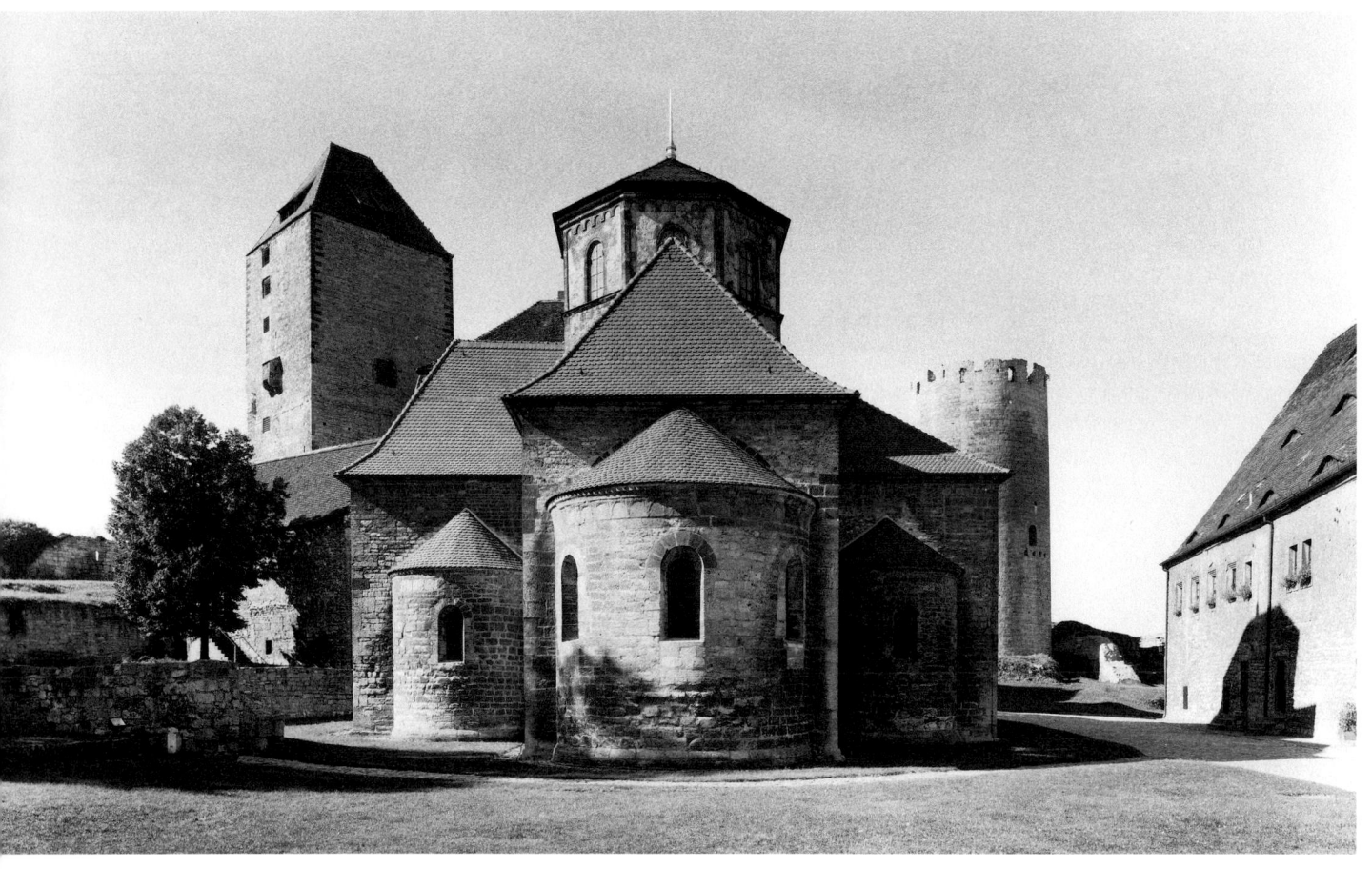

bau (Treppenturm?) und ein Altan auf der Hof-seite.

Die heutige Burgkirche (Abb. 84) wurde im dritten Viertel des 12. Jahrhunderts als Memorial-bau für den hl. Brun vollkommen neu erbaut. Seit 1146 wurde das Kloster Marienzell westlich von Querfurt als Hauskloster und Familiengrable-ge der Querfurter Edelherren errichtet. Gräber aus der älteren Burgstiftskirche wurden dorthin verlegt. Der schlichte Bau der kreuzförmigen Kir-che mit oktogonalem Vierungsturm, in dem ur-sprünglich eine Glocke hing, wird an der Ostseite durch drei Apsiden abgeschlossen. Gestufte Porta-le führen im Norden und Süden des Langhauses ins Innere. Die auf einer steinernen Dreierarkade ruhende Herrschaftsempore im Westen war ur-sprünglich über einen Zugang von dem westlich stehenden Palas aus zu erreichen. Auf einem Bal-ken im östlichen Vierungsbogen könnte sich eine kleine Triumphkreuzgruppe mit Maria und Jo-hannes zu Seiten des Gekreuzigten befunden ha-

ben. Hier standen vermutlich auch Schranken, die den Klerikerraum im Chor von dem übrigen, der Gemeinde zugänglichen Raum abgrenzten.

Als Kern des Fürstenhauses erwies sich ein et-wa quadratischer Palas aus derselben Bauzeit, der sich axial auf die Kirche bezieht. Von diesem konnten drei Geschosse nachgewiesen werden; mehrere Fenster und ein Kamin bezeugen die Wohnlichkeit. Noch in spätromanischer Zeit wur-den Erd- und erstes Obergeschoss durch große Kreuzgratgewölbe zusammengefasst – vermutlich büßte der Bau seine Bedeutung zugunsten des neuen Palas im Bereich des Kornhauses ein. Dicht daneben entstand in der zweiten Hälfte des 12. bzw. ersten Hälfte des 13. Jahrhunderts ein weiterer Wohnbau (das spätere Brauhaus), der vielleicht als Ansitz für die Priester der Burgkirche gedient haben könnte.

Ebenfalls für Wohnzwecke wurde um 1220/ 1230 ein Wohnturm errichtet (etwa 11 × 11 Me-ter), der heutige Marterturm (Abb. 85). Neben den

Abb. 85: Der Marter-
turm (um 1220/30)
gehört zu den weni-
gen erhaltenen ro-
manischen Wohn-
türmen auf Burgen
im mitteldeutschen
Raum.

Abb. 86: Blick vom Pariser Turm auf den „Dicken Heinrich", den ersten Bergfried auf Burg Querfurt. Mit seinen 27,5 Metern Höhe dürfte er vorrangig als Wächterturm gedient haben.

Wohntürmen auf der Neuenburg, der Eckartsburg, der Burg Giebichenstein und wohl auch der Burg Tangermünde gehört dieser Bau zu den wenigen eindeutigen romanischen Wohntürmen im mitteldeutschen Raum. Eine Mauertreppe verbindet die oberen beiden Geschosse, die jeweils einen Kamin besaßen. Leicht spitzbogige Außentüren und Fenstergewände neben gleichzeitigen Rundbogenfenstern bestätigen die Übergangszeit von der Romanik zur Gotik.

Der „Dicke Heinrich" (Abb. 86) wurde, nach dem Mauerwerk aus großen Quadern zu urteilen, vermutlich im mittleren bis späten 12. Jahrhundert erbaut. Sein Name verleitete lange Zeit zu der Annahme, er sei in der Regierungszeit Heinrichs I. bzw. später Heinrichs IV. entstanden. Die Turmhöhe beträgt 27,5 Meter, der Durchmesser unten 14,5 Meter, die untere Mauerstärke 4,35 Meter. Der Rundturm besitzt keinerlei Hinweise auf Wohnlichkeit (Fenster, Kamin, Abort, Mauertreppen und Gewölbe). Er ist der erste Bergfried auf Burg Querfurt, gehört zu den größten in Mitteldeutschland und wird vorrangig als Wächterturm gedient haben, aber gewiss auch als repräsentatives Zeichen der bedeutenden Stellung der Edelherrenfamilie zu werten sein.

Im 14. und 15. Jahrhundert wurde die Burg wehrtechnisch verstärkt. Zunächst legte man um die romanischen Ringmauern einen neuen Mauerring mit tief in den Fels gehauenen Gräben. Ein im heutigen Amtshaus erhaltener Turm stammt aus jener Zeit, ebenso eine Streichwehr an der südlichen Mauer. Es entstanden außerdem ein erstes Westtor und der Pariser Turm mit einer südlich vor dem romanischen Palas errichteten Mauer mit Wehrgang. Der rund 30 Meter hohe Bergfried (seit 1498 Hausmannsturm genannt) wurde erforderlich, um das vergrößerte Burgareal (Grundriss, Abb. 87) mit den tiefen Gräben beobachten zu können. Im gleichen Zusammenhang erfolgte die Aufstockung des Marterturms, und der „Dicke Heinrich" wurde durch einen oberen Mauerkranz mit Schlitzscharten abgeschlossen.

Ein moderner Wohnbau, ein gotisches Saalgeschosshaus östlich des Marterturms (10,4 × 19,4 Meter) mit mindestens drei Geschossen, wird erstmals im Inventar von 1522 als „alte Hofe Stubenn uffem Hochen Hawße" erwähnt. Jenes Hohe Haus ist noch bis in das 18. Jahrhundert erhalten geblieben, hieß aber schon 1655 missverständlich die „Heyden Kirche". Von der höfischen Kultur jener Zeit hat sich kaum etwas erhalten. Um so bedeutsamer ist der plastische Schmuck

der Grabtumba Gebhards XIV. von Querfurt in der von ihm angelegten Grabkapelle der Burgkirche, geschaffen im Umkreis der Parlerkunst. Aus historischen Erwägungen wird man fast alle diese Maßnahmen mit der Bautätigkeit unter Gebhard XIV. (um 1350–1383) in Verbindung bringen können, zumal sie konsequent einem Konzept zeitgemäßer Verteidigung durch Mauern mit Schießscharten, Zwinger, Gräben und Beobachtungstürmen folgen.

In der letzten Ausbaustufe der Fortifikationen entstanden die der hochgotischen Außenmauer vorgelagerten Rondelle und die monumentale Westtoranlage mit einer Zugbrücke über den Graben. Durch die Rondelle, die zwischen 1460 und 1480 erbaut wurden, war es möglich, die älteren Gräben in der Längsrichtung, die eigene Mauer und auch das Vorgelände effektiv zu sichern. Die mehrgeschossigen Rundtürme besaßen ursprünglich Holzbalkendecken, nur das unterste Geschoss scheint von Anfang an gewölbt gewesen zu sein. Die Mauerstärke der zum Zwinger ursprünglich offenen Rondelle beträgt circa 3,2 Meter, der Durchmesser bis zu 17 Meter. Be-

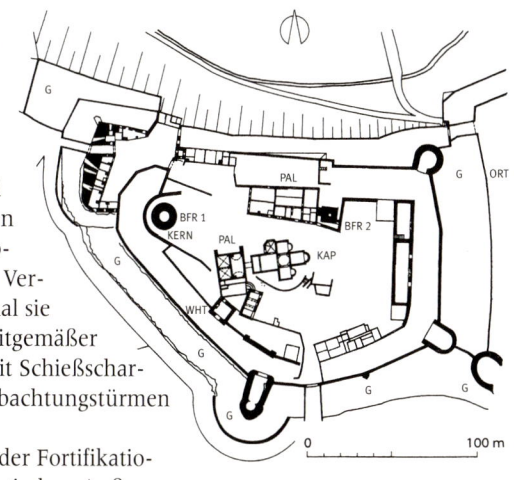

Abb. 87: Grundriss der Burg Querfurt mit allen Gebäuden, Türmen, Mauern und Befestigungsanlagen.

▶ DER HEILIGE BRUN VON QUERFURT

Als Sohn des Edlen Brun und seiner Gemahlin Ida um 974 geboren, studierte er an der Magdeburger Domschule gemeinsam mit dem berühmten Chronisten Thietmar von Merseburg. Er wurde Domherr in Magdeburg und 997 Hofkapellan Kaiser Ottos III. Nach einem Italienaufenthalt zog er im Herbst 1001 nach Polen, um dort zu missionieren. Er nannte sich inzwischen Bonifatius. Ein Jahr später wurde er von Papst Silvester II. zum Erzbischof geweiht, zugleich erhielt er den Auftrag der Heidenmission. Zunächst in Ungarn tätig, weilte er im Sommer 1004 in seiner Heimat, stiftete dort an der Burgkirche ein Priesterkollegium und wurde vom Magdeburger Erzbischof Tagino zum Missionserzbischof ernannt. Nach erneuter Tätigkeit in Ungarn kam er schließlich Anfang 1008 bei den Petschenegen am unteren Dnjepr an. Anfang 1009 erlitt er im Gebiet der Preußen mit 18 Gefährten den Märtyrertod. Vom heiligen Brun sind eine Vita Adalberts und ein Brief an König Heinrich II. erhalten. An seinem Geburtsort hielt sich das Andenken bis zur Reformation; in Polen wird er noch heute verehrt. An der Burgkirche wurde im Jahre 1909 eine Gedenktafel angebracht.

merkenswert sind verschiedene Formen von Schießscharten, so Hosen-, Schlitz- und Maulscharten, dabei auch die seltenen, kreisförmigen Maulscharten, zum Teil mit original erhaltenen Kugelschutzbohlen aus Eichenholz. Innerhalb der Mauerstärke gelegene Wehrgänge ermöglichten raffinierte Schusswinkel. Noch im späten 15. oder frühen 16. Jahrhundert wurde das Nordostrondell durch eine Vorbefestigung mit Schießscharten zusätzlich verstärkt. Diese ist in Resten erhalten und seit 1998/99 wieder sichtbar, als ein seit 1800 bestehendes Wohnhaus infolge großer Bauschäden zum größeren Teil abgetragen werden musste.

Chronikalisch überlieferte Jahreszahlen zu 1385 und 1479 markieren die Baugeschichte der Westtoranlage (Abb. 88). Vom ältesten Tor ist nichts mehr erhalten. Im zweiten Bauabschnitt wurde das zunächst frei stehende Torhaus zur heutigen Anlage mit riesigen, bis zu 9,4 Meter langen Scharten, gewölbten Kasematten und nur zum Teil erhaltenem bzw. rekonstruierbarem Obergeschoss ausgebaut. Diese Arbeiten erfolgten in den 1450er und 1460er Jahren und nochmals 1479. Das Tor besaß auf der Feldseite reichen spätgotischen Bauschmuck, wovon die Kreuzigungsgruppe und eine Darstellung des heiligen Georg mit dem Drachen fragmentarisch erhalten und im Museum aufbewahrt sind. Die Baugestalt der Westtoranlage ist für ihre Zeit geradezu einmalig. In jener Zeit experimentierte man häufig in der Befestigungstechnik, um den neuartigen

Abb. 88: Die Westtoranlage (Aufnahme von Südwesten) beeindruckt durch ihre Monumentalität, aber auch durch die riesigen, bis zu neun Meter langen Schießscharten.

Bedrohungen durch verbesserte Schussmöglich-keiten begegnen zu können.

Im Jahre 1524 wurde am Marterturm ein Er-ker im zweiten Obergeschoss eingebaut, der ro-manische Palas der Kirche 1528 nach Westen er-weitert. Unter Verwendung älterer Bauteile (Pa-las, Wehrmauern) entstand um 1535 das Korn-und Rüsthaus, ein für die damalige Zeit typischer Vertreter von Nutzbauten. Das heutige Erschei-nungsbild entstammt im Wesentlichen jener Um-bauphase (Kellergewölbe, Fenster, Türen). Für 1541 ist ein zwischen Amtshaus und „Dickem Heinrich" gelegenes Gebäude, „darinnen die Ge-richts-Stube und das Ambts-Archivum", erwähnt. 1635 wurde dann das Amtshaus mit einer klei-nen Kirchstube neu errichtet.

Nach den schweren Zerstörungen des Drei-ßigjährigen Krieges setzte erneut eine rege Bau-tätigkeit ein: Mauern, Tore, Türme und Rondelle wurden repariert und verstärkt, zum Teil unterir-dische Gänge angelegt. Insbesondere die starken Gewölbe in den Rondellen von 1665/67 mach-ten diese sicherer. Der spätgotisch veränderte Pa-las westlich der Kirche erfuhr einen erweitern-den Umbau zum Fürstenhaus mit Wendeltreppe (1660/68), wobei der kleine romanische Bau da-neben (Brauhaus) zur Schlossküche adaptiert wurde. Nordwestlich des Fürstenhauses erstreck-te sich kurzzeitig ein barocker Schlossgarten. Auch das Kornhaus wurde umgestaltet und 1680/85 an seiner Ostseite erweitert. Der Plan, an dieser Stelle ein großes „Residenzhaus" zu er-richten, konnte jedoch aus finanziellen Gründen nicht verwirklicht werden. Die an die romani-sche Ringmauer im Osten angelehnte große Scheune könnte noch aus dem 16. Jahrhundert stammen.

Zwischen 1698 und 1717 wurde die Schloss-kirche barockisiert. Dabei verlor sie ihre vier stei-nernen Giebel. Die Malereien führte Andreas Matteyerlein aus; die Stukkaturen stammen von Georg Friedrich Hopffe, Francesco Domenico Mi-netti und Abondio Minetti. Die heute auf dem Al-tar stehenden Figuren von Moses und Johannes schufen Bernhard Müller und Johann Frantz 1713. Von der Barockausstattung haben sich au-ßerdem vier stark restaurierte Deckengemälde, eine mit Muschelornamentik gezierte, erst jetzt geschaffene Öffnung in den Vierungsturm, Stuck des ehemaligen Kamins auf der Westempore so-wie zwei Konsolen am Nordportal, ein aus dem Kloster Marienzell stammendes Tympanon tra-gend, erhalten.

In der 1662/65 errichteten Streichwehr „Mer-seburg" unmittelbar östlich der Westtoranlage wurde 1753/54 eine Fronfeste untergebracht. Der gotische Wohnbau beim Marterturm und meh-rere Wirtschaftsgebäude verfielen. 1793/97 wur-den entlang der südlichen Ringmauer eine neue Hofmeisterei (Pächterwohnhaus) und im Nord-westen ein neues zweigeschossiges Amtshaus erbaut. Kurz zuvor hatte man die oberen Ge-schosse des Fürstenhauses ausgebaut. An Stelle eines alten Wachhauses wurde 1799/1800 am Nordostrondell ein neues Wohngebäude errichtet. Über hohen Schuttbergen auf der Südseite der Burg baute man 1785 schließlich das „Käsehäus-chen".

Zu Zeiten der preußischen Domäne wurden lediglich notwendige Baureparaturen ausgeführt, zugleich aber überflüssige Gebäude abgebrochen wie 1830 das ehemalige Gerichtsgebäude beim „Dicken Heinrich" und zwischen 1882 und 1883 das Brau- und Brunnenhaus. Die kurz vor 1820 nach Osten erweiterte Fronfeste reichte aber trotzdem nicht aus, so dass 1834/35 am Fürsten-haus ein Gefängnisneubau notwendig wurde. Das lang gestreckte Pächterhaus von 1894/95 und 1912/13 steht an der Stelle der sogenannten Hof-meisterei. Anbauten an dem spätbarocken Bau-körper von 1912/13 und die Nutzung durch ver-schiedene Behörden haben den Charakter des Gebäudes nicht beeinträchtigt. Westlich des Päch-terhauses befindet sich seit 1894 der größere Süd-ausgang der Burg. Eine hohe Stützmauer be-grenzt auf der Westseite diesen neueren Burgaus-gang. Restaurierungsarbeiten an der Burgkirche in den Jahren 1846/50 und 1903/06 erfolgten bereits unter vorwiegend denkmalpflegerischen Gesichtspunkten, beseitigten aber Großteile der barocken beweglichen Ausstattung.

In der Burg verblieben nach Auflösung der Domäne im Jahr 1936 weiterhin zahlreiche Miet-wohnungen. Der von 1834/35 stammende Ge-fängnisbau westlich des Fürstenhauses wurde 1939 abgebrochen, ebenso das Brunnenhaus, ein Pferdestall und ein Hofmeisterhaus an der öst-lichen Begrenzung der einstigen Kernburg, also dicht östlich der Kirche – entgegen den Intentio-nen der staatlichen Denkmalpflege, die einen Wiederaufbau forderte, den jedoch der Zweite Weltkrieg verhinderte und der bis heute nicht stattfand. Der Kuhstall östlich des „Pariser Turms" war bereits 1930 bis auf den heute so genannten Eselstall beseitigt worden. Die Abbrüche und Um-gestaltungen der Hofflächen wurden von größeren Ausgrabungsarbeiten begleitet. Insbesondere für das Grabungsareal um den „Dicken Heinrich" und die Hofflächen östlich der Kirche entstanden bis 1941 zahlreiche Nutzungs- und Gestaltungsvarianten, etwa eine „Heinrichsterrasse" an jenem Bergfried sowie ein „Rosenhof" zwischen Kirche und Scheune. Die Burg wurde inzwischen als „Brunsburg" bezeichnet.

Sämtliche Nutzer der Burg seit jenen Jahren haben den Bauunterhalt nur bedingt vorgenommen. Seit 1978 wurden endlich umfangreiche denkmalpflegerische Arbeiten ausgeführt: an den Ringmauern, den Rondellen, der Westtoranlage, im Fürsten- und im Kornhaus, an allen drei Türmen, vor allem jedoch in der Kirche. Hier verfolgten die 1992 abgeschlossenen Instandsetzungen das Ziel, alle überkommen Ausstattungen, einschließlich der Apsisdekoration von 1906, zu einem Gesamtbild zu vereinigen.

Museum

Im März 1911 wurde im Dachgeschoss des Fürstenhauses in den Räumen einer ehemaligen Gefangenen-Betstube das Kreismuseum eröffnet, das dort bis 1913 verblieb (danach im „Goldenen Stern" in der Stadt). 1933 fand der Umzug ins Nordostrondell statt. Das Museum zog schließlich Anfang der 1950er Jahren ins Kornhaus ein. Neben den Führungsangeboten durch die Außenanlagen der Burg, die Kirche und die Keller des Kornhauses besteht die Möglichkeit, sich im Museum über Ur- und Frühgeschichte der Region, die Baugeschichte der Burg, spätgotische Plastik sowie Aspekte der Stadtgeschichte zu informieren. Auch der Querfurter Dichter Johannes Schlaf (1862–1941) und der Afrikaforscher Hans Schomburgk (1880–1967) finden eine Würdigung.

Abb. 89: Luftaufnahme der auf einem steil abfallenden Basaltkegel gelegenen Ronneburg. Die in ihren Ursprüngen auf das 13. Jahrhundert zurückgehende Burg ist das Wahrzeichen der hessischen Wetterau.

DIE RONNEBURG BEI BÜDINGEN

AMTSBURG – RESIDENZ – „RUHEBURG DES GLAUBENS"

Klaus-Peter Decker

D as Schloß selbst ist prächtig, aber wie die verwünschten Schlösser in den Propheten beschrieben werden", so der Eindruck des Grafen Nikolaus Ludwig von Zinzendorf, als er im Juni 1736 zur Ronneburg (Abb. 89) hinaufstieg, um eine Bleibe für die aus Herrnhut ausgewiesene Brüdergemeine zu suchen. Noch immer überrascht das imposante Schloss die Besucher, von welcher Seite man sich auch nähert. Zwar vereinnahmt die Rittereuphorie unserer Tage das Bauwerk gerne für das Mittelalter, doch gehört es wesentlich der Renaissance an. Ein bemerkenswerter Umstand kommt hinzu: die Rolle der Ronneburg in der Geschichte der Toleranz und Gewissensfreiheit und damit einer der großen Geistesströmungen des 18. Jahrhunderts, als sie zur „Freistatt des Glaubens" für religiöse Abweichler wurde.

Baugeschichte

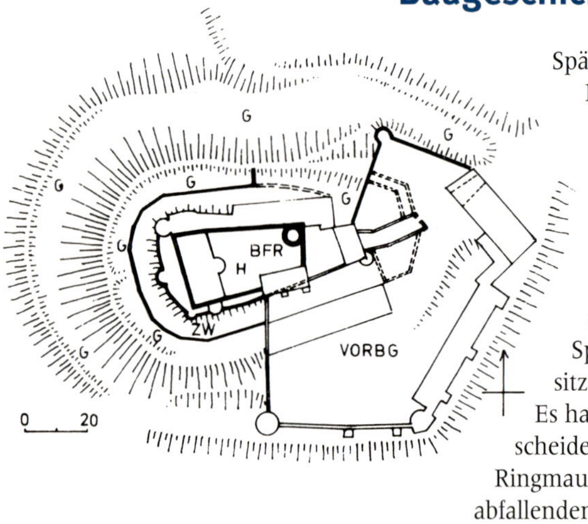

Abb. 90: Der Grundriss zeigt die kleine Kernburg, die im 15. und 16. Jahrhundert durch den Bau einer Vorburg und breite Zwinger erweitert wurde.

Spätestens zu Anfang des 13. Jahrhunderts wurde auf einer markanten Basaltkuppe über dem Tal des Fallbachs durch die Mainzer Erzbischöfe eine kleine Burganlage errichtet, zur Sicherung des zugehörigen kleinen Sprengels, als Verwaltungssitz und als Herrschaftssymbol. Es handelte sich um eine bescheidene Anlage, die für ihre Ringmauer die an drei Seiten steil abfallenden Flanken eines Bergsporns nutzte und aus dem Baugrund einen Teil ihres Steinmaterials gewann. Von der ersten Burganlage haben sich allenfalls im Kellergeschoss des Saalbaus und den untersten Zonen der Innenmauern Reste erhalten. Doch dürfte auch der Brunnen – 96 Meter tief (Wasserstand heute in 84 Metern Tiefe) – mit seinen exakt behauenen Sandsteinquadern aus früher Zeit stammen. Mit einem Durchmesser von 1,8 Metern sicherte das bautechnische Meisterwerk über Jahrhunderte die Versorgung der Burgbewohner. Ihre prägende Gestalt erhielt die Kernburg dann in der ersten Hälfte des 14. Jahrhunderts. Wie eine auf etwa 1330 zu datierende Abrechnung zeigt, haben Johann von Rockenberg und sein Sohn Werner an der Ronneburg „1610 Pfund Heller vierbuwet".

Damals wurde die äußere Wehrmauer mit ihren halbrunden Flankierungstürmen angelegt und die innere Mauer erhöht (Grundriss, Abb. 90). Der Bergfried stammt in seinem unteren Teil aus dieser Zeit.

Auch unter den Herren von Kronberg als Pfandinhabern der Ronneburg in der zweiten Hälfte des 14. Jahrhunderts wurden erhebliche Gelder verbaut. Neben An- oder Umbauten in den Wohnbereichen erhielt das Brunnenhaus eine andere Hebetechnik mit Spindel und riesigem Tretrad. Zu den ab 1371 in Angriff genommenen Maßnahmen gehört als auffälliger architektonischer Akzent das zierliche Chörlein einer Kapelle im obersten Geschoss des Saalbaus. Von dem hier aufgestellten Altar erfahren wir durch eine Stiftung, die der Gelnhäuser Schöffe Berthold Menger 1396 zu seinem Seelenheil vornahm. Weitere Baumaßnahmen hat es sicher gegeben, wenn sie auch nur sporadisch belegt sind. Als die Burg wieder kurzzeitig in direktem Mainzer Besitz war, ließ Erzbischof Konrad 1421 mit Hilfe von Frondiensten „ein Sommerhuß und Wallaste" vor der Burg errichten, vermutlich ein durch einen Wall gesichertes Speichergebäude zum Einlagern der Naturalabgaben, da innerhalb der Mauern größere Wirtschaftsgebäude fehlten.

Der Übergang an die Grafen von Ysenburg bedeutete auch baulich einen Neubeginn für die als „buwefellig" bezeichnete Burg. Ludwig II. zu Ysenburg leitete schon 1477 die nötigen Maßnahmen durch Meister Hans Kune ein. Dieser stand als maßgeblicher Werkmeister einer Bauhütte von Maurern und Steinmetzen vor, die seit 1476 am Umbau der Büdinger Marienkirche und dann über Jahrzehnte an allen größeren Projekten in der Gegend beteiligt war, vor allem auch an der Büdinger Festungsanlage. Auf der Ronneburg entstanden nun die nördlich an den Saalbau anschließenden schlichten Geschossbauten (später „Backhaus" und „Alter Bau"), aber auch mehrere Treppentürme zur Erschließung der einzelnen Stockwerke.

Die grundlegende Umgestaltung zu einem „festen Schloss" begann unter Ludwigs Enkel, Graf Anton (1501 – 1560). Nun wurde die ausgedehnte Vorburg geschaffen, die einmal mit ihren vorgeschobenen breiten Zwingern (Abb. 91), mit Bollwerken und Geschütztürmen der fortifikatorischen Entwicklung Rechnung trug, zum anderen die Ökonomiegebäude aufnahm, die für eine Hofhaltung erforderlich waren. Tritt man heute durch das Burgtor, so fallen sogleich beide Bereiche, die höher gelegene Kernburg und die ausgedehnte Vorburg, jeweils mit eigenem Mauerring, eindrucksvoll ins Auge. Der erste Mauerabschnitt wurde 1538 mit dem Torbau geschlossen, wie die Datierung im Schlussstein mit dem ysenburgischen Balkenwappen zeigt. Nach und nach, oft mit größeren Unterbrechungen, entstanden ab 1549 die großen Stallungen, ein Schlachthaus und schließlich 1554/55 das „Bandhaus" mit einem riesigen, fast 26 Meter langen Weinkeller. Baudatierungen und Inschriften, häufig in Versform, stellen in ihrer Häufung eine kulturhistorische Besonderheit dar und erlauben eine gute Rekonstruktion des Baugeschehens. Eine Steintafel am Marstall sei als Beispiel genannt: „Graff Wolf die höh der Mauren fandt / Alß er kam uß dem Niderlandt / In zehen Jar nit anheimsch war / Zum Zeichen diesen stein legt dar / Im Jar da man zalt fünftzig zwar 1550". Mit dieser „Memoria" wird an ein familiäres Ereignis, nämlich die Rückkehr des Grafen Wolfgang – eines Sohnes des Grafen Anton – aus den Niederlanden erinnert. Dort war er zehn Jahre lang zusammen mit Wilhelm von Nassau, Prinz von Oranien, erzogen worden. In der Kernburg ist die Handschrift des Grafen Anton heute weniger sichtbar. 1541 ließ er die obere Toranlage umgestalten und im mittleren Hof einen Galeriebau errichten, der 1621 abgebrannt ist. Anton ließ auch den Burgberg großteils abholzen und legte Weinberge und Gärten mit einem „Lusthaus" an.

Unter seinem jüngsten Sohn, Graf Heinrich (1537 – 1601) fand die Ronneburg ab 1565 ihre bauliche Vollendung. Auch seine Brüder waren in diesen Jahren mit großen Bauvorhaben beschäftigt: Georg hat 1569 bis 1572 den Oberhof in Büdingen als repräsentativen Stadtwohnsitz erbaut, Wolfgang, dem das Amt Langen in der Dreieich zugefallen war, ließ am Mainufer bei Kelsterbach ab 1566 ein mächtiges Renaissanceschloss errichten, das aber schon im Verlauf des 17. Jahrhunderts unterging. Zwischen diesen Baustellen hat es oft einen regen Austausch von Werkmeistern und Steinmetzen gegeben.

Auf der Ronneburg sind mehrere Bauphasen zu erkennen, die mit Heinrichs Lebensplanung zusammenhängen. 1568 gab er dem äußeren Torbau einen neuen Abschluss mit einem Uhrtürmchen (abgebrochen 1870), eine Art „Morgengabe" für seine Braut Maria von Rappoltstein, die er im folgenden Jahr aus dem Elsass auf die Ronneburg „heimführte". 1570 wurde über der oberen Tordurchfahrt ein Gebäude errichtet, das die Frauen-

gemächer aufnehmen sollte. Baumeister war Conrad Leonhard aus Franken, der auch den Büdinger Oberhof erbaut hat. Maria, die den Grundstein zu dem Bau legte, der auf der Hofseite einen prachtvollen Wappenerker erhielt, hat die Fertigstellung wohl nicht mehr erlebt, da sie schon 1571 gestorben ist. Ein Jahr später ging Heinrich eine zweite Ehe mit Elisabeth aus dem Thüringer Grafenhaus der Gleichen-Tonna ein. Im Zuge einer Planänderung schritt das Paar zum Neubau

Abb. 91: Blick auf die südliche Zwingermauer mit Rondell. Mit dieser Verstärkung der Wehranlagen trugen die Grafen von Ysenburg der fortifikatorischen Entwicklung Rechnung.

Abb. 92: Blick auf Kemenate, Alten Bau und Backhaus der Ronneburg (von links). Der Herrenbau und das Backhaus entstanden in den 1570er Jahren.

des viergeschossigen Nordflügels, zeitgenössisch Herrenbau (Abb. 92), heute „Kemenatenbau" genannt, der allen Wohnkomfort seiner Zeit bot. Werkmeister am Bau, der 1575 unter Dach und Fach stand, war Georg Münster, der auch am Bau des Kelsterbacher Schlosses beteiligt war. Die Herrengemächer im Westteil wurden mit einer Folge von Wandmalereien geschmückt (1947 freigelegt). Als Krönung des Baugeschehens wurde 1576 der Bergfried (Abb. 93) aufgestockt und mit seiner charakteristischen „welschen Haube" versehen, wobei man gestalterischen Rat bei dem Mainzer Hofbaumeister Jörg Robin, einem Flamen, einholte. Bei den noch folgenden Arbeiten wird bisweilen der Maurer Jacob Stupanus vom Comer See erwähnt, der ebenfalls am Kelsterbacher Schloss mit gebaut hat. Es war also ein internationaler Kreis hervorragender Bauleute und Handwerker am Ausbau der Burg in der Formensprache der Renaissance beteiligt. Baulich folgt nach dem Tod Heinrichs 1601 eine lange Zeit der Vernachlässigung. Erst die Sanierungs- und Restaurierungsarbeiten unserer Tage konnten dem Bauwerk etwas von seinem alten Glanz zurückgeben.

Die Burgherren

Die Anfänge der Burg verbinden sich mit der Territorialpolitik der Mainzer Erzbischöfe, die im 12. Jahrhundert auf den Spessart und die Waldgebiete am Unterlauf der Kinzig abzielten. Nicht auszuschließen ist eine Beteiligung der nahen Dynasten von Büdingen am Bau der Burg, traten sie in diesem Raum doch als weltliche Vögte des Erzstifts, aber auch als Konkurrenten auf. Dass die ursprünglich mainzische Burg für die Herren von Büdingen Bedeutung besaß, ist kaum zu bezweifeln, doch fehlen jegliche Quellen dazu. 1258 wird ein *Cunradus miles de Roneburg* und damit erstmals der Name der Burg erwähnt. Konrad von Rüdigheim, ein Reichsministeriale aus der Burgmannschaft der Königspfalz Gelnhausen, stand im Dienst der dortigen Burggrafen, der Herren von Hohenlohe-Brauneck, die als Erben des letzten Büdinger Dynasten Gerlach II. die Ronneburg in Händen hatten. Als die Braunecker ihren Anteil am Gelnhäuser Reichsbezirk aufgaben, konnte das Mainzer Erzstift die Burg 1313 zurückerwerben. Diese Rückerwerbung, bei der

Abb. 93: Seine markante welsche Haube erhielt der Bergfried 1576. Der untere Teil geht dagegen noch auf das 14. Jahrhundert zurück.

„RUHEBURG" FÜR GLAUBENSFLÜCHTLINGE

Um das Jahr 1700 fanden zunehmend Flüchtlinge, die in ihrer Heimat mit der kirchlichen Orthodoxie in Konflikt geraten waren, auf der Ronneburg oder in den umliegenden Dörfern eine Bleibe. Diese Flüchtlinge kamen etwa aus der Pfalz, vor allem aber aus Württemberg. Angezogen wurden sie von der Toleranzpolitik der Büdinger Grafen. Hier sei vor allem ein Edikt des Grafen Ernst Casimir von 1712 genannt, das die Gewährung von Gewissensfreiheit mit wirtschaftlichen Anreizen verband. Die Ronneburg als Nische religiöser Duldung zog Radikalpietisten aller Schattierungen an, wie etwa den Wanderprediger Hochmann von Hochenau, der sich von 1706 an längere Zeit hier aufhielt. Von der Toleranz der Büdinger Grafen profitierte auch die „Gemeinschaft der wahren Inspiration", eine Erweckungsbewegung, die sich unter Führung von Eberhard Ludwig Gruber und Johann Friedrich Rock 1714 im Ysenburgischen bildete und in der Ronneburg ihr geistiges Zentrum fand. 1842 wanderte die gesamte Gemeinschaft zwar unter dem Druck der nunmehr hessischen Regierung geschlossen nach den USA aus und gründete dort die Amana-Colonies in Iowa, doch behielt die „Ruheburg" bis zum heutigen Tag ihre Symbolkraft für die „Inspirierten".

1736 wurde die Ronneburg auch zur ersten Anlaufstation einer Gruppe der aus Sachsen ausgewiesenen Herrnhuter unter Graf Zinzendorf und seiner Gattin Erdmuthe, bis die Brüdergemeine sich zur Anpachtung des Schlosses Marienborn und dann 1738 zum Bau einer eigenen großen Siedlung entschloss, des Herrnhaag in Sichtweite der Ronneburg. Die geistige Emphase dieser Bewegungen nahm in der zweiten Jahrhunderthälfte zwar ab, doch konnten die Querdenker als „Stille im Lande" unter dem Schutz der Büdinger Grafen weiter ihrer Profession nachgehen, zumeist als Wollweber oder Strumpfwirker. Daneben suchten zunehmend Juden, die als Wanderhändler die Erzeugnisse vertrieben, auf der Burg ein Schutzverhältnis.

andere Erben wie die Herren von Ysenburg nicht zum Zug kamen, zeigt, dass das Erzstift eine Art „Vorkaufsrecht" geltend gemacht hat. Ein Aufenthalt der Erzbischöfe selbst ist auch später nicht belegt, die Burg diente als Amtmannssitz. In dieser Funktion erscheint 1317 erstmals Wolfram von Praunheim, der aus einer königlichen Ministerialenfamilie aus dem Frankfurter Raum stammte. Unter ihm und seinen Nachfolgern kam es zum Aufbau einer Burgmannschaft, einer ritterlichen Besatzung, die dem Erzstift verpflichtet war. Die zahlreichen Burglehenbriefe zeigen, dass die Ronneburg trotz ihrer Randposition fest in die Mainzer Burgenpolitik eingebunden war.

Das in zahlreiche Kämpfe mit den hessischen Landgrafen verwickelte, aber auch von inneren Auseinandersetzungen zerrissene Mainzer Erzstift war jedoch in permanenter Geldnot. Dies führte über längere Zeit zur Verpfändung der Ronneburg. Dabei kam eine Familie ins Spiel, die für ihr ökonomisches Gespür bekannt und deren Reichtum sprichwörtlich war: die Ritter von Kronberg am Taunusrand. Nach etlichen Vorgeplänkeln musste Erzbischof Gerlach im Mai 1356 die Ronneburg zusammen mit anderen Mainzer Besitzungen den Brüdern Frank und Hartmut von Kronberg gegen die stattliche Summe von 18 000 Gulden als Pfand überlassen. Damit ließ sich Mainz auf ein gefährliches Spiel ein, denn Pfandschaften waren bei den Geldgebern ein beliebtes Mittel, um die Objekte schließlich ganz an sich zu ziehen, weil die Einlösung nicht mehr gelang. Das hing bei Burgen oft damit zusammen, dass Baumaßnahmen Wertsteigerungen nach sich zogen. Die Erzbischöfe haben allerdings versucht, weiterhin Einfluss zu behalten, etwa durch Öffnungsrechte oder die Klausel, dass die Ronneburg nicht von Hochadelsfamilien eingelöst werden dürfe. Die Herren von Kronberg waren bald in zahlreiche Fehden verwickelt, vor allem gegen das reiche Frankfurt und die mit ihm verbündeten Städte. Auch als es 1407 dem Erzbischof mit Hilfe einer „Finanzspritze" der Städte des Erzstifts gelang, die Ronneburg wieder einzulösen, änderte sich an ihrem zwielichtigen Ruf wenig. Das hing mit der Person des Amtmanns Ulrich von Bergheim zusammen, einem berüchtigten „Raubritter", der wie sein Nachfolger Gottfried von Reiffenberg zu den gefährlichsten Gegnern der Frankfurter Kaufleute gehörte.

Im September 1424 gelang es Reinhard II. von Hanau, die Ronneburg samt Zubehör für 5000 Gulden als Mainzer Pfandschaft zu erwerben. Reinhard, der 1429 Reichsgraf wurde, beherrschte wie seine Nachfolger zwar die Pfandpolitik als Mittel der Besitzerweiterung, doch zogen die Hanauer aus der 50-jährigen Zugehörigkeit letztlich keinen Gewinn. Nicht dass Mainz selbst gegengesteuert hätte, vielmehr kam nun ein territorialer Nachbar ins Spiel. Dies war Graf Dieter von Ysenburg, dem die Ronneburg in der Hand eines Konkurrenten in Sichtweite seiner Residenz Büdingen ein Dorn im Auge sein musste. 1441 kam es zu einem langwierigen Streit, der sich an den Forstrechten der Burg im Ronneburger Wald entzündete.

Die Chancen für die Ysenburger wurden größer, als 1461 der gleichnamige Sohn Dieters zum

Erzbischof von Mainz gewählt wurde. Die bald ausbrechende „Mainzer Stiftsfehde" stellte zunächst allerdings einen Erwerb wieder in Frage, denn Dieter unterlag einem Rivalen und musste gegen eine Abfindung auf seine Würde verzichten. 1475 gelangte er zum zweiten Mal in sein geistliches Amt, diesmal unangefochten. Nunmehr erhielt sein in Büdingen regierender Bruder, Graf Ludwig II., am 4. Juni 1476 als Ausgleich für seine Hilfe in dem zurückliegenden Streit neben einer Geldentschädigung die Ronneburg samt Zubehör als Mannlehen. Als Wohnsitz benötigte Graf Ludwig die Burg nicht, doch sie stärkte sein Prestige und diente seiner Verwaltung. In ruhigen Zeiten war nur eine kleine Burgbesatzung aus Wächtern, Pförtnern und Turmhütern nötig.

Entgegen der Absicht Ludwigs, die Grafschaft ungeteilt seinem ältesten Sohn Philipp zu übergeben und dessen jüngere Brüder abzufinden, kam es nach seinem Tod 1511 doch zu Erbstreitigkeiten. Sie führten ab 1517 zu einer Reihe von „Erbbrüderverträgen" und liefen auf eine faktische Teilung hinaus. Dabei kam die Ronneburg an den 1501 geborenen Grafen Anton. Er nannte sein Erbteil daher nach der Ronneburg, im Unterschied zu der von seinem Onkel Johann begründeten Linie, für die Schloss Birstein am Vogelsberg namengebend wurde. Stadt und Stammschloss Büdingen blieben gemeinsamer Besitz. Graf Philipp nahm mit seiner Gemahlin Amalie von Rieneck auf der Ronneburg seinen Wohnsitz, wo er 1526 verstarb. Anton, seit 1523 mit Elisabeth Gräfin von Wied vermählt, behielt seine Hofhaltung zunächst in seinem Teil des Büdinger Schlosses bei, den er in Renaissancemanier ausschmücken ließ. Das Jahr 1546 stellt schließlich eine Wende dar, die auch an Baudatierungen sichtbar wird. Von diesem Zeitpunkt an hat Graf Anton die Jahre bis zu seinem Tod im Oktober 1560 vorwiegend auf der Ronneburg verbracht, auch weil das luftige Bergnest seinem schweren Gichtleiden zuträglicher war als die feuchten Wasserburgen Büdingen oder Wächtersbach. Auffällig ist die Einrichtung einer Schneiderei, die über Jahrzehnte in der Burg arbeitete und die nötigen Tuche auf den Frankfurter Messen bezog. In seinen letzten Lebensjahren beschäftigte Graf Anton auch einen Drucker auf der Burg.

Bei der Landesteilung von 1565 fiel die Ronneburg Antons jüngstem Sohn Heinrich zu. Die Ronneburg, die nun ihre Blütezeit erlebte, wurde zur eigentlichen Residenz. Sie entwickelte sich zu einem florierenden Wirtschaftsbetrieb. Eine Bäckerei arbeitete weit über den Eigenbedarf hinaus, und vor allem wurde der Wein, der an den nahen Hängen wuchs, aber in großen Mengen auch aus der weiteren Umgebung und aus Franken kam, hier eingekellert und weiter vertrieben. Am 31. Mai 1601 starb Heinrich, wie seine Brüder ohne Nachkommen. Erbe wurde nach den Hausgesetzen Graf Wolfgang Ernst (1560–1633), ein Vetter aus dem verfeindeten Birsteiner Zweig. Da es im Vorfeld bereits zu Konflikten gekommen war, ließ dieser sofort die Ronneburg besetzen, einigte sich dann jedoch gütlich mit Heinrichs Witwe Elisabeth, die das Schloss weiter als Witwensitz behalten konnte. Bei ihrem Tod 1615 wurde die Ronneburg als verwahrlost bezeichnet. Im Mai 1621 brach durch Unachtsamkeit des Burgpersonals ein Brand aus, der den östlichen Teil der Kernburg schwer in Mitleidenschaft zog. Dies hat mit dazu beigetragen, dass das Schloss im Dreißigjährigen Krieg keine militärische Bedeutung gewann. Mit dem übrigen Besitz wurde die Ronneburg den Ysenburgern 1635 vom Kaiser entzogen und erhielt eine hessische Besatzung. Nachdem sie 1643 an Ysenburg zurückgefallen war, ging sie, nur unzureichend verteidigt, im April 1648 noch an ein feindliches Kommando verloren, was wegen des bald geschlossenen Friedens aber ohne Folgen blieb. In einem Familienzwist wurde die Ronneburg 1656 von drei jüngeren Brüdern des in Offenbach regierenden Grafen Johann Ludwig mit Waffengewalt eingenommen und einige Jahre besetzt. Bei den folgenden Teilungen und territorialen Verschiebungen im Ysenburger Grafenhaus diente sie mehrfach als Tauschobjekt. Im Februar 1698 kam sie aus dem Besitz der Birsteiner Grafen an die in Büdingen residierende Linie, bei einer erneuten Erbteilung gelangte sie 1725 an Graf Ferdinand Maximilian in Wächtersbach.

Die Burg wurde in dieser Zeit, samt dem zugehörigen Hofgut, an Pächter weitergegeben, die den alten Titel eines Burggrafen führten und häufig als Darlehensgeber für die Herrschaft auftraten. Sie suchten die weitläufige Anlage ökonomisch zu nutzen, manchmal durch dubiose Unternehmungen wie eine „Heckenmünze", die hier 1695 minderwertige hohenlohische Münzen prägte, vor allem aber durch Untervermietung in großem Stil. Aus dem Strandgut des kriegerischen Jahrhunderts wurden obskure Gestalten auf der Ronneburg angeschwemmt, Goldmacher und Schatzgräber, einige französische Namen sind da-

Abb. 94: Die Herrengemächer im Westteil der Kemenate sind mit einer Folge von Wandmalereien geschmückt, die erst 1947 wieder freigelegt wurden.

Sozialfälle der gräflichen Verwaltung in Wächtersbach aufgebürdet. Diese suchte die Burg durch Abzugsprämien zu leeren, aber auch durch Niederlegung einzelner Gebäude und Abdecken von Dächern ein Bewohnen unmöglich zu machen. Als letzter ständiger Bewohner starb 1885 der „Schlossaufseher" Adam Jordan. Zurück blieb ein vor allem im Bereich der Vorburg schwer geschädigtes Bauwerk.

Museum

Bereits Burgenforscher wie Bodo Ebhard oder Kunsthistoriker wie Richard Haupt haben auf die Bedeutung der vergessenen Burg hingewiesen. Wiederentdeckt wurde sie aber von der Jugendbewegung und den Wandervereinen der nahen Städte. Seit Pfingsten 1905 stand die Ronneburg wieder dauernd offen und wurde zu einem beliebten Ausflugsziel, zumal der nahe Ort Hüttengesäß Endstation einer Kleinbahn aus Hanau war. Die Wiederbelebung der Ronneburg ist das Verdienst der Fürsten Friedrich Wilhelm (1850–1933) und Otto Friedrich (1904–1990) zu Ysenburg. Aber auch der Architekt und Forscher Peter Nieß muss genannt werden, der 1936 eine mustergültige Baugeschichte vorlegte, sowie sein Sohn Walter, der als Fürstlicher Forstmeister die Burg viele Jahre in seiner Obhut hatte. Er richtete 1952 ein Burgmuseum mit vielfältigem Sammelgut ein und öffnete die Ronneburg als kulturelle Begegnungsstätte. Trotz begrenzter Mittel trieb er die Restaurierung und Erhaltung, aber auch die Erforschung des Bauwerks weiter voran. 1967 kam ein Burgrestaurant hinzu, die Besucherzahlen wuchsen. Heute liegt die Betreuung in Händen des Vereins „Freunde der Ronneburg e. V.", der denkmalpflegerisches Engagement mit breitem kulturellem Angebot verbindet. Im Rahmen des Rundgangs können unter anderem die Waffenkammer mit mittelalterlichen Waffen- und Rüstungsrepliken, die teilweise mit Fresken ausgemalten Herrengemächer (Abb. 94), die Burgkapelle oder die Hofstube mit einem schönen Sterngewölbe besichtigt werden. Aus dem 16. Jahrhundert stammt die Burgküche mit ihrer offenen Feuerstelle. Besuchermagnet auf der Ronneburg sind die großen Mittelalterfeste im Herbst, aber auch Handwerker- und Weihnachtsmärkte, Ausstellungen und Künstlersymposien. In jüngster Zeit fand eine Falknerei mit Flugvorführungen auf der Ronneburg ihr ideales Umfeld.

runter, vielleicht versprengte Hugenotten. Im 18. und in der ersten Hälfte des 19. Jahrhunderts wurde die Ronneburg zur Heimstatt für Glaubensflüchtlinge aus verschiedenen Territorien des Reichs, darunter der sogenannten „Gemeinschaft der wahren Inspiration" (siehe Kasten). Nachdem diese „Inspirierten" 1842 zur Emigration gezwungen wurden, blieben soziale Randexistenzen zurück, die als „Ortsarme" ein Heimatrecht beanspruchten. Seit den 1820er Jahren wurden diese

Abb. 95: Burg Vischering gehört
zu den bekanntesten Wasserburgen überhaupt. Die Hauptburg ist durch ein kompliziertes
System von Wassergräben und
Wällen zusätzlich geschützt.

**WASSERBURG
VISCHERING**

**DER SCHATZ DES
MÜNSTERLANDES**

Reinhard Friedrich

Das Münsterland ist für seine zahlreichen und häufig stimmungsvoll gelegenen Wasserburgen berühmt. Aufgrund ihrer guten Erhaltung und ihrer malerischen Lage gehört die Burg Vischering (Abb. 95) bei Lüdinghausen zu den bekanntesten Wasserburgen überhaupt. Sie ist zudem eine der ältesten Wasserburgen Westfalens. Da sie weder im Dreißigjährigen Krieg zerstört noch anschließend baulich dem Zeitgeschmack entsprechend verändert wurde, ist die Burg in ihrer renaissancezeitlichen Ausbauphase weitgehend unverändert erhalten.

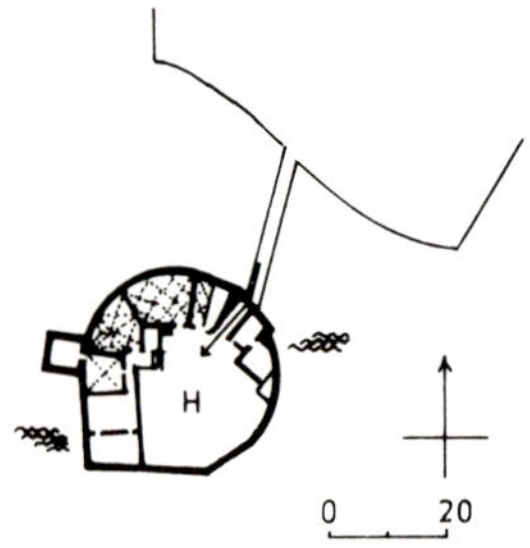

Abb. 96: Grundriss der Hauptburg von Vischering. Mit der Vorburg ist diese durch eine Holzbrücke verbunden.

Baugeschichte

Kern der Anlage sind die runde Hauptburg und die trapezförmige Vorburg, die sich als einzelne, nur über eine Brücke verbundene Elemente inmitten eines teichartig erweiterten Wassergrabens, der die Burganlage völlig umschließt, erheben (Grundriss, Abb. 96). Die gesamte Anlage ist zudem, insbesondere im Bereich der Zufahrt zur Vorburg, durch ein kompliziertes System aus miteinander verbundenen, wasserführenden Gräften (Wassergräben) und Wällen zusätzlich geschützt. Mit fließendem Wasser versorgt wurde das System durch einen Kanal, der mit dem Flüsschen Stever verbunden war.

Die Baugeschichte der Kernburg lässt sich in zwei große Abschnitte teilen: zum einen die ältere Anlage vor dem Brand von 1521, zum anderen die neue, renaissancezeitliche Anlage. Wenngleich die jüngere Bauphase die ältere Burgphase stark überprägt hat, so sind deren Reste noch deutlich zu erkennen. Ursprünglich bestand die Burg des 13. Jahrhunderts aus einer runden, aber geschlossenen Umfassungsmauer, die als durchschnittlich 1,7 Meter starke und wohl 10 Meter hohe Mantelmauer den gesamten Kernburgbereich von etwa 35 Metern Durchmesser umschloss und deren Reste noch heute die Grundlage der Ringmauer bilden. Diese fensterlose, ringförmige Mantelmauer, die im Münsterland ohne Parallele ist, bestand aus dunklen Raseneisensteinen und wies zwei Wehrgänge in zwei übereinander liegenden Geschossen auf, wie die noch erkennbaren Zugänge am heutigen Wohnbau belegen. Der obere Wehrgang war wohl mit Holz gedeckt, vielleicht auch über die Mauerkrone vorkragend. Im Inneren dürfte sich ein – später abgetragener – Bergfried erhoben haben, da ein solcher in einem Teilungsvertrag von 1414 er-

wähnt wird. Ebenso sind dort das alte Steinhaus und das neue Steinhaus genannt, zwei Steingebäude also, die sich offenbar im Inneren an die Mantelmauer angelehnt haben. Im Burghof wurden 1972 Fundamentreste von Gebäuden entdeckt. Dabei stieß man auf Eichenbalken, die auf einem Pfahlrost ruhten. Sie wurden dendrochronologischen Untersuchungen zufolge um 1270 gefällt. Dies würde gut zum Jahr der Belagerung der Burg durch den Bischof von Münster – 1271 – passen. Damals ist die Burg entweder neu errichtet oder eine ältere, durch geringe Fundamentreste archäologisch angedeutete Anlage weitgehend überbaut worden. In die Mantelmauer wurde 1519 ein neues Torhaus mit rundbogiger, tonnengewölbter Durchfahrt eingefügt, das älteste der heute vorhandenen Gebäude. Bauherr war Johann von Droste, wie das Wappen verrät. Noch heute gut zu erkennen sind außen der steinerne Rahmen, der die hochgeklappte Zugbrücke aufnahm, sowie die Führungen der Zugrollen.

Kurz nach Errichtung des neuen Torbaus, im Jahr 1521, brannte die alte Burg Vischering durch ein zufällig entstandenes Feuer weitgehend ab. Der damit notwendig gewordene Neu- bzw. Wiederaufbau der Burganlage, der sich über mehrere Jahrzehnte hinzog, hat Burg Vischering im Wesentlichen ihr bis heute erhaltenes, aus der Renaissance stammendes bauliches Bild gegeben. Es wird geprägt von einem Block sich aneinander reihender Gebäude mit charakteristischen Steildächern, der in einem Dreiviertelkreis den Burghof umschließt. Dabei sitzt dieser Gebäudekranz auf der alten Ringmauer auf, die bis zur Oberseite des ersten Geschosses weitgehend erhalten ist.

Unmittelbar südlich an das Torhaus von 1519 anschließend wurde ein Gebäudetrakt errichtet, der den westlichen und südlichen Bereich des Burgareals umfasst. In ihm sind Teile eines älteren Vorgängerbaus (wohl eines der beiden 1414 erwähnten Steinhäuser) erhalten, wie die vermauerten älteren Fensteröffnungen nahe legen. Während im unteren Gebäudeteil noch die dunklen Raseneisensteine auf die ursprüngliche Mantelmauer hinweisen, ist der obere Teil des Gebäudes aus Ziegelmauerwerk errichtet. Ausflickungen zeigen, dass es nicht aus einem Guss erbaut wurde. Während im ersten Geschoss große Kreuzstockfenster in die alte Mauer eingesetzt wurden, finden sich im Obergeschoss kleine alte Fensteröffnungen, die zum Teil einen Mittelpfosten aufweisen. Im mittleren Teil der Außenmauer dieses bogenförmigen Gebäudetraktes sind zwischen

Abb. 97: Die sogenannte Auslucht ist ein erkerartiger Vorbau, der Anfang des 17. Jahrhunderts errichtet wurde. Die oberen Geschosse sind mit Ziegelsteinen gebaut. Die Ecken bestehen aus behauenem, hellem Sandstein, wodurch ein schöner Farbkontrast zu dem rötlichen Sandstein entsteht.

den Fensterreihen drei steinerne Kanonenkugeln in einer waagerechten Reihe angebracht, die als unheilabwehrendes Zeichen auf die Festigkeit der Mauern hinweisen sollen.

Dieser sich bis auf die Südseite hinziehende, große Gebäudetrakt wird erst durch die sogenannte Auslucht (Abb. 97), einen erkerartigen Vorbau, unterbrochen, die quer von der alten Mauer abgehend nach Süden in den Teich hineinragt. An die Auslucht schließt sich im Osten ein weiterer Gebäudetrakt an. Er verlässt den Verlauf der alten Mantelmauer und schiebt sich etwas nach Südosten über den ehemaligen Bering hinaus, wie der Grundriss und das Fehlen vom zur Mantelmauer gehörenden Raseneisenstein zeigen. Die vierteiligen Steinkreuzfenster gehören zur originalen Bausubstanz aus der Erbauungszeit dieses Gebäudetrakts, der um 1552 errichtet wurde, wie auf den Wappen in den hofseitigen Medaillons abzulesen ist. Die gesamten, die südliche Hälfte der Burg umschließenden Gebäudetrakte sind durch einen Kranz gleich hoher Steildächer miteinander verklammert, so dass sie von Weitem wie aus einem Guss errichtet wirken.

Betritt man durch das Torhaus den Burghof, so fällt zunächst der sich schräg rechts gegenüber erhebende Treppenturm ins Auge. Dieser achtseitige Treppenturm gehört zum jüngsten Baukomplex, denn er steht im Winkel zwischen dem älteren, zur Auslucht führenden Gebäudeteil und dem sich links anschließenden neuen Gebäudetrakt von 1552. Entstanden ist der Treppenturm um 1580. Augenfällig ist insbesondere der obere Teil des Treppenturms, der auf Höhe der unteren Dachkante einsetzt. Er besteht aus Backstein und weist drei umlaufende Zierbänder aus Glasurziegeln auf. Den oberen Abschluss bildet eine kleine Wachstube mit Fenstern nach allen acht Seiten und einer aufgesetzten Welschen Haube mit offener Krone und Wetterfahne auf der Spitze.

Sowohl über der Tür zum Treppenturm als auch über den Türstürzen der Kellereingänge des Südtrakts befinden sich Kopfmedaillons in Form großer gotisierender Dreipässe. Sie zeigen, dass der Treppenturm und der neue, südliche Gebäu-

detrakt baulich zusammengehören. Zwischen den Fenstern des Hauptgeschosses des Südtraktes befinden sich kreisrunde Medaillons in reichen Renaissanceformen. Am äußersten südöstlichen Ende dieses Gebäudes sind die übereinander liegenden Eingänge in den ehemaligen zweistöckigen Wehrgang gut zu erkennen. Im Innern des Süd-

Abb. 98: An der Südwestecke des großen Saals befinden sich noch Reste von Ausmalungen mit Darstellungen von Tieren und Menschen, umgeben von reicher Ornamentik.

trakts befindet sich der heutige große Saal, der später durch Trennwände verkleinert worden ist und erst 1972 wieder in seiner ursprünglichen Größe sichtbar gemacht wurde. Die Deckenbalken sind farbig ornamentiert. Der Kamin mit dem Wappen des Heidenreich von Droste weist die Jahreszahl 1570 auf, die also diese Ausbauphase datiert, mit der eine Aufstockung der Gebäude verbunden wird. An der Südwestseite des Saals finden sich Reste der ursprünglichen Ausmalung (Abb. 98), die Menschen-, Tier- und Vogelgestalten zeigt, welche von reichen Ornamenten umschlossen werden.

Der ältere Gebäudetrakt auf der Westseite erhebt sich über Kellerräumen mit Kreuzgratgewölben. Der Bau selbst ist als erster Teil des Wiederaufbaus nach dem Brand von 1521 von dem um 1540 verstorbenen Johann von Droste, dem Erbauer des Torhauses, errichtet worden, wie aus einem Wappenfries hervorgeht. Links neben dem Torhaus schließt sich noch ein niedriger eingeschossiger Bau an, der auf hohem Untergeschoss den Übergang zur rückseitigen Wehrmauer mar-

kiert. Er weist hofseitig eine Wand in Fachwerkkonstruktion auf.

Als jüngster Bauteil wurde Anfang des 17. Jahrhunderts an der Naht zwischen West- und Südflügel die Auslucht errichtet. Dieser quadratische Bau ragt nach Süden in den Hausteich hinein. Während das Untergeschoss aus Bruch- und Blockstein sich kaum von den übrigen Gebäudeteilen abhebt, ist der ganze übrige Aufbau markant in Ziegelstein errichtet. Die Ecken bestehen aus sorgfältig behauenem, hellem Sandstein und bilden einen deutlichen Farbkontrast zum rötlichen Backstein. Die Seiten werden von hohen Steinkreuzfenstern durchbrochen. Umlaufende Gesimse gliedern den gesamten Bauteil. Besonders auffällig ist die den südlichen Abschluss bildende, reich verzierte Schauseite. Hier befindet sich ein vierfenstriger Erkergiebel. Seine Frontplatte, die von Konsolen getragen wird, zeigt das Wappen des Erbauers Heinrich von Droste und die Jahreszahl 1617. Ein Doppelwappen seines ebenfalls Heinrich genannten Sohnes im Giebelansatz zeigt, dass dieser 1622 den Bau vollendete. Im Innern der Auslucht verbindet eine kleine Wendeltreppe die Geschosse.

Im Zuge der Neubebauung um die Mitte des 16. Jahrhunderts wurden auch die Gebäude in der Vorburg errichtet. Doch dürfen dort ältere Vorgängerbauten vorausgesetzt werden, die im Teilungsvertrag von 1414 erwähnt werden. Üblicherweise waren hier die zur Versorgung einer Burganlage nötigen Wirtschaftsgebäude untergebracht. Die Vorburg hat eine polygonal- oder vieleckig-trapezoide Form. Die heutige, ebenfalls renaissancezeitliche Hauptbebauung befindet sich auf der Nordseite der Vorburg; sie bildet mit ihren drei Flügeln ein nach Süden offenes Dreieck. Die Vorburg war nur über eine Brücke zu erreichen, eine weitere Brücke verband sie mit der Hauptburg. Das große Bauhaus (Abb. 99) von 1584 mit seinen Dreiecksgiebeln, das sich an der der Burg zugewandten Ostseite der Vorburg erhebt, entspricht in seiner Innenaufteilung, die entlang einer Längsdeele zu beiden Seiten Ställe für Pferde und Kühe aufweist, einer im Münsterland üblichen Form von Bauernhäusern. Hier waren auch die Ackergeräte zur Bewirtschaftung der um die Burg gelegenen Ländereien untergebracht. Denn viele Burgen waren nicht nur Wehrbau, Wohn- und Verwaltungssitz, sondern dienten häufig auch als Mittelpunkt eines ländlichen Besitzes, eine Funktion, die an Burg Vischering noch heute gut abzulesen ist. Das westliche und nörd-

liche Gebäude, die das Hofdreieck komplettieren, sind zuletzt 1720 umgebaut worden, beziehen aber ältere Bauteile mit ein. Auf die Vorburg gelangte man ebenfalls über eine Zugbrücke, an der noch heute die Aussparungen für die Hebearme der Brückenplatte vorhanden sind. Der Torbau sowie die zu beiden Seiten anschließenden Wehrmauern sind ebenfalls nach dem Brand von 1521 errichtet worden.

Von der Vorburg geht es über die Zugbrücke zunächst zu den beiden Wallköpfen, den Ausgangspunkten des den Burgteich umschließenden Ringwalls. Hier befand sich das Wehr, mit dem die die Burganlage umgebenden Gräften weiter aufgestaut werden konnten, um so die Schutzwirkung zu erhöhen. Hier standen auch zwei Mühlen, die unter Ausnutzung der Wasserkraft betrieben wurden. Eine Ölmühle ist nur noch über die Schriftquellen zu erschließen, die Kornmühle wurde gegen Ende des Zweiten Weltkriegs durch einen Bombentreffer zerstört. Von diesen beiden Wallköpfen führte der Weg über eine weitere, heute zugeschüttete Gräfte nach Westen auf

das langgestreckte Vorwerk, das den Zugang zur Vorburg sicherte. Das Vorwerk selbst war ein kleines, geschlossenes Befestigungssystem, das durch eine umlaufende, nur noch in Resten erhaltene Wehrmauer mit Schießscharten und vorgelagertem, das Vorwerk komplett umgebenden Wassergraben geschützt wurde. Der Zugang zur heutigen Straße, damals wie heute der eigentliche Eingang in die gesamte Anlage, war ebenfalls durch ein Tor mit Zugbrücke gesichert. In diesem langgestreckten Vorwerk steht die schlichte Burgkapelle, die 1495 geweiht wurde. Während viele Burgen Kapellen als Einbauten in Gebäudeteile oder als Teilbauten im Kernbereich integriert haben, ist Burg Vischering ein gutes Beispiel dafür, dass eine Burgkapelle auch als frei sich erhebender Bau im Bereich vor der Burg stehen kann. Im Innern des kleinen, spätgotisches Maßwerk aufweisenden Gotteshauses ist noch die ursprüngliche Altarplatte vorhanden. Das Pförtnerhaus zeigt, dass sich im Bereich des Vorwerks noch weitere kleine Gebäude befinden konnten. Eine 1549 errichtete Schlupfpforte unterhalb des Wehrs am westlichen

Abb. 99: Das ursprünglich landwirtschaftlichen Zwecken dienende große Bauhaus von 1584 bildet die Ostseite der Vorburg. In dem Gebäude befindet sich heute die volkskundliche Abteilung des Münsterlandmuseums.

▶ DIE WASSERBURG LINN

Eine der interessantesten Wasserburgen des Niederrheins erhebt sich am Rande des mittelalterlichen Städtchens Linn, das heute zu Krefeld gehört. An Burg Linn (Abb. 100) ist der Umbau einer ehemaligen, im 11. oder 12. Jahrhundert auf einem künstlichen Hügel errichteten Turmburg, einer „Motte", zu einer Wasserburg in den einzelnen Phasen abzulesen. Der ursprünglich auf dem Hügel stehende, donjonartige Rechteckbau, bei dem zumindest das ergrabene Untergeschoss aus Tuffstein bestand, wurde um 1200 von den Edelherren „de Linne" – vielleicht an Stelle einer hölzernen Palisade – mit einer sechseckigen Ringmauer aus damals im Rheinland innovativem Backstein umgeben. So weist die erste Phase der Ringmauer noch eine Mischung aus Backstein und Naturstein (Tuff, Flussgeröll) auf, was von dem noch unsicheren Umgang mit diesem neuen „Kunststein" zeugt. Nach ihrer Fertigstellung im Laufe des 13. Jahrhunderts bestand die Ringmauer aus einem unregelmäßigsechseckigen Bering mit Wehrgang und Zinnen, der an allen Ecken durch jeweils einen flankierenden Rundturm verstärkt war.

In einer nächsten Phase um 1300 – die Burg war mittlerweile Lehen der Grafen von Kleve – wurde diese Ringmauer durch Aufstockung und Innenbebauung zu einem Kranz von Wohngebäuden umgebaut. Zudem wurden der runde Bergfried und ein Torbau errichtet sowie der ursprüngliche Donjon im Innenhof niedergelegt. Um 1380 wurde Linn als erledigtes Lehen vom Kölner Kurfürsten eingezogen und blieb bis 1795 kurkölnisch. Spätestens um 1480 wurde ein die gesamte Burganlage umfassender Zwinger errichtet. Im Spanischen Erbfolgekrieg brannte die Burg 1702 aus.

Diese letzten beiden Ausbauphasen bestimmen heute das Bild der Burg, die sich auf dem immer noch erkennbaren Mottenhügel im Innern eines ringförmigen breiten Wassergrabens erhebt. Die aus der älteren Ringmauer hervorgegangenen Wohnbauten sowie der Bergfried sind seit 1994 wieder mit einem Steildach ausgestattet. An die Burg schließt sich eine ovale Vorburg an, die sich zu der ehemaligen „Herrlichkeit Linn" öffnet, die mit ihren kleinen Gassen, der Stadtmauer und dem umfassenden Wassergraben ihr malerisches mittelalterliches Bild bewahrt hat. In der Burg, der Vorburg und einem angrenzenden Bau ist heute das „Museum Burg Linn" untergebracht, zu dem das Landschaftsmuseum des Niederrheins gehört.

Abb. 100: Blick auf die Hauptburg der Burg Linn, einer der interessantesten Wasserburgen des Niederrheins. Links der markante Bergfried, dessen Steildach 1994 wieder aufgesetzt wurde.

Mühlendamm komplettiert die aus Gräften, Wällen und Mauern bestehenden Außenanlagen, die wohl Mitte des 16. Jahrhunderts fertig gestellt wurden.

Die Burgherren

Die Anfänge der Burg Vischering hängen eng mit dem nahe gelegenen Ort Lüdinghausen zusammen. Dort verfügte die Abtei von Essen-Werden seit dem 9. Jahrhundert über umfangreiche Güter, seit 974 auch über das Recht, Münzen zu schlagen und einen Markt einzurichten. Diesen Werdener Besitz erhielt im Lauf des 12. Jahrhunderts ein Geschlecht zu Lehen, das fortan den Namen „von Lüdinghausen" führte. Diese Herren von Lüdinghausen, Vasallen des Abtes zu Werden, errichteten am westlichen Ortsrand die Burg Lüdinghausen. Später gründeten sie noch eine weitere Burganlage, Wolfsberg, südlich des Ortes. Im Jahr 1271 finden sich diese beiden Burgen im Besitz der Brüder Hermann und Bernhard von Lüdinghausen. Durch Fehden und Störungen des Landfriedens provozierten sie Gegenmaßnahmen des Bischofs von Münster, Gerhardt von der Mark, der bestrebt war, das Gebiet seiner Diözese auch politisch zu beherrschen bzw. sein Territorium zu stabilisieren und auszuweiten. Er belagerte im gleichen Jahr erfolgreich die beiden Burgen und den Ort Lüdinghausen, so dass die Brüder gezwungen waren, ihre Burgen dem Bischof zu öffnen. Zudem setzte er seinen getreuen Gefolgsmann Albert von Wulfheim als Burgmann auf einer weiteren Burganlage bei Lüdinghausen ein. Diese dritte Burg im Umfeld von Lüdinghausen, die ebenfalls 1271 erstmals erwähnt wird, ist besagte spätere Burg Vischering. Unklar ist, ob es schon eine ältere Befestigungsanlage an dieser Stelle gegeben hat. Diese am Nordrand von Lüdinghausen gelegene Burg, deren Bezeichnung als „Burg Vischering" erst seit dem 14. Jahrhundert überliefert ist, diente somit zur Sicherung der landesherrlichen Rechte gegen die Herren von Lüdinghausen. Die Vorfahren Alberts von Wulfheim waren bis dahin bischöfliche Burgmannen in Dülmen gewesen und hatten das Amt eines Drosten (= Truchsess bzw. Seneschall, also mit der Aufsicht über die Hofverwaltung) am bischöflichen Hof innegehabt. Zudem hatten sie sich bei Aufgaben der Landesverwaltung bewährt. Fortan nannte sich dieses Geschlecht Droste von Vischering, der Titel Droste wurde Bestandteil des Familiennamens. Burg Vischering war zunächst also gegen die Interessensphäre der beiden Burgen der Herren von Lüdinghausen errichtet worden. Dies kommt auch darin zum Ausdruck, dass sie in nur rund 300 Metern Entfernung von Burg Lüdinghausen erbaut wurde, also in unmittelbarer Nähe lag.

Im Jahr 1414 wurde Burg Vischering rechtlich geteilt, und es folgte eine wechselhafte Besitzergeschichte mit Verpfändungen und Teilverkäufen. Erst 1473 war die ursprüngliche Familie, deren Mitglieder über im Münsterland verstreuten Grundbesitz verfügten und als Amtmänner in verschiedenen Ämtern tätig waren, wieder allein im Besitz der Anlage, nachdem sich Heidenreich von Droste mit der Tochter des Erbmarschalls Richmond von Morrien vermählt hatte. Erst jetzt waren die Voraussetzungen für bauliche Veränderungen geschaffen. Diese begannen 1519 mit der Errichtung des Torbaus. Nur zwei Jahre später wurde die alte Burg 1521 durch ein Feuer erheblich zerstört. Damit war ein völliger Neubau der Anlage nötig geworden, die nun unter Heidenreich Droste zu Vischering (1507–1588) im Stil der Renaissance ausgebaut wurde (Abb. 101). Bis 1680 wohnten die Droste auf Burg Vischering, ehe sie ihren Hauptwohnsitz nach Schloss Darfeld verlegten. Weitere Umbauten erfolgten 1720 und im 19. Jahrhundert. Bis heute ist die Burganlage im Besitz der Droste von Vischering, die 1826 in den Grafenstand erhoben wurden.

Rundgang

Das Areal der Burg Vischering beherbergt seit 1972 das Münsterlandmuseum, welches die verschiedenen Gebäude und Räume zur Darstellung unterschiedlicher Bereiche nutzt. So werden in den Gebäuden der Hauptburg neben der Geschichte der Burg auch Aspekte des Themas „Adel und Herrschaft" behandelt, die sich mit dem Leben und den Lebensumständen auf einer mittelalterlichen Burg beschäftigen. In der ersten Etage ist die Geschichte der Burg von 1271 bis zum Auszug der Drostenfamilie Mitte des 17. Jahrhunderts dargestellt. Hier werden zudem die Baugeschichte der Burg und ihre Wehrhaftigkeit thematisiert.

Zur musealen Ausstattung gehört auch das mit prachtvollen Schnitzereien verzierte Bett des Heidenreich Droste zu Vischering (1507–1588). Seine Schnitzereien lehnen sich an Motive aus

Abb. 101: Blick auf die Burghofseite von Burg Vischering. Besonders ins Auge fällt der achteckige Treppenturm mit seinen Zierbändern aus Glasurziegeln. Der Treppenturm steht genau zwischen dem neueren Gebäudetrakt von 1552 links und dem gut 30 Jahre älteren rechts.

der Totentanzfolge von Hans Holbein dem Jüngeren an. Auf die Ausübung der Gerichtsbarkeit weist ein Fußblock sowie das eiserne „Halsband des Lambert von Oer" hin. Hakenbüchse und Harnisch, aber auch ein in Tongefäßen verborgener Schatzfund von Silbermünzen, der in der Nähe gefunden wurde, sowie ein eisernes Fass, das man als Versteck in der Gräfte versenken konnte, erinnern an unruhige Zeiten in der Geschichte der Burg.

Die Ausstellung wird im in der Vorburg gelegenen Bauhaus, dem ehemaligen Hauptwirtschaftstrakt, und der angrenzenden Remise fortgesetzt. Dort ist seit 1984 eine volkskundliche Abteilung untergebracht, die sich vor allem mit dem bäuerlichen Leben beschäftigt. So sind im Untergeschoss des Bauhauses – der ehemaligen Dreschtenne – zahlreiche ländliche Arbeitsgeräte wie Pflüge, Eggen, Erntegeräte, Kornbearbeitungsmaschinen,

Pflanzstöcke etc., aber auch Geräte des ländlichen Handwerks untergebracht. Ein aufgebauter Schweinestall erinnert an die für Westfalen so wichtige Schweinehaltung, Garant für Fleisch, Speck und den berühmten „Westfälischen Schinken". In der angrenzenden Remise wird das Thema des ländlichen Verkehrs einschließlich einer Huf- und Feldschmiede dargestellt. Im Obergeschoss werden die verschiedenen Bereiche der Hauswirtschaft wie Milchwirtschaft und Verarbeitung der geernteten Früchte, bäuerliches Wohnen und Heimindustrie wie die Textilverarbeitung (Webstuhl und Spinnrad), aber auch Kleidung und Schmuck mit prächtigen Trachtenhauben oder Volksfrömmigkeit und religiöse Volkskunst behandelt. Abgetrennt von den Wirtschaftgebäuden steht in der Vorburg ein Backhaus mit funktionierendem Steinbackofen. Im „Rittersaal" der Burg werden regelmäßig Schlosskonzerte veranstaltet.

Abb. 102: Blick von Nordosten, der sogenannten Schanze, auf die Wartburg. Im Vordergrund der Elisabethengang, ein geschlossener Wehrgang aus dem 15. Jahrhundert, dahinter die Neue Kemenate, die ebenso wie der Bergfried ein historisierender Bau des 19. Jahrhunderts ist. In der Großherzoglichen Wohnung der Neuen Kemenate befindet sich heute das Wartburgmuseum.

DIE WARTBURG

STEINERNE ZEUGIN TAUSENDJÄHRIGER GESCHICHTE

Jutta Krauss

Auf dem etwa 400 Meter hohen Felssporn südlich der heutigen Stadt Eisenach thront seit fast einem Jahrtausend die Wartburg (Abb. 102). Weder Lage noch Größe würden sie unter den deutschen Burgen auszeichnen; ihre Besonderheit ist vielmehr die beispiellose Aufeinanderfolge und Konzentration nationaler und kultureller Denkwürdigkeiten, das Geflecht aus Sagen und Legenden, das sich um ihre Mauern rankt, und – vor der facettenreichen Komposition aus Geschichtsempfinden, Architektur und Landschaft – das romantische Gefühl, das sich eines jeden Besuchers bemächtigt. Der Ort, der sich als einfache Burg im dicht bewaldeten Thüringen des 11. Jahrhunderts mit Leben zu füllen begann, sah den Kampf um Herrschaft und Einfluss, sah Grenzen entstehen, scheinbar für ewig erstarren und wieder fallen, sah Landesherren kommen und gehen. Aber es durchwehten diesen Ort auch immer wieder Kraft und Höhen des menschlichen Geistes.

Die Burgherren

Chronik und Gründungssage datierten den Ursprung der Wartburg in das Jahr 1067, als ein junger Graf einem weißen Hirsch nachjagte, dabei unversehens den Berggipfel erklomm und angesichts der weit überschaubaren Landschaft begeistert ausrief: „Wart' Berg, du sollst mir eine Burg tragen!" Ungeachtet des schmückenden Beiwerks wurde hiermit ein recht wirklichkeitsnahes Bild gezeichnet: Die angegebene Zeit bestätigt Bruno von Merseburg in seinem Buch über den Sachsenkrieg, wo es heißt, dass im Januar 1080 das kaiserliche Heer Heinrichs IV. von einer Burg namens „Wartberg" – die offenbar bereits gut ausgestattet gewesen sein muss – überraschend angegriffen und in die Flucht geschlagen worden sei. Jener sagenumwobene Graf Ludwig mit dem Beinamen „der Springer" (gest. 1123) gehörte zur aufstrebenden Adelsdynastie der „Ludowinger", die als Lehnsmänner des Mainzer Erzbischofs um die Mitte des 11. Jahrhunderts im westthüringischen Raum bei Friedrichroda Fuß gefasst hatten. Die Okkupation fremden Bodens, auf dem seine Wartburg entstand, wusste Ludwig der Sage nach trickreich sanktionieren zu lassen, wie er sich auch fernerhin in der Wahl zweckdienlicher Karrieremittel nie zimperlich zeigen sollte.

Das ehrgeizige Konzept ging auf: Als Kaiser Lothar III. den gleichnamigen Sohn Ludwig I. 1131 zum Landgrafen von Thüringen und damit in herzogsgleichen Stand erhob, verfügten die Ludowinger bereits über eine Anzahl von Burgen mit ansehnlichem Streubesitz und besaßen in Reinhardsbrunn auch ihr eigenes benediktinisches Hauskloster. Den Zugewinn hessischer und rheinländischer Gebiete verdankten sie einer glückhaften Heiratspolitik, so dass die Wartburg aufgrund der zentralen Lage zwischen Rhein und Lahn im Westen und dem östlichen Saale-Unstrut-Bereich unter Ludwig II. (reg. 1140–1172) zum Hauptsitz ausgebaut wurde. Längst in Konkurrenz zu Mainz, hatten die neuen Reichsfürsten die Nähe der Staufer gesucht; durch seine Vermählung mit Jutta, einer Nichte des Königs, avancierte Ludwig II. 1155 plötzlich zum Schwager Kaiser Friedrich Barbarossas und wurde dessen treuer Weggefährte. Die verwandtschaftliche Beziehung zu den Staufern dürfte für den Ausbau der ludowingischen Landesherrschaft, vor allem für die kulturelle Entwicklung an ihrem Hof eindeutige Weichen gestellt haben und wird nach jüngster Forschung auch mit dem um 1158 begonnenen Bau des Wartburgpalas (Abb. 103) in unmittelbaren Zusammenhang gebracht.

Seine höchste Blüte erlebte der landgräfliche Musenhof jedoch erst unter Hermann I. (reg. 1190–1217), einem politisch zwar wenig ehrenvollen Herrscher, den jedoch die Literaturgeschichte als bedeutendsten Mäzen von Dichtern und Sängern seiner Zeit hervorhebt. In dieser Wiege deutscher Nationalliteratur wurde so der Versroman *Eneide* von Heinrich von Veldeke vollendet, entstanden das Hauptwerk Wolframs von Eschenbach, die Artusdichtung *Parzival*, und sein *Willehalm*. Die lebendigste Darstellung des regen Treibens am Eisenacher Hof überlieferte der Minnesänger Walther von der Vogelweide, indem er „Ohrenkranken und Nervenschwachen" riet, den Ort zu meiden, wo Tag und Nacht gefeiert und gezecht werde. Freilich lobte er mit „Thüringens Blume, die durch den Schnee leuchtet", auch Hermanns kontinuierliche Großzügigkeit, während Wolfram das gemischte „Ingesinde" schon auch höchst kritisch betrachtete. Diesem historisch gesicherten Zeitbild setzte die Mitte des 13. Jahrhunderts entstandene thüringische Dichtung unter dem Titel *Sängerkrieg auf der Wartburg* ein bleibendes literarisches Denkmal. Die freie Bearbeitung des Stoffes in Richard Wagners Oper *Tannhäuser* sorgte für ihren Weltruhm.

Ein weiteres Ruhmesblatt schrieben sich die Ludowinger mit der ehelichen Verbindung von Hermanns Sohn Ludwig IV. (reg. 1217–1227)

und der ungarischen Königstochter Elisabeth
(1207–1231). Gerade vierjährig kam sie 1211 auf
die Wartburg, ein Jahrzehnt später wurden die
beiden vermählt. Während der kluge Realpoliti-
ker Ludwig die Landesherrschaft stabilisierte und
nach Osten auszudehnen gedachte, widmete sich
seine Gemahlin einer Armen- und Krankenfür-
sorge, die nicht nur Standesschranken ignorierte,
sondern die üblichen Almosen des Adels an Be-
dürftige bei weitem übertraf. Bezeugt ist die Existenz eines Siechenhauses unterhalb der Burg, in
dem die Landgräfin selbst Hand anlegte. Seit 1227
Witwe, diente sie fortan in ihrem neu gegründeten Marburger Hospital den Ärmsten und Elends-
ten. Im Alter von 24 Jahren starb sie dort 1231.
In jeder Hinsicht grenzüberschreitend gestaltete
sich der Lebensweg der jungen Landgräfin zu
einem zeitlosen Ideal christlicher Humanität ohne
Beispiel. Bereits vor ihrer Heiligsprechung 1235
setzte eine weit über Thüringen und Hessen
hinausreichende Verehrung ein, die bis heute an-
hält.

Die Dynastie der Ludowinger, die mit Landgraf Heinrich Raspe (reg. 1227–1247) zunächst
einen kaiserlichen Reichsverweser, dann einen
vom Papst gekrönten deutschen Gegenkönig gestellt hatte, erlosch im Mannesstamm mit dessen
Tod 1247. Mehrere Kontrahenten, allen voran
die Tochter der heiligen Elisabeth und – auf der
Basis einer früheren Eventualbelehnung – der
Markgraf von Meißen, führten um Besitz und
Titel einen erbitterten Erbfolgekrieg. Dieser endete 1263 und führte zur Übernahme Thüringens
durch die Wettiner und 1292 zur Eigenständigkeit
des Fürstentums Hessen mit Elisabeths Enkel
Heinrich von Brabant an der Spitze.

Die Wartburg erlebte im 14. und 15. Jahrhundert unter den neuen Herren ihre erste Renaissance, wobei Heinrich der Erlauchte den thüringischen Zugewinn an seinen Sohn Albrecht übertrug. Dass sein Regierungsstil kein Glanzstück
war, spiegelt der ihm später beigefügte Name „der
Entartete" wider. Erst durch die Politik Friedrichs
des Freidigen, dem die Wartburg zum Hauptsitz
wurde, konnte die wettinische Herrschaft zwischen Elbe und Thüringer Wald für mehr als sieben Jahrhunderte festgeschrieben werden.

Abb. 103: Architektonisches Kleinod der Wartburg ist der
im 12. Jahrhundert erbaute romanische Palas mit seinen
reich gegliederten Arkadenreihen und der qualitätvollen
Kapitellplastik.

Abb. 104: Vor seinen Häschern zog sich Martin Luther als „Junker Jörg" in die Sicherheit der Wartburg zurück. Die Einrichtung der Lutherstube ist seit der Zeit des großen Reformators nahezu unverändert geblieben.

Allmählich liefen jedoch die Stadtschlösser, vornehmlich Gotha, dem Fürstensitz Wartburg den Rang ab. Als der vom Kaiser geächtete und unter päpstlichem Bann stehende Martin Luther das Burgtor durchschritt, befand er sich daher in einem kaum frequentierten und sicheren Versteck. Seine „Einöde", sein „Patmos", wie er die Unterkunft in Briefen gelegentlich nannte, bewohnte er im ritterlichen Habitus des Junkers Jörg von Mai 1521 bis März des Folgejahres. In dieser Zeit übersetzte er das Neue Testament in ein vereinheitlichtes Deutsch, das in allen Gegenden verstanden wurde, und verfasste neben einigen reformatorischen Flugschriften eine als *Wartburgpostille* bezeichnete Predigtsammlung. Nachdem die Wartburg, insbesondere das kleine Franziskanerkloster auf dem Gelände von Elisabeths einstigem Siechenhaus, zuvor Ziel von Elisabeth-Pilgern gewesen war, zog seit dem ausgehenden 16. Jahrhundert das spartanische Kavaliersgefängnis des Reformators die Lutheraner an – gedanklich immer verbunden mit dem Ursprung der Lutherbibel und dem legendären Tintenfleck an der Wand seiner Stube (Abb. 104). Der sollte von der beherzt-tätlichen Auseinandersetzung des Gottesmannes mit dem Teufel herrühren. Die dicken Bohlenwände der Lutherstube tragen

Hunderte von Namenszügen und Jahreszahlen, die die frühe und kontinuierliche Anziehungskraft der authentischen Zelle bezeugen.

Nach Landesteilungen und den damit einhergehenden Besitzerwechseln gehörte die Burg seit 1741 den Weimarer Herzögen, die sie zwar wohlwollend als Denkmal des Altertums bezeichneten, aber nur notdürftig unterhalten konnten. So wurde der Billigkeit halber abgerissen, was nicht zuvor von selbst eingestürzt war, darunter ein mittelalterliches Wohngebäude und Wehranlagen. Weimars berühmtester Minister Goethe fand beim ersten Besuch 1777 am altersgrauen Gemäuer durchaus keinen Gefallen, schwärmte lieber von der Überfülle landschaftlicher Schönheit ringsum und riet 1815 nicht ohne kommerziellen Hintersinn zur Einrichtung eines Museums, „auf dass die Burg einige Pilger mehr zähle".

Zwei Jahre darauf löste ihr Name bei den deutschen Regenten einen missliebigen Beigeschmack aus. Der Einladung auf die Wartburg durch die neu gegründete Jenaer Burschenschaft, einer Keimzelle der politischen Opposition, waren im Oktober des Jahres 1817 rund 500 Studenten aus allen Himmelsrichtungen gefolgt, um im gleichzeitigen Gedenken an das Reformationsjubiläum und die siegreiche Völkerschlacht bei

Leipzig ein Fest zu feiern. Dies gestaltete sich zur ersten öffentlichen Willenskundgebung des deutschen Bürgertums für freiheitlich-demokratische Grundrechte in einem „brüderlich" geeinten deutschen Reich. Nach dem patriotischen Einsatz der Deutschen, darunter vieler Studenten, in den Befreiungskriegen gegen Napoleon nahm die – hier freilich noch romantisch verbrämte – Nationalbewegung Deutschlands ihren Anfang. Ein zweites Studententreffen zu Pfingsten 1848, dieses Mal mit über 2000 Teilnehmern, band Stadt und Burg in die Ereignisse der bürgerlich-demokratischen Revolution ein, bezog sich aber vor allem auf die anstehende Reformierung des Hochschulwesens.

Nach 1850 mündete die bereits betriebene Restaurierung des Palas in die Erneuerung der gesamten Anlage. Als Nebenresidenz des großherzoglichen Hauses von Sachsen-Weimar-Eisenach und als Nationaldenkmal avancierte die Wartburg bald zum erklärten Muss des Bildungsbürgertums und war im Zuge verkehrstechnischer Erschließung schon vor 1900 ein beliebtes massentouristisches Ziel geworden.

Als Ergebnis der Novemberrevolution von 1918 wurde der großherzogliche Besitz in eine seit 1922 rechtskräftige Stiftung überführt; daran hat sich bis zur Gegenwart nichts geändert. Gleichwohl stand die Burg jedoch unter dem Einfluss der beiden Diktaturen des 20. Jahrhunderts, freilich mit unterschiedlichem Erfolg. Der Wunsch der Thüringer Nationalsozialisten, hier einen kulturellen Mittelpunkt des Dritten Reiches zu schaffen, ging trotz punktueller Einbindung nicht auf. Nach Kriegsende als Symbol eines unteilbaren Deutschlands propagiert und teils auch über die Zonengrenzen hinweg so verstanden, fanden bis Ende der 1950er Jahre gesamtdeutsche Treffen statt, denen schließlich die politische Entwicklung ein Ende setzte. In der Folgezeit galt die Wartburg als gepflegtes Vorzeigeobjekt des SED-Staates und besaß insbesondere mit den 1967 feierlich begangenen „Nationalen Jubiläen" – 900-Jahr-Feier, 450. Reformationstag und 150. Jahrestag des Wartburgfestes der deutschen Burschenschaft – sowie der Luther-Ehrung der DDR 1983 eine beachtliche internationale Wirkung. Der Fall der innerdeutschen Grenze rückte sie 1989 wieder in die geografische Mitte Deutschlands und auch ins bundesdeutsche Gedächtnis zurück. Mit nahezu einer Million Schaulustigen wurden im ersten Jahr der Wiedervereinigung alle Besucherrekorde gesprengt, eine Zahl, die sich allmählich verringert

hat. Umfangreiche Denkmalpflegeprojekte, zahlreiche Ausstellungen und ein lebhaftes Veranstaltungsprogramm kennzeichneten den Übergang ins neue Jahrtausend, an dem die Wartburg als erste Burg in Deutschland in das UNESCO-Weltkulturerbe aufgenommen wurde.

Baugeschichte

Das Bild der „idealen" Höhenburg vermittelnd, wie es im Gutachten der UNESCO heißt, offenbart die Wartburg eine rund 800-jährige Baugeschichte mit Konzentrationen im 12., 15. und 19. Jahrhundert. Architektonisches Kleinod ist der romanische Palas, dessen Entstehung zwischen 1158 und 1172 datiert wird. Er gilt als Prototyp seiner Art und bescheinigt seinem Erbauer, Landgraf Ludwig II., eine innovative Adaption vorbildlicher Kaiser-Architektur. Über spektakulärer Substruktion am steilen östlichen Felshang erheben sich drei Stockwerke mit reich gegliederten Arkadenreihen und außerordentlich qualitätvoller Kapitellplastik, auch in den Innenräumen der Burg (Abb. 105). Nach heutigem Erkenntnisstand diente das Gebäude sowohl zu Wohnzwecken (im Erdgeschoss) als auch der Repräsentation in einem die gesamte Grundfläche des Baues einnehmenden Festsaal.

Erste Veränderungen an den Fassaden und im Innern des Palas wurden vermutlich um die Wende vom 13. zum 14. Jahrhundert sowie während des Dreißigjährigen Krieges vorgenommen, doch hat sich das Bauwerk trotz vielfachen Nutzungswechsels im Wesentlichen über mehr als 800 Jahre erhalten. Auch die übrigen Bestandteile der Anlage wie der Südturm oder der Gebäudekomplex der Vorburg unterlagen mehr oder weniger dem zeitlichen Wandel, sind aber mittelalterlichen Ursprungs. Der um 1550 geplante festungsartige Ausbau kam nicht zustande. Dennoch hielt man die Burg als Landesfestung und Mittelpunkt des gleichnamigen Amtes bis in das 18. Jahrhundert kontinuierlich instand. Erst seit den 1750er Jahren gingen ein nördlich an den Palas grenzendes Fachwerkhaus, einige Wirtschaftsgebäude und einzelne Bauteile wie Guss- und Schützenerker durch Einsturz oder Abriss verloren.

Mit der Erneuerung und Wiederherstellung der Burg zwischen 1838 und 1890 wurde der vorgefundene Baubestand (Grundriss, Abb. 106) weitestgehend konserviert, allerdings erfuhren die meisten Innenräume eine historisierende

Abb. 105: Mit Löwen ge-
schmückte Basis der Mittelsäule
im Landgrafenzimmer – ein
Symbol für die Macht und Stär-
ke des Burgherrn.

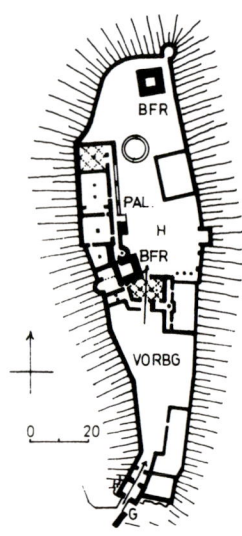

Abb. 106: Grundriss der Wartburg. Die gesamte Anlage ist
rund 130 Meter lang und maxi-
mal 50 Meter breit.

Ausgestaltung. Das ehrgeizige Vorhaben Carl
Alexanders von Sachsen-Weimar-Eisenach, das
unter dem Gießener Architekten Hugo von Ritgen zunehmend Gestalt annahm, bediente sich
des längst gewachsenen Denkmalstatus, zielte
jedoch auf fürstliche Repräsentation und politische Restauration. Größtenteils finanziert aus den
Privatvermögen der russischen Zarentochter und
Großherzogin Maria Pawlowna und der aus dem
niederländischen Königshaus von Oranien stammenden Gemahlin Carl Alexanders, Sophie, wurde zunächst der spätromanische Palas restauriert
und durch hochrangige Künstler ausgestaltet.
Moritz von Schwind schuf mit seinen Fresken zu
Landgrafengeschichte und Elisabeth-Vita Meister-
werke romantischer Malerei, der reich geschmückte Festsaal gehört zu den qualitätvollsten
Beispielen historischer Raumensembles. Das
Monumentalfresko im Sängersaal (Abb. 107),
ebenfalls von Moritz von Schwind, erinnert an
die Legende vom „Sängerkrieg", der im 13. Jahrhundert auf der Wartburg stattgefunden haben
soll. Mit Hilfe aller Kunstgattungen, auch der
Literatur und der Musik, sollte nach dem Willen
des Bauherrn ein Gesamtkunstwerk von nationa-
lem und europäischem Rang geschaffen werden.

Äußerlich prägen seither das vom steinernen Löwen gekrönte Palasdach sowie der Neue Bergfried
(Abb. 108) mit seinem goldenen Kreuz – Zeichen
der religiösen Bedeutsamkeit – die weithin sichtbare Silhouette der Wartburg. Auf der Grundlage
burgenkundlicher Forschung entstanden Bergfried, Neue Kemenate, Torhalle und Dirnitz in der
zweiten Hälfte des 19. Jahrhunderts in romanischem bzw. gotischem Neostil. Ihre jeweiligen
Standorte bezogen sich auf die erhaltenen Fundamente und Keller der ursprünglichen Bebauung.
Das sogenannte Ritterbad südlich des Palas kenn-
zeichnet den Abschluss der Wiederherstellungsar-
beiten 1890. Einzige Zutat des 20. Jahrhunderts
ist das zwischen Palas und Bergfried eingefügte
neue Treppenhaus zur öffentlichen Erschließung
von Festsaal und Museum.

Museum

Die Anfänge der musealen Sammlung liegen in
der Zeit um 1800, als das Weimarer Herzogshaus
den bedeutendsten Teil der ernestinischen Rüstkammer auf die Wartburg verbrachte. Bis auf wenige Stücke ist diese überaus hochkarätige

Abb. 107: Der Sängersaal der Wartburg gehört zu den bedeutendsten Raumschöpfungen des Historismus. Er ist ausgemalt mit Fresken von Moritz von Schwind über den legendären „Sängerkrieg", der an die Zeit des Landgrafen Hermann I. im 13. Jahrhundert erinnert, dessen Hof ein weit ausstrahlendes kulturelles Zentrum war.

Sammlung als Beutekunst nach dem Zweiten Weltkrieg verschollen. Mit fortschreitender Wiederherstellung wurde eine gezielte Sammlungstätigkeit intensiviert, die sich vor allem auf mittelalterliche Objekte und Zeugnisse der Reformationszeit und der Renaissance richtete, um die teils restaurierten, teils neuen Innenräume der Burg würdig auszustatten. Bei den ältesten Stücken handelt es sich unter anderem um Einbaumtruhen, wertvolle Gewebe, Reliquienkästchen,

▶ ABSEITS DER TOURISTENPFADE

Sehenswerte Schwesternburgen der Wartburg sind in Thüringen die Neuenburg bei Freyburg an der Unstrut (siehe Seite 93) und die Runneburg bei Weißensee. Ganz in der Nähe Eisenachs erhebt sich über dem gleichnamigen Städtchen an der Werra die malerisch gelegene Creuzburg. Nach mittelalterlicher Chronik aus einem Kloster hervorgegangen, wurde die Anlage in den 1160er Jahren von den Thüringer Landgrafen errichtet. Auf sie geht auch die Gründung der Stadt zurück sowie der Bau der alten steinernen Werrabrücke, die aus der Furt eine jahreszeitlich unabhängige Verbindung zwischen thüringischen und hessischen Besitzungen werden ließ. Burg, Stadt und die gotische Liboriuskapelle am östlichen Brückenende lohnen einen Ausflug auf den Spuren der Ludowinger abseits ausgetretener Touristenpfade.

Abb. 108: Der zum Teil auf den Fundamenten seines mittelalterlichen Vorgängers ruhende Neue Bergfried wurde 1859 fertig gestellt. Sein vier Meter hohes Kreuz ist heute eines der Wahrzeichen der Wartburg.

Klappaltärchen und Aquamanile des 12. und 13. Jahrhunderts. Unter den Baseler Bildteppichen stellt ein Wandbehang mit der Vita der heiligen Elisabeth eine besonders herausragende Arbeit des ausgehenden 15. Jahrhunderts dar, ebenso die Tiroler Harfe, die mit dem „letzten Minnesänger" Oswald von Wolkenstein in Verbindung gebracht wird.

Als ein Bindeglied zwischen Gotik und Neuzeit darf der sogenannte Dürerschrank angesehen werden, ein außergewöhnliches Unikat mit feinsten Reliefschnitzereien, die auf Grafiken Dürers, Cranachs des Älteren und Modernos zurückgehen. Etwa zeitgleich entstand das vorzügliche Leuchterengelpaar Tilman Riemenschneiders. Gediegen schließlich ist auch der Bestand von Werken Lucas Cranachs des Älteren, darunter die einzigartigen Porträts der Luther-Eltern oder *Die junge Mutter mit Kind*.

Das heutige Wartburgmuseum, das die Räume der ehemaligen großherzoglichen Wohnung in der Neuen Kemenate einnimmt, ermöglicht den Gang durch nahezu 800 Jahre Kunst- und Kulturgeschichte. Die thematisch strukturierte Sammlung birgt vielerlei Seltenheiten und Überraschungen wie zum Beispiel die wundervolle Kollektion historischen Essbestecks aus fünf Jahrhunderten. Nicht öffentlich zugänglich, aber ebenso reichhaltig ist die Lutherbibliothek mit vielen Erstausgaben von reformatorischen Schriften. Als Highlight gilt eine Lutherbibel, 1541 bei Hans Lufft gedruckt, die mit handschriftlichen Notizen von Martin Luther und einigen seiner Mitstreiter versehen ist.

Glossar

In diesem Glossar werden die wichtigsten Begriffe, die im Zusammenhang mit dem Burgenbau stehen, erläutert. Die einzelnen Burgtypen und -bestandteile sind in der Einleitung näher beschrieben; deshalb wurde auf eine zusätzliche Aufnahme in das Glossar weitgehend verzichtet.

Altan Mit Säulen oder Wandteilen gestützter Balkon oder Terrasse. Synonym mit „Söller" von lateinisch *solarium* (= Sonnendach) verwendet.

Barbakane Dem Tor einer Burg oder Stadtmauer vorgelagerte Verteidigungsanlage. Der Weg zum Burgtor ist meistens geknickt, um die eventuell in diesen Zwischenbereich eingedrungenen Feinde von der Seite her bekämpfen zu können. Meist vor dem Graben und nicht in Verbindung mit der Ringmauer stehend.

Bastion In der Regel fünfeckiges, frühneuzeitliches Artilleriewerk, das weit vor die Ringmauer springt und dadurch ein seitliches Bestreichen ermöglicht. Die ersten Bastionen gab es in Italien und auf den Ordensburgen der Johanniter im östlichen Mittelmeerraum.

Batterie Der Aufstellung von Geschützen dienende Anlage inklusive der Waffen. Ist diese in einem Turm untergebracht, spricht man von einem Batterieturm.

Belagerungsburgen Während Belagerungen in kurzer Zeit angelegt, meist wenig aufwändig und aus einfachen Materialien gebaut. In der Regel lagen sie über der zu erobernden Burg. Ein gutes Beispiel ist die Burg Trutzeltz, von der aus die Burg Eltz an der Mosel mit Artillerie beschossen werden konnte. Belagerungsburgen kamen erst im späten Mittelalter auf.

Bergfried Hauptturm einer Burg, der als Symbol der Macht und der Herrschaft schon von weitem sichtbar sein sollte. In welchem Ausmaß der Bergfried zu Verteidigungszwecken gedient hat, ist in der Forschung umstritten. Kann frei im Zentrum stehen oder auch an einer besonders gefährdeten Stelle im Bereich der Ringmauer oder der Toranlage sowie talseitig in optisch wirkungsvoller Position.

Bering Zusammenfassender Begriff für die Ummauerung einer Burg, wird oft synonym mit Ringmauer verwendet.

Berme Freie Fläche zwischen Graben und Mauer.

Blide Bei Belagerungen verwendetes Wurfgeschütz, das nach dem System eines zweiarmigen Hebels funktionierte. Mit der Blide konnten Steinbrocken und Brandsätze bis zu 500 Meter weit geschleudert werden.

Bruchstein Kaum oder gar nicht behauener Naturstein.

Brustwehr Einem Menschen bis zur Brust – daher der Name – reichendes Mauerstück, in dessen Schutz sich die Verteidiger bei einem Angriff zurückziehen konnten.

Buckelquader Sorgfältig behauener Quaderstein mit gebuckelter Frontseite. Auch als Bossenquader bezeichnet (mittelhochdeutsch „bozen" = schlagen). Vor allem für die Stauferzeit typisch.

Burgfrieden Regelte das Leben auf einer Burg und im Umland, soweit dieses zum Rechtsbereich der Burg gehörte. Wer den Burgfrieden brach – sich also an einem Mitbewohner oder dessen Eigentum vergriff –, musste mit Bestrafung rechnen. Der Kanon der Strafen war in den von Bewohnern und zum Teil auch Gästen zu beschwörenden Burgfriedensverträgen festgelegt.

Burggrafen Titel von Amtsträgern, die in königlichem, bischöflichem oder landesherrlichem Auftrag nicht eindeutig festgelegte Funktionen im Bereich der Verwaltung und teilweise der Rechtsprechung ausübten. Der Amtsbereich des Burggrafen – die Burggrafschaft – konnte sich auf die Burg und deren Umfeld beschränken, aber auch größere Gebiete umfassen.

Burgmannen Zumeist Niederadelige, die zur Verwaltung, zum Schutz und zur Bemannung einer Burg von ihrem Lehensherrn dort angesiedelt wurden.

Burgstall Im späten Mittelalter wurden so Burgen bezeichnet, die dem Verfall preisgegeben waren. Heute bezeichnet man damit Burgen, von denen sich keine oder nur sehr geringe Mauerreste erhalten haben.

Butterfass Runder, sich nach oben verjüngender Turm in der Form eines solchen.

Dendrochronologie Wissenschaftliche Methode, mit der anhand der Jahresringe eines Holzbauteils sehr exakt das Fälldatum des Baums bestimmt und damit die Bauzeit eingegrenzt werden kann. Mittlerweile unverzichtbar für Datierungen im Burgenbau.

Donjon Mächtiger, befestigter Wohnturm vor allem französischer Burgen. Anders als im deutschen Sprachraum wurde der Wohnturm in Frankreich nicht zu Gunsten eines Wohnbaus/Palas aufgegeben, sondern zum repräsentativen Mittelpunkt der Burg weiterentwickelt. Auch in England ist diese Entwicklung zu beobachten, dort wird der zentrale Wohnturm als „keep" bezeichnet. Im deutschen Sprachraum gab es vor allem in der Rheingegend im späten Mittelalter unter dem Einfluss der französischen Architektur ebenfalls eine Renaissance des Wohnturms in dieser prachtvollen Form.

Doppelkapelle Bezeichnung für zwei übereinander liegende Sakralräume in Burgen und Pfalzen. Durch eine Öffnung miteinander verbunden. Die meist sehr viel aufwändiger gestaltete und größere Oberkapelle war der Herrschaft vorbehalten, die Unterkapelle dem gemeinen Volk.

Dürnitz Aus slawisch *dorniza* = beheizte Stube. Versammlungs- und Aufenthaltsraum von Burgbesatzung und Gästen. Meist im Erdgeschoss des Palas.

Ganerbenburg Burg, die im gleichzeitigen Besitz mehrerer Erben war, die auf der Burg in eigenen Gebäuden wohnten. Paradebeispiel für eine solche, aufgrund der Teilungen oft verschachtelte und verwinkelte Anlage ist die Burg Eltz an der Mosel.

Halsgraben Künstlich ausgehobener Graben vor allem bei Spornburgen; trennt die Burg an der engsten Stelle – dem Flaschenhals – von der Zugangsseite her vom angrenzenden Gelände ab.

Kemenate Beheizbarer Raum; irrtümlich verwendet als Bezeichnung für die Gemächer der Frauen.

Kernburg Der innere Bereich einer Burg mit Wohnbau und Bergfried, im Unterschied zu der Vorburg, in der die Wirtschaftsgebäude konzentriert sind.

Konsole Aus der Mauer ragender Stein, auf dem Erker, Wehrgänge etc. aufliegen. Auch als Kragstein bezeichnet.

Kurtine Mauerabschnitt zwischen zwei Türmen.

Lehen Lateinisch *feudum* (davon abgeleitet der Begriff „feudal"). Grund und Boden, der durch einen Rechtsakt zur Verwaltung und Bewirtschaftung von einem Lehensherrn (König, Fürst, Bischof) an einen Lehensmann übertragen wurde.

Mantelmauer Besonders hohe Form der Ringmauer.

Maschikuli Wurferker. Nach unten gerichtete Öffnung, diente zum Bewurf und Beschuss des Feindes, aber – im Bereich der Toranlage – auch der Kommunikation, ohne das Burgtor öffnen zu müssen.

Maulscharte Scharte in Form eines Mundes, geeignet für Handfeuerwaffen.

Megalithmauer Mauer aus gar nicht oder nur grob behauenen Steinen, meist ohne Mörtel zusammengesetzt. Verleiht Burgen ein besonders archaisches Aussehen.

Palas Übergreifende Bezeichnung für einen Wohnbau auf Burgen oder Pfalzen. Das Erdgeschoss diente als Dürnitz oder/und wirtschaftlichen Zwecken, im Obergeschoss waren die Wohnräume des Burgherrn und der repräsentative Saal untergebracht.

Poterne Bisweilen versteckt gelegenes Ausfalltor einer Burg. Später auch Bezeichnung für einen Verbindungsgang innerhalb einer Burg oder Festung.

Quader Viereckig behauener Bruchsteinblock.

Ringgraben Nomen est omen: Ein Graben, der die gesamte Burg wie ein Ring umschließt.

Ringmauer Unverzichtbarer Bestandteil jeder klassischen Burg. Umschließt stets die Kernburg, bisweilen auch die Vorburg. Aufgrund der Topografie vor allem der Höhenburgen oft nicht kreisförmig, sondern polygonal. In die Ringmauer sind Tore und Türme eingefügt, häufig auch der Bergfried.

Ringwall Aufgeschüttete Erdwälle gehören zu den ältesten Formen der Befestigung, oft kombiniert mit einem Graben. Umschließt ein solcher Wall die gesamte Befestigungsanlage, spricht man von einem Ringwall. Oft wurden die Wälle durch hölzerne Palisaden verstärkt.

Rittersaal Die Bezeichnung stammt nicht aus dem Mittelalter, sondern ist erst im 19. Jahrhundert aufgekommen. Im Allgemeinen wird damit der Festsaal einer Burg bezeichnet.

Rondell Zumeist gerundete Bauten zur Aufstellung von Geschützen auf der oberen Plattform. Sie kamen vermehrt ab dem frühen 15. Jahrhundert auf und waren die Vorläufer der Bastionen. Rondelle gab es allerdings schon früher als stärkere Rundtürme.

Schalenturm Auf der Innenseite offener Turm der Ringmauer. Die offene Rückwand konnte durch Holzwände oder Flechtwerk geschlossen werden.

Schildmauer Besonders dick, gelegentlich auch sehr hoch ausgeführter Abschnitt der Mauer an der Angriffsseite der Burg. Diese Mauer konnte auch nur punktuell verstärkt sein, weshalb man dann von einer „reduzierten Schildmauer" spricht.

Schlüssellochscharte Schießscharte in Form eines auf dem Kopf stehenden Schlüssellochs.

Streichwehr Zusammenfassender Begriff für alle Wehrelemente, die der flankierenden Bekämpfung von Feinden dienten. In der Regel kragen diese Einrichtungen über die Mauer oder springen von dieser weit vor, so dass diese seitlich bestrichen werden kann.

Tourelle Französisch „Türmchen". Auf der Mauer aufsitzender, vorkragender Baukörper.

Wehrgang Entweder auf der Mauer selbst geführt oder auf einem nach innen vorkragenden Baukörper, der es erlaubte, den Gang so breit zu machen, dass mindestens zwei Männer aneinander vorbeigehen konnten. Wehrgänge konnten in Holz oder Stein ausgeführt werden, ebenso sind hölzerne und steinerne Stützen möglich. Vielfach waren Wehrgänge sogar überdacht.

Zinnen Gezahnter Aufsatz auf Mauern, Türmen und anderen Gebäuden, hinter dem sich die Verteidiger zurückziehen konnten, um sich vor Beschuss zu schützen. Hatten aber auch schmückende Bedeutung und dienten als Herrschaftssymbol. In Europa haben sich zahlreiche regional unterschiedliche Zinnenformen herausgebildet.

Zwinger Bereich zwischen der Ringmauer und einer weiteren vorgelagerten Mauer. Daher ein zusätzliches Element der Verteidigung. Bot zudem Raum für Wirtschaftsgebäude und Gärten.

Literatur

Allgemeine Literaturhinweise

Die folgenden Literaturhinweise stellen keine umfassende Bibliografie dar, sondern sind lediglich eine kleine Auswahl klassischer und neuerer Literatur für jene Leser, die sich gerne mit dem Thema befassen wollen. Darüber hinaus sei auf die Literaturhinweise zu den einzelnen Burgen verwiesen.

Albrecht, Uwe: *Der Adelssitz im Mittelalter*. Studien zum Verhältnis von Architektur und Lebensform in Nord- und Westeuropa. München/Berlin 1995.

Albrecht, Uwe: *Von der Burg zum Schloß*. Worms 1986.

Antonow, Alexander: *Burgen des südwestdeutschen Raums im 13. und 14. Jahrhundert unter besonderer Berücksichtigung der Schildmauer*. Bühl 1977.

Antonow, Alexander: *Planung und Bau von Burgen im süddeutschen Raum*. Frankfurt am Main 1993.

Biller, Thomas: *Die Adelsburg in Deutschland*. Entstehung – Gestalt – Bedeutung. München 1998.

Biller, Thomas/Großmann, Ulrich G.: *Burg und Schloss*. Der Adelssitz im deutschsprachigen Raum. Regensburg 2002.

Binding, Günther: *Deutsche Königspfalzen von Karl dem Großen bis Friedrich II. (765 – 1240)*. Darmstadt 1996.

Böhme, Hans Wolfgang/Friedrich, Reinhard/Deutsche Burgenvereinigung (Hrsg.): *Wörterbuch der Burgen, Schlösser und Festungen*. Stuttgart 2004.

Deutsche Burgenvereinigung (Hrsg.): *Burgen in Mitteleuropa. Ein Handbuch*. Bd. 1: Bauformen und Entwicklung. Bd. 2: Geschichte und Burgenlandschaften. Stuttgart 1999.

Dollen, Busso von der/Schock-Werner, Barbara (Hrsg.): *Burgenromantik und Burgenrestaurierung um 1900*. Der Architekt und Burgenforscher Bodo Ebhardt in seiner Zeit. Braubach 1999.

Ebhardt, Bodo: *Deutsche Burgen*. Berlin 1899 – 1907.

Ebhardt, Bodo: *Der Wehrbau Europas im Mittelalter*. Berlin 1939 ff.

Fleckenstein, Josef: *Rittertum und ritterliche Welt*. Berlin 2002.

Hofrichter, Hartmut (Hrsg.): *Die Burg – ein kulturgeschichtliches Phänomen*. Braubach 1994.

Hotz, Walter: *Kleine Kunstgeschichte der deutschen Burg*. Darmstadt 1979.

Hotz, Walter: *Pfalzen und Burgen der Stauferzeit*. Darmstadt 1981.

Krahe, Friedrich Wilhelm: *Burgen des deutschen Mittelalters*. Würzburg ³2000.

Krahe, Friedrich-Wilhelm: *Burgen und Wohntürme des deutschen Mittelalters*. Bd. 1: Burgen. Bd. 2: Wohntürme. Stuttgart 2002.

Meyer, Werner: *Europas Wehrbau*. Frankfurt am Main 1973.

Meyer, Werner: *Den Freunden ein Schutz, den Feinden zum Trutz*. Die deutsche Burg. Frankfurt am Main 1963.

Meyer, Werner/Lessing, Erich: *Deutsche Ritter. Deutsche Burgen*. München 1976.

Oster, Uwe A.: „Burgenromantik. Der Traum vom Mittelalter". In: *DAMALS – das Magazin für Geschichte und Kultur*, 8, 1997.

Patze, Hans (Hrsg.): *Die Burgen im deutschen Sprachraum*. Ihre rechts- und verfassungsgeschichtliche Bedeutung. Sigmaringen 1976.

Piper, Otto: *Burgenkunde*. Bauwesen und Geschichte der Burgen. Repr. der 3. Aufl. von 1912. Augsburg 1995.

Reddig, Wolfgang F.: „Leben auf der Burg. Rauhes Dasein in zugigen Mauern". In: *DAMALS – das Magazin für Geschichte und Kultur*, 8, 1997.

Reitz, Manfred: *Das Leben auf der Burg*. Alltag, Fehden und Turniere. Stuttgart 2004.

Schlunk, Andreas/Giersch, Robert: *Die Ritter*. Geschichte – Kultur – Alltagsleben. Stuttgart 2003.

Schmidt, Richard: *Burgen des deutschen Mittelalters*. München 1959.

Schock-Werner, Barbara (Hrsg.): *Burg- und Schlosskapellen*. Braubach 1995.

Schock-Werner, Barbara (Hrsg.): *Holz in der Burgenarchitektur*. Braubach 2004.

Schock-Werner, Barbara (Hrsg.): *Zentrale Funktionen der Burg*. Braubach 2001.

Schock-Werner, Barbara/Bingenheimer, Klaus (Hrsg.): *Fenster und Türen in historischen Wehr- und Wohnbauten*. Braubach 1995.

Tillmann, Curt: *Lexikon der deutschen Burgen und Schlösser*. 4 Bde. Stuttgart 1960.

Tuulse, Armin: *Burgen des Abendlandes*. Wien/München 1958.

Wartburg-Gesellschaft (Hrsg.): *Burgen kirchlicher Bauherren*. München/Berlin 2001.

Wartburg-Gesellschaft (Hrsg.): *Burgenbau im 13. Jahrhundert*. München/Berlin 2002.

Wartburg-Gesellschaft (Hrsg.): *Burgenbau im späten Mittelalter*. München/Berlin 1996.

Wohntürme. Kolloquium vom 28. – 30. September 2001 auf Burg Kriebstein/Sachsen. Veröffentlichungen der Deutschen Burgenvereinigung e. V., zugl. Sonderheft der Zs. *Burgenforschung aus Sachsen*. Langenweißbach 2002.

Wurster, Herbert W./Loibl, Richard: *Ritterburg und Fürstenschloß*. Regensburg 1998.

Zeune, Joachim: „Die Burg als Symbol von Herrschaft und Macht". In: *ARX*, 2, 2000 (Teil I) und *ARX*, 1, 2001 (Teil II).

Zeune, Joachim: „Burgen. Steinerne Symbole der Macht". In: *DAMALS – das Magazin für Geschichte und Kultur*, 8, 1997.

Zeune, Joachim: *Burgen*. Symbole der Macht. Ein neues Bild der mittelalterlichen Burg. Regensburg 1996.

Literatur zu den einzelnen Burgen

Bentheim

Bentheim und Steinfurt, Oskar Prinz zu: *Burg Bentheim. Seine Geschichte und seine Architektur*. Bad Bentheim ²1997.

Döhmann, Karl Georg: *Das Leben des Grafen Arnold von Bentheim 1554–1606*. Burgsteinfurt 1903.

Hergeth, Elisabeth: *Burgen, Schlösser und Adelshöfe in Westfalen*. Münster/New York 1996.

Köckeritz, Wolfgang: *Burg Bentheim*. München/Berlin 1978.

Nöldeke, Arnold: *Die Kunstdenkmäler der Provinz Hannover. IV. Regierungsbezirk Osnabrück. 4. Die Kreise Lingen und Grafschaft Bentheim*. Hannover 1919.

Burghausen

Buchleitner, Alois: *Burghausen. Burg – Altstadt – Neustadt – Raitenhaslach*. Burghausen 2001.

Langer, Brigitte: *Burg zu Burghausen*. Amtlicher Führer. München 2004.

Zeune, Joachim: „Burghausen". in: Leidorf, Klaus/Ettel, Peter/Irlinger, Walter/Zeune, Joachim: *Burgen in Bayern*. Stuttgart 1999, 134 ff.

Zeune, Joachim: *Unveröffentlichte Berichte zu diversen archäologischen Grabungen seit 1996* (Burg 30; Baustadel; Rossschwemme in der 1. Vorburg; sogenannter „Hoher Turm" in der 1. Vorburg; Rossschwemme in der 3. Vorburg; Vizedomgarten in der 4. Vorburg; Halsgraben der Kernburg; Dürnitztrakt; Ostzwinger der Hauptburg; Traverse zum Wöhrsee) sowie zur Bauforschung an der Dürnitz 2001–2003.

Burg Eltz

Bornheim, Werner: *Rheinische Höhenburgen*. Neuss 1964.

Clemen, Paul (Hrsg.): *Die Kunstdenkmäler der Rheinprovinz*. Bd. 17.2: Die Kunstdenkmäler des Kreises Mayen. Düsseldorf 1943.

Conzemius, Victor: *Jakob III. von Eltz, Erzbischof von Trier, 1567–1681: Ein Kurfürst im Zeitalter der Gegenreformation*. Wiesbaden 1956.

Dehio, Georg: *Handbuch der deutschen Kunstdenkmäler*. Rheinland-Pfalz – Saarland, verschiedene Ausgaben.

Duchardt, Heinz: *Philipp Karl von Eltz. Kurfürst von Mainz, Erzkanzler des Reiches (1732–1743)*. Mainz 1969.

Hugo, Victor: *Choses vues 1848–1869*. Paris 1972.

Macquoid, Katharine: *In the Volcanic Eifel*. London 1896. Dt. Übers.: *Die Eifelreise. Eine englische Lady beschreibt ihre Eindrücke von Land und Leuten im Jahre 1895*. Briedel 1995.

Roth, F. W. E.: *Geschichte der Herren und Grafen zu Eltz*. Mainz Bd. 1: 1889. Bd. 2: 1890.

Gnandstein

Einsiedel, Hanns von: *Das Kohrener Land und seine Burg Gnandstein*. Dresden 1935.

Kürth, Herbert: *Burg Gnandstein*. Leipzig 1985.

Reich, Helga/Stekovics, János: *Burg Gnandstein im Kohrener Land*. München/Zürich 1992.

Rübsamen, Dieter: *Kleine Herrschaftsträger im Pleissenland. Studien zur Geschichte des mitteldeutschen Adels im 13. Jahrhundert*. Köln 1987.

Schellenberger, Simona: *Burg Gnandstein*. Leipzig 2000.

Schulze, Falk: *Burg Gnandstein*. Horb am Neckar 1996.

Winzeler, Marius/Stekovics, János: *Burg und Kirche. Christliche Kunst in Gnandstein*. Halle 1994.

Guttenberg

Andermann, Kurt: *Die Urkunden des freiherrlich von Gemmingen'schen Archivs auf Burg Guttenberg über dem Neckar*. Sinsheim 1990.

Fütterer, Paul: *Neckarmühlbach und Burg Guttenberg*. Mosbach 1960.

Gaßner, Klaus: *So ist das creutz das recht panier*. Die Anfänge der Reformation im Kraichgau. Ubstadt-Weiher 1994.

Gemmingen-Guttenberg, Christoph Freiherr von: *Leben auf der Ritterburg*. Ein Burgmuseumsführer durch die Geschichte der Freiherren von Gemmingen von der Ritterzeit bis in die Gegenwart. Haßmersheim-Neckarmühlbach 1998.

Goetze, Jochen: *Burgen im Neckartal*. Heidelberg 1989.

Kiesow, Gerhard: *Von Rittern und Predigern*. Die Herren von Gemmingen und die Reformation im Kraichgau. Ubstadt-Weiher 1997.

Oechelhaeuser, Adolf von: *Die Kunstdenkmäler des Großherzogthums Baden. 4. Bd.: Kreis Mosbach. 4. Abtheilung: Die Kunstdenkmäler der Amtsbezirke Mosbach und Eberbach*. Tübingen 1906.

Riehl, Hartmut: *Burgen und Schlösser im Kraichgau*. Ubstadt-Weiher 1998.

Hohenzollern

Bothe, Rolf: *Burg Hohenzollern. Von der mittelalterlichen Burg zum national-dynastischen Denkmal im 19. Jahrhundert*. Berlin 1979.

Friedrich Wilhelm IV. und die Kunst, Ausst.-Kat. Stiftung Preußische Schlösser und Gärten Berlin-Brandenburg. Potsdam 1995.

Glückler, Patrick: *Burg Hohenzollern*. Kronjuwel der Schwäbischen Alb. Hechingen 2000.

Stillfried-Alcántara, Rudolf Graf von: *Beschreibung und Geschichte der Burg Hohenzollern, nebst Forschungen über den Urstamm der Grafen von Zoller*. Berlin 1870.

Stüler, August: „Die Burg Hohenzollern". In: *Zeitschrift für Bauwesen*, 15, 1865, Sp. 1–12, Taf. 1–10.

Marksburg

Backes, Magnus: *Die Marksburg* (DKV Kunstführer 134/4). München/Berlin 2003.

Backes, Magnus/Dollen, Busso von der: *Die Marksburg*. Braubach ²1993.

Bornheim, Werner gen. Schilling: *Rheinische Höhenburgen*. 3 Bde. Neuß 1964.

Ebhardt, Bodo: *Die Marksburg*. Braubach 1935.

Gensicke, Hellmuth: *Geschichte der Stadt Braubach*. Limburg 1967.

Hotz, Walter: *Burgen am Rhein und an der Mosel*. München/Berlin 1956.

Kunze, Rainer: *Burgenpolitik und Burgbau der Grafen von Katzenelnbogen*. Braubach 1969.

Michaelis, Karl / Krollmann, Christian / Ebhardt, Bodo: *Rheinische Burgen nach Handzeichnungen Dilichs*. Berlin 1901.

Baugeschichtliche Beiträge zur Marksburg von Th. Ludwig, J. Zeune, U. Liessem und L. Frank in der Zs. *Burgen und Schlösser*, 2, 1985; 1, 1987; 2, 1989; 1, 1995; 2, 2002; 4, 2004 und 1, 2005.

Meersburg

1000 Jahre Meersburg. Meersburg 1988.

Fischer, Steven Roger: *Meersburg im Mittelalter*. Aus der Geschichte einer Bodenseestadt und ihrer nächsten Umgebung. Meersburg 1988.

Gaier, Ulrich: *Annette von Droste-Hülshoff und ihre literarische Welt am Bodensee*. Sonderheft des *Marbacher Magazins* 66, 1993. Marbach 1993.

Maurer, Helmut: „Fähre, Burg und Markt: Studien zum vorstädtischen Meersburg". In: *Die Stadt in der europäischen Geschichte*. Festschrift Edith Ennen. Bonn 1972.

Nowak, Diethard: *Eine Führung durch das mittelalterliche Meersburg*. Meersburg 1993.

Reiche, Daniel: *„von starken und großen flüejen"*. Eine Untersuchung zu Megalith- und Buckelquadermauerwerk an Burgtürmen im Gebiet zwischen Alpen und Rhein. Basel 1995.

Schneider, Alois: „Burgen und Befestigungsanlagen des Mittelalters im Bodenseekreis". Sonderdruck aus: *Fundberichte aus Baden-Württemberg*. Bd. 14. Stuttgart 1999.

Schwarzbauer, Franz: *Meersburg*. Spaziergänge durch die Geschichte einer alten Stadt. Friedrichshafen 1999.

Neuenburg

Ebert, Kordula / Hellwig, Beate: „Die Entwicklung der Museen im Schloß Neuenburg". In: *Burgen und Schlösser in Sachsen-Anhalt*, 4, 1995, 160 – 179.

Ebert, Kordula / Jacob, Frank-Dietrich / Lenz, Fritz / Säckl, Joachim / Schmitt, Reinhard: *Freyburg an der Unstrut – Ein Katalog historischer Ansichten von den Anfängen bis 1950*. Petersberg 2003.

Glatzel, Kristine / Hellwig, Beate / Schmitt, Reinhard: *Schloss Neuenburg Freyburg / Unstrut*. München / Berlin ³2005.

novum castrum (Schriftenreihe des Vereins zur Rettung und Erhaltung der Neuenburg e. V.), Hefte 1 – 8. Freyburg (Unstrut) 1992 – 2004.

Schmitt, Reinhard: „Die Doppelkapelle der Neuenburg bei Freyburg/Unstrut. Bericht über neue baugeschichtliche Untersuchungen". In: *Sachsen und Anhalt*, 19, 1997, 73 – 164.

Schmitt, Reinhard: „Zu den achteckigen Türmen im Schloß Neuenburg bei Freyburg an der Unstrut". In: *Architektur – Struktur – Symbol*. Streifzüge durch die Architekturgeschichte von der Antike bis zur Gegenwart. Festschrift für Cord Meckseper zum 65. Geburtstag, hrsg. von Maike Kozok. Petersberg 1999, 247 – 268.

Schmitt, Reinhard: „Zu den Wohn- und Palasbauten der Neuenburg bei Freyburg / Unstrut vom Ende des 11. Jahrhunderts bis zur Mitte des 13. Jahrhunderts". In: *Forschungen zu Burgen und Schlössern*. Bd. 5. München / Berlin 2000, 15 – 30.

Schmitt, Reinhard: „Zur Geschichte und Baugeschichte der Neuenburg bei Freyburg/Unstrut. Wege der Forschung seit 1984". In: *Burgen und Schlösser in Sachsen-Anhalt*, 7, 1998, 202 – 239.

Unsere Neuenburg (Mitteilungen des Vereins zur Rettung und Erhaltung der Neuenburg e. V.), Hefte 1 – 6. Freyburg (Unstrut) 2000 – 2005.

Verein zur Rettung und Erhaltung der Neuenburg e. V. / Museum Schloss Neuenburg (Hrsg.): *Burg und Herrschaft*. Die Neuenburg und die Landgrafschaft Thüringen im hohen Mittelalter. Leipzig 2004.

Neuschwanstein

Desing, Julius: *Königsschloss Neuschwanstein*. Schlossbeschreibung – Baugeschichte – Sagen. Lechbruck 1998.

Heiserer, Karl: *Die Schlösser der Herren von Schwangau*. Alt-Füssen 1985, 84 – 119.

Herre, Franz: *Ludwig II. Bayerns Märchenkönig – Märchen und Legende*. München 1986.

Linnenkamp, Rolf: *Die Schlösser und Projekte Ludwigs II.* München 1977.

Petzet, Michael / Neumeister, Werner: *Ludwig II. und seine Schlösser*. München 1995.

Zeune, Joachim: *Burgen im Füssener Land und Außerfern*. Teil I. Alt-Füssen 2000, 124 – 136.

Zeune, Joachim: „Vom ‚echten Styl' deutscher Burgen. Das Bild der Burg im 19. Jahrhundert". In: *Burgen und Schlösser*, 1, 2004, 8 – 17.

Kaiserburg Nürnberg

Friedel, Birgit: *Die Nürnberger Burg. Bau, Geschichte und Archäologie* (im Druck).

Friedel, Birgit: „Die Rundkapelle in der Burg zu Nürnberg". In: *Burg- und Schloßkapellen*. Koll. d. wiss. Beirats der dt. Burgenvereinigung, hrsg. von Barbara Schock-Werner. Stuttgart 1995, 66 – 70.

Friedel, Birgit / Großmann, Ulrich G.: *Die Kaiserpfalz Nürnberg*. Burgen, Schlösser und Wehrbauten in Mitteleuropa. Bd. 1. 1999.

Großmann, Ulrich G.: „Die Kaiserburg zu Nürnberg. Literaturbericht und Forschungsstand". In: *Burgenbau im 13. Jahrhundert*. Forschungen zu Burgen und Schlössern, 7, 2002, 83 – 98.

Kotzur, Hans-Jürgen: „Die Nürnberger Burg als bayerisches Königsschloss. Ein Beitrag zur Geschichte des Bauwerks im 19. Jahrhundert". In: *Mitteilungen des Vereins für Geschichte der Stadt Nürnberg*, 71, 1984, 242 – 254.

Pfeiffer, Gerhard: „Studien zur Geschichte der Pfalz Nürnberg". In: *Jahrbuch für fränkische Landeskunde*, 19, 1959, 303 – 366.

Querfurt

Schmitt, Reinhard: *Burg Querfurt*. Beiträge zur Baugeschichte – Baubefunde und archivalische Quellen. Schriftenreihe Museum Burg Querfurt. Sonderheft, Querfurt 2002.

Voigt, Heinrich Gisbert: *Burg Querfurt, ihre Anlage und Entwicklungsgeschichte*. Querfurt 1915.

Wäscher, Herman / Giesau, Hermann: *Burg Querfurt*. Querfurt 1941.

Webel, Christian: *Historisches Denckmahl der Haubt-Stadt des Hochlöblichen Fürstenthums Sachsen-Querrfurth*. Hrsg. von Heinrich Gisbert Voigt, Querfurt 1928.

Ronneburg:

Decker, Klaus-Peter: „Die Turmkuppel der Ronneburg und ihr flämischer Architekt Joris Robin". In: *Burgzeitung Ronneburg* 1999.

Decker, Klaus-Peter/Großmann, Ulrich G.: *Die Ronneburg*. Regensburg 2000 (= Burgen, Schlösser und Wehrbauten in Mitteleuropa 6).

Haupt, Richard: „Von der Ronneburg. Erinnerungen". In: *Der Burgwart*, 6, 1904, Nr. 4, 29–34; Nr. 5, 37–40.

Hofmann, Jörg: *Architektur und Raumstruktur am Beispiel der Ronneburg (15. und 16. Jahrhundert)*. Magisterarbeit Institut für Kunstgeschichte der Universität Frankfurt 1999.

Kling, Burkhard: *Die Ronneburg*. München/Berlin 1993.

Nieß, Peter: *Die Ronneburg*. Eine Fürstlich Ysenburgische Burg und ihre Baugeschichte, Braubach 1936.

Nieß, Peter: „Die Ronneburg". In: *Mitteilungen des Oberhessischen Geschichtsvereins*, NF 33, Gießen 1936, 191–244.

Wagner, Heinrich: *Kunstdenkmäler im Grossherzogthum Hessen*. Provinz Oberhessen. Kreis Büdingen, Darmstadt 1890, 256–266.

Vischering

Burg Vischering 1984. Festschrift zur Eröffnung der Volkskundlichen Abteilung des Münsterlandmuseums Burg Vischering im restaurierten Bauhaus am 31. August 1984. Coesfeld 1984 (= Beiträge zur Landes- und Volkskunde des Kreises Coesfeld, 20).

Burg Vischering. Wehrburg und Wohnsitz. Coesfeld 1993 (= Beiträge zur Landes- und Volkskunde des Kreises Coesfeld, 26).

Dehio, Georg: *Handbuch der deutschen Kunstdenkmäler*. Westfalen (1986), 309f.

Ludorff, A.: *Die Bau- und Kunstdenkmäler des Kreises Lüdinghausen*, Münster 1893, 62f.

Mühlen, Franz: *Burg Vischering*. Münster ¹1982 und ³1995 (= Westfälische Kunststätten, 20).

Mummenhoff, Karl Eugen: *Die Profanbaukunst im Oberstift Münster von 1450 bis 1650*. Münster 1961.

Mummenhoff, Karl Eugen: *Wasserburgen in Westfalen*. München/Berlin 1958.

Wartburg

Domagala, Rosemarie: *Die Rüstkammer der Wartburg*, Kleine Schriftenreihe der Wartburg-Stiftung, Eisenach in 1990.

Köthe, Karl: *Martin Luther und die Luthergedenkstätten in und um Eisenach*. Kleine Schriftenreihe der Wartburg-Stiftung, Leipzig 1994.

Krauss, Jutta: *Die Wiederherstellung der Wartburg im 19. Jahrhundert*. Kleine Schriftenreihe der Wartburg-Stiftung, Eisenach 1990.

Lemmer, Manfred: *„der Dürnge bluome schînet dur den snê"*. Thüringen und die deutsche Literatur des hohen Mittelalters, Eisenach 1981.

Schall, Petra: *Schwind und die Wartburg*. Bilder eines Spätromantikers, Leipzig 1995.

Schuchardt, Günter (Hrsg.): *Carl Alexander*. Zum 100. Todestag des Großherzogs von Sachsen-Weimar-Eisenach, Begleitschrift zur Ausstellung. Eisenach 2001.

Schuchardt, Günter: *Goethe*. Die Wartburgzeichnungen. Begleitschrift zur Sonderausstellung zum 250. Geburtstag Johann Wolfgang von Goethes. Eisenach 1999.

Schuchardt, Günter: *Die Kunstsammlungen der Wartburg*. Regensburg 1998.

Schuchardt, Günter (Hrsg.): *Der romanische Palas der Wartburg*. Bauforschung an einer Welterbestätte, Regensburg 2001.

Schuchardt, Günter: *Welterbe Wartburg*, Regensburg 2000.

Schwarz, Hilmar: *Die Ludowinger*. Aufstieg und Fall. Kleine Schriftenreihe der Wartburg-Stiftung. Eisenach 1993.

Schwarz, Hilmar: *Die Wettiner des Mittelalters*. Kleine Schriftenreihe der Wartburg-Stiftung. Leipzig 1994.

Wagner, Richard: *Tannhäuser*. Hrsg. von der Wartburg-Stiftung, Eisenach 1997.

Wartburg-Jahrbuch. Hrsg. von der Wartburg-Stiftung, 1992–2003.

Bildnachweis

Foto Keidel, Hechingen: Abb. 44, 45, 47, 48, 49

Uwe A. Oster/Marius Oster: Abb. 1, 2, 3, 5, 6, 7, 8, 9, 11, 13, 14, 15, 20, 21, 22, 23, 31, 32, 33, 35, 36, 37, 38, 40, 41, 52, 53, 54, 55, 58, 70, 71, 79, 80, 81, 82, 84, 85, 86, 102

Europäisches Burgeninstitut, Einrichtung der Deutschen Burgenvereinigung e. V.: Abb. 4, 10, 50, 77, 95, 97, 99, 100, 101

Fürst zu Bentheimsches Rentamt: Abb. 12

Friedrich-Wilhelm Krahe: Abb. 19, 25, 34, 39, 46, 51, 56, 71, 76, 90, 96, 106

Foto Kiepker-Balzer, Steinfurt: Abb. 16

Klaus Leidorf: Abb. 17

Joachim Zeune: Abb. 20

Ute Ritzenhofen: 24, 26, 27, 28, 29, 30

Burg Guttenberg: 42, 43

Burg Meersburg GmbH: 56, 57, 59, 60, 61

Landesamt für Denkmalpflege und Archäologie Sachsen-Anhalt (Reinhard Ulbrich): Abb. 62

Landesamt für Denkmalpflege und Archäologie Sachsen-Anhalt/Museum Schloss Neuenburg: Anja Lützkendorf/Reinhard Schmitt/Wilfried Weise: Abb. 63

Landesamt für Denkmalpflege und Archäologie Sachsen-Anhalt (Gunar Preuß): 64, 65, 66, 67, 68, 83, 88

Archiv des Verlags: Abb. 72, 73, 74, 76

Pablo de la Riestra: Abb. 75

Birgit Friedel: Abb. 78

Landesamt für Denkmalpflege und Archäologie Sachsen-Anhalt: Reinhard Schmitt/Bettina Weber: Abb. 87

Fürstlich Ysenburg und Büdingensches Archiv (Hans Kreutzer): Abb. 89

Klaus-Peter Decker: Abb. 91, 92, 93, 94

Andreas Lechtape: Abb. 98

Michael Losse: Abb. 103, 104, 105, 107, 108